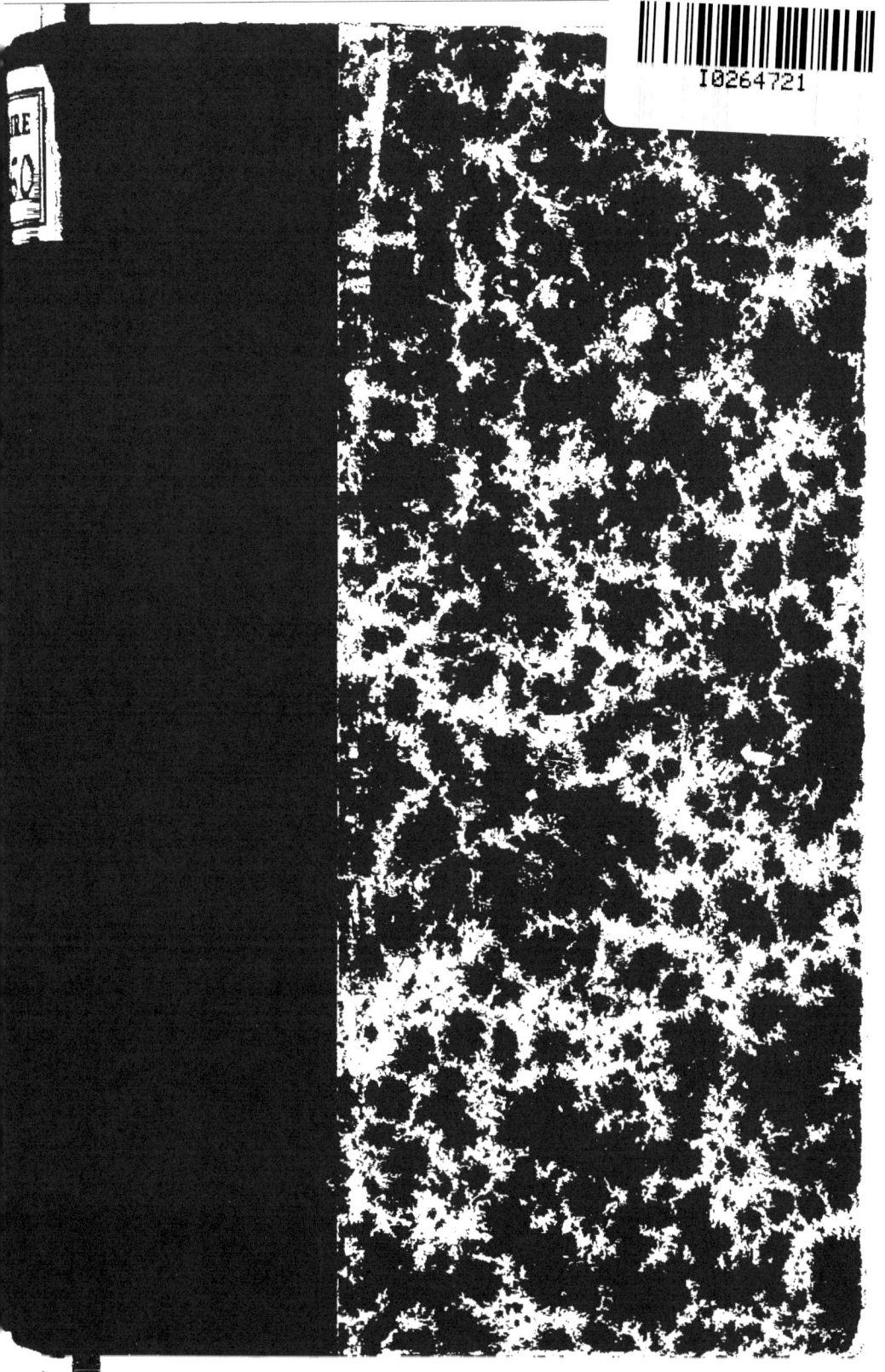

BIBLIOTHÈQUE DES CHEMINS DE FER

JEUX
DES ADOLESCENTS

PAR G. BELÈZE
ANCIEN CHEF D'INSTITUTION A PARIS

Ouvrage illustré de 140 vignettes

PARIS
LIBRAIRIE DE L. HACHETTE ET Cie
RUE PIERRE-SARRAZIN, N° 14

1856

PRIX : 2 FRANCS

Librairie de L. HACHETTE et Cie, rue Pierre-Sarrazin, n° 14, à Paris.

BIBLIOTHÈQUE DES CHEMINS DE FER.
500 VOLUMES IN-16
à 50 centimes, 1 franc, 2 francs et 3 francs.

Il n'est personne qui ne connaisse aujourd'hui la valeur littéraire et l'élégante exécution de la *Bibliothèque des chemins de fer*. Sur les cinq cents volumes annoncés, deux cents ont paru et un grand nombre ont été déjà réimprimés.

Cette collection a donc fait ses preuves. Il n'est plus nécessaire d'en indiquer le plan et l'esprit; il suffit de rappeler qu'elle offre à chaque voyageur, selon son âge, ses goûts, sa profession, un ensemble d'ouvrages amusants, curieux, utiles et toujours moraux. Mais il est important de signaler à l'attention des lecteurs deux améliorations considérables qui viennent d'être apportées à cette publication.

L'importance de la vente a permis aux éditeurs d'opérer dans les prix une très-forte réduction. Le catalogue ci-après constate qu'un grand nombre de ces prix ont été réduits de 25, 30 et même 50 pour cent. Plus de cent volumes sont aujourd'hui cotés à 50 centimes ou à 1 franc. La *Bibliothèque des chemins de fer* ne sera donc pas moins recherchée pour l'extrême modicité des prix que pour l'excellence de la rédaction, la bonne exécution et la haute moralité des livres qui la composent.

Indépendamment de cette réduction de prix, et pour donner satisfaction aux personnes qui préfèrent, à une impression en gros caractères et d'une lecture très-facile, la grande abondance de matière, les éditeurs viennent d'ajouter à leur *Bibliothèque* une huitième série qui ne comprendra que des éditions compactes, dont les prix atteindront aux dernières limites du bon marché.

La *Bibliothèque* se divisera donc à l'avenir en huit séries, savoir :

1. GUIDES DES VOYAGEURS.

Cette série comprend : 1° des *Guides-itinéraires* pour toutes les lignes de chemins de fer; 2° des *Guides-cicerone* à l'usage des voyageurs en France et dans les pays étrangers ; 3° des *Guides-interprètes*, ou dialogues en langue française et en langue étrangère, etc.

Jusqu'à ce jour, le seul mérite des ouvrages de ce genre était l'exactitude : on y trouvait des renseignements, mais la lecture en était insoutenable. Ceux que nous offrons au public, rédigés sans exception par des littérateurs distingués, et illustrés de nombreuses gravures, ne se bornent pas à donner aux voyageurs de sèches indications. La critique, l'histoire, les légendes, la description des mœurs et des paysages y tiennent la place qui leur est due; et, pour être amusants, spirituels et pittoresques, ces guides n'en sont ni moins exacts ni moins utiles.

Le *Guide de Paris*, illustré de 300 gravures, rédigé par nos littérateurs les plus distingués, est une des œuvres de ce genre les plus remarquables qui aient été publiées jusqu'à ce jour.

2. HISTOIRE ET VOYAGES.

Les noms de *Guizot*, de *Lamartine*, de *Michelet*, de *Saint-Simon*, disent assez toute l'importance que les éditeurs ont donnée aux ouvrages consacrés à l'histoire. La réunion de ces ouvrages formera comme une galerie de tableaux où les grands hommes et les principaux événements des temps modernes seront représentés par les plus célèbres écrivains sous leur aspect le plus dramatique.

Les Voyages fourniront un grand nombre de volumes.

On sait quel accueil le public et la presse ont fait au *Voyage d'une femme au Spitzberg*, par Mme L. d'Aunet, à la *Grèce contemporaine*, par M. E. About, aux *Mœurs et coutumes de l'Algérie*, par le général E. Daumas, à la *Russie contemporaine*, par M. L. Le Duc, à la *Turquie actuelle* par M. Ubicini; ces divers ouvrages ne sont que les parties d'une même œuvre, destinée à faire connaître le climat, les mœurs, le gouvernement de tous les pays importants du globe.

3. LITTÉRATURE FRANÇAISE.

Chateaubriand, Balzac, Lamartine, Frédéric Soulié, Théophile Gautier, Champfleury, Ed. About, tels sont les principaux noms qu'offre déjà cette série. Bien d'autres noms aimés du public vont y prendre place.

4. LITTÉRATURES ÉTRANGÈRES.

Les littératures anglaise, américaine, allemande, espagnole, russe et danoise ont déjà fourni un certain nombre de romans, de contes et de récits dont plusieurs n'avaient point encore été traduits. Dickens, Auerbach, Gogol, Pouschkine, Tourghenief s'y trouvent à côté d'Apulée et de Cervantès.

5. AGRICULTURE ET INDUSTRIE.

Cette série est consacrée à de petits livres, destinés à propager les bonnes méthodes de culture, les découvertes et les innovations. Les *Substances alimentaires*, la *Maladie des végétaux*, de M. Payen, le *Matériel agricole*, de M. Jourdier, et l'*Apiculture*, de M. de Frarière, le *Jardinage*, de M. Ysabeau, font partie de cette série qui formera, pour toutes les campagnes, une indispensable collection. La *pisciculture*, le *drainage*, *l'art vétérinaire* seront prochainement publiés.

6. LIVRES ILLUSTRÉS POUR LES ENFANTS.

Les enfants ont leurs livres: livres amusants où ils trouvent beaucoup d'images. Ces images leur plairont d'autant plus qu'elles seront toutes à l'avenir, dues au crayon de Bertall, notre spirituel dessinateur. Il n'est pas inutile de tenir ces petits voyageurs tranquillement occupés.

7. OUVRAGES DIVERS.

Certains ouvrages ne peuvent se classer dans les séries qui précèdent; ainsi dans quelle catégorie placer un livre sur la *Chasse*, un livre sur la *Pêche*, un livre sur la *Cuisine*, un livre sur le *Turf*? Sous le titre d'*Ouvrages divers*, les livres dont le sujet ne rentrera dans aucune des séries précédentes, sont rangés dans cette septième série, qui, par l'extrême variété qu'elle présente, n'est pas la moins intéressante.

8. ÉDITIONS COMPACTES ET ÉCONOMIQUES.

Dans cette huitième série seront compris des ouvrages de toute nature, appartenant, par le sujet qui y sera traité, aux diverses séries précédentes, mais réunis pour leur uniformité matérielle et exécutés de manière à contenir, dans un seul volume d'un prix extrêmement modique, des œuvres d'une étendue considérable.

Cependant, bien que compactes et économiques, ces éditions seront encore imprimées avec le plus grand soin sur très-beau papier et en caractères fort lisibles; aussi sont-elles destinées à devenir très-populaires.

Les volumes qui composent la Bibliothèque des chemins de fer se trouvent à la librairie des éditeurs, rue Pierre-Sarrazin, n° 14, chez les principaux libraires de Paris et de l'Étranger et dans les gares importantes des chemins de fer.

JEUX
DES ADOLESCENTS

TYPOGRAPHIE DE CH. LAHURE
Imprimeur du Sénat et de la Cour de Cassation
rue de Vaugirard, 9

JEUX
DES ADOLESCENTS

PAR G. BELEZE
ANCIEN CHEF D'INSTITUTION A PARIS

Ouvrage illustré de 140 vignettes

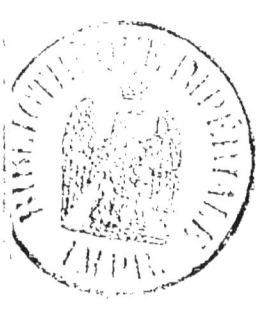

PARIS
LIBRAIRIE DE L. HACHETTE ET Cie
RUE PIERRE-SARRAZIN, N° 14
—
1856
Droit de traduction réservé
1855

AVERTISSEMENT.

On ne doit pas se plaindre de la multiplicité des livres qui se publient tous les jours pour l'instruction de la jeunesse, mais on peut regretter qu'il y en ait si peu qui soient destinés à son amusement. Jamais un père de famille n'éprouve plus d'embarras que lorsqu'il veut choisir quelque ouvrage qui puisse procurer à son jeune fils un passe-temps honnête, d'utiles et d'agréables délassements. Il nous a semblé qu'en réunissant dans un seul volume, sous le titre de *Jeux des adolescents*, les récréations variées et les exercices habituels des enfants, nous ferions une chose qui leur serait profitable, et dont les familles nous sauraient gré.

Mais pour bien connaître les enfants et les représenter se livrant à leurs joyeux ébats avec tout l'abandon de leur âge et l'entrain de leur humeur, il faut avoir vécu longtemps au milieu d'eux, avoir assisté et pris part à leurs jeux, étudié à loisir non-seulement les combinaisons et les variétés de ces jeux, mais aussi toutes ces ruses innocentes, toutes ces finesses charmantes dont ils savent user si à propos. Il y a bien aussi certains jeux que la prudence conseille inutilement de refuser à la turbulente jeunesse, et qui demandent du moins à être réglés et attentivement surveillés. A ce double point de vue, nous nous sommes trouvé en mesure de mériter à la fois, en traitant des jeux, et les sympathies des enfants et l'approbation des pères. Nous avons vu à l'œuvre plusieurs générations d'écoliers confiés à notre sollicitude paternelle, et nous les avons suivis de près dans leurs études et dans leurs amusements.

Cet ouvrage est divisé en six parties principales comprenant chacune une série de jeux divers qui ont toujours entre eux quelque point de ressemblance :

1° Les jeux d'action sans instruments, tels que les barres, le saut de mouton, le cheval fondu, les animaux, les métiers, etc.;

2° Les jeux d'action avec instruments, balles, billes, toupies, corde, cerceau, mail, quilles, boules et autres;

3° Les jeux paisibles, tels que le loto, les dominos, les dames, la loterie, etc.;

4° Des exercices particuliers, parmi lesquels il faut mentionner la gymnastique, la natation, l'arc, le patin, la fronde;

5° Les récréations intellectuelles, les jeux d'esprit, et entre autres le dessin, le coloriage, la lanterne magique, les ombres chinoises, les énigmes, les charades en action;

6° Les tours de cartes et d'escamotage.

Nous avons donné une plus grande importance aux jeux d'action proprement dits, à ces jeux qui se perpétuent d'âge en âge, que les enfants ont toujours pratiqués et qu'ils pratiqueront longtemps; et c'est avec raison, car ils exercent l'influence la plus salutaire sur leur santé. Nous les avons décrits avec toutes leurs combinaisons et leurs péripéties, et nous n'avons omis aucune des circonstances qui méritaient d'être mentionnées. Nous avons pensé qu'avant tout il fallait être clair et se faire comprendre, non pas seulement de ceux qui sont déjà initiés à la pratique des jeux, mais aussi et surtout de ceux qui sont encore inexpé-

AVERTISSEMENT.

rimentés et pour qui les détails même les plus minutieux ne sont pas inutiles. Pour les jeux d'action qui se jouent avec instruments, nous avons suivi la même méthode d'exposition ; de plus nous avons voulu enseigner aux enfants les procédés les meilleurs et les plus simples au moyen desquels ils pourront confectionner eux-mêmes quelques-uns des instruments dont ils font usage ; ce sera double plaisir pour eux.

La description la plus complète serait insuffisante pour faire comprendre certains jeux de combinaisons, tels que les dames, les échecs, le trictrac et le billard ; il faut les voir jouer et les pratiquer pour en avoir une idée exacte. Aussi nous avons dû nous borner, pour ces sortes de jeux, à indiquer la marche générale des pièces qui les composent ou les règles les plus importantes. Enfin, parmi les jeux d'esprit et les tours d'adresse ou d'escamotage qui s'offraient en foule à notre choix, nous avons adopté les exercices les plus simples et les plus faciles, et rejeté tous ceux qui auraient exigé l'emploi d'appareils coûteux ou compliqués ou de substances dangereuses. Nous ne voulons que des amusements qui s'exécutent sans trop d'efforts et à peu de frais, et qui soient aussi salutaires pour l'esprit que pour le corps.

Les soins que nous avons apportés à la rédaction de cet ouvrage, le choix et la variété des jeux qui y sont décrits, les nombreux dessins qui concourent à donner une idée plus claire et plus exacte de ces jeux et des instruments, tout nous fait espérer que notre livre sera lu avec agrément et profit, et qu'il deviendra le compagnon fidèle des enfants, à la ville et à la campagne, au collége et dans la famille.

Les Barres.

PREMIÈRE PARTIE.

JEUX D'ACTION SANS INSTRUMENTS.

LES BARRES.

Parmi les exercices auxquels les jeunes gens se livrent en commun, il en est peu qui leur plaisent autant que *les Barres*. Ce jeu est une petite image de la guerre, et quel est l'adolescent, l'enfant même, qui ne rêve pas un peu aux combats et à la gloire militaire, qui n'ait senti battre son cœur en lisant les actions des grands capitaines, ou ne se soit apitoyé sur le sort d'un brave guerrier fait prisonnier au milieu d'une bataille? Ici, au jeu de Barres, les combattants n'ont à lutter entre eux que d'agilité et d'adresse: d'agilité, pour atteindre un adversaire qui fuit; d'adresse, pour éviter, par des détours habilement faits, l'atteinte de l'ennemi qui est sur le point de vous toucher. Divers incidents imprévus viennent souvent animer la lutte, et ajouter un charme de plus à un des exercices les mieux faits pour développer les forces du corps.

La description et les règles du jeu de Barres sont fort simples. Le nombre des joueurs peut être assez considérable, si l'emplacement choisi pour le jeu est une grande allée de parc ou de jardin, ou bien, en pleine campagne, un terrain uni et battu, une prairie, une clairière : il est important que dans un emplacement de ce genre il ne se rencontre ni ornières, ni fossés, ni troncs d'arbre à fleur de terre, ni petits buissons ; une chute n'est pas sans danger, quand elle est faite au milieu d'une course impétueuse. L'espace réservé aux récréations dans les cours ou les préaux des lycées et des pensions ne permet qu'à un nombre assez restreint d'écoliers de prendre part au jeu de Barres; dix, douze, seize joueurs, tel est le nombre ordinaire. Supposons vingt joueurs en tout. Les deux plus habiles ou ceux qui passent pour tels dans l'estime de leurs camarades sont désignés naturellement comme chefs d'une troupe, et ils tirent au sort pour savoir qui des deux aura le droit de choisir le premier un partenaire parmi les dix-huit concurrents. Le chef que le sort favorise prend donc pour compagnon de sa fortune celui de ses camarades qu'il sait être le plus agile, le plus expérimenté; le chef adversaire en fait autant à son tour, et ainsi de suite, jusqu'à ce que tous les choix soient épuisés et qu'il y ait ainsi dix combattants de chaque côté, le chef compris, et de forces à peu près égales.

Il s'agit maintenant pour chaque parti d'établir et de tracer son camp. C'est une besogne bientôt faite, et il n'est besoin pour cela ni de pieux, ni de palissades, ni de pioches, ni d'aucun instrument particulier. Aux deux extrémités de la cour dans sa plus grande longueur, et à trois ou quatre mètres de chacune de ces extrémités, on trace sur le terrain, dans le sens de sa largeur, une barre, une raie bien visible, soit avec une pierre ou un morceau de bois, soit avec un couteau, instrument dont les écoliers sont presque toujours munis. Cela fait, les combattants des deux partis se placent sur la limite respective de leur enceinte, à distance les uns des autres et de manière à occuper à peu près toute la largeur du camp. Pour plus de clarté, désignons l'un des camps par le numéro 1, le camp opposé par le numéro 2, et supposons que le premier a été désigné par le sort pour demander barres sur l'autre. Un joueur du camp numéro 1, joueur que nous appellerons Henri, sort de ses limites, s'avance vers le camp numéro 2, et, arrivé en face de l'adversaire qu'il veut provoquer et que nous nommerons Charles, il s'arrête, le jarret tendu, le bras en avant, et frappe d'abord deux coups dans la main de cet adversaire. Celui-ci s'apprête à s'élancer dès que le troisième coup sera frappé ; mais Henri hésite un peu avant de donner ce dernier signal qui va l'exposer à la poursuite d'un ennemi plein d'ardeur ; il fait semblant plus d'une fois de frapper, pour distraire l'attention de Charles et lui donner le change : enfin il touche la main du bout des doigts et s'enfuit vers les siens. Charles se met à sa poursuite, s'efforçant de l'atteindre pour avoir l'honneur de faire le premier prisonnier, mais toutefois en observant un adversaire qui est sorti presque en même temps du camp opposé et qui vient au secours de son camarade en péril. Tout joueur qui sort de son camp pour courir sur un adversaire qui a déjà quitté le sien est dit *avoir barres* sur ce dernier. Ainsi au moment où un second joueur a quitté le camp numéro 1, un second joueur s'élance du camp numéro 2 pour courir sus à cet ennemi, et lui-même ne tarde pas à voir en face ou à sentir sur ses talons un troisième adversaire sorti du camp opposé. C'est ainsi que peu à peu la mêlée devient générale, et au milieu de cette course croisée en tous sens, il est bien rare de ne pas entendre ce mot prononcé d'une voix retentissante : *pris*.

A ce mot, chacun s'arrête ; les courages émus se calment un moment : il y a un prisonnier. Mais ce prisonnier est-il de bon aloi ? le joueur à qui revient la gloire de la capture a-t-il bien réellement frappé le captif au moment où a retenti le fameux mot *pris*, ou bien n'a-t-il frappé que l'air sans même effleurer l'habit de son adversaire ? Dans ce dernier cas il payerait son erreur, et la peine de la captivité lui serait infligée à lui-même. Mais non, le prisonnier déclare qu'il a été franchement frappé, loyalement pris, et il se rend à son poste, c'est-à-dire dans le camp ennemi, d'où il a le droit de faire trois pas en avant à partir de la limite du camp : c'est là qu'il se tient, le bras tendu vers les siens, attendant un libérateur. Chacun a déjà repris sa place, prêt à continuer la bataille engagée, et, si les joueurs d'un camp font les plus grands efforts pour délivrer le prisonnier, ceux du camp opposé ne sont pas moins attentifs à empêcher sa délivrance. C'est un assaut de marches et de contre-marches, de surprises, de ruses de guerre. Souvent le prisonnier est délivré, et alors c'est un cri de triomphe dans le camp qui avait perdu un de ses soldats ; mais souvent aussi, par un revers de fortune ou plutôt pour surcroît de malheur, un second prisonnier vient tenir compagnie au premier, puis un troisième, un quatrième, un cinquième, et tous ces pauvres captifs, se tenant par la main sur la même ligne, encouragent du regard et de la voix un hardi compagnon à venir opérer leur délivrance : car un joueur peut délivrer d'un seul coup de main tous les prisonniers, quel que soit leur nombre. Mais le parti opposé fait bonne garde et déjoue toutes les tentatives de ses adversaires. Ceux-ci, considérablement affaiblis par la perte de la moitié de leurs combattants, et d'ailleurs assez généreux pour ne pas laisser les captifs trop longtemps immobiles et privés du jeu, renoncent à prolonger une lutte inutile : ils cèdent donc la victoire, mais en demandant une revanche qui leur est gracieusement accordée.

Après quelques moments de repos, une nouvelle partie s'engage avec une nouvelle ardeur, les uns désireux de conserver l'honneur qu'ils ont déjà acquis par une première victoire, les autres excités par l'espoir d'effacer la honte de leur défaite. La fortune est changeante, et voilà que les vainqueurs de tout à l'heure sont forcés à leur tour de baisser pavillon devant leurs adversaires; il faudra qu'une troisième partie décide en fin de compte à qui restera l'honneur de la journée. Mais le son de la cloche se fait entendre; l'heure de l'étude, du travail sérieux, est arrivée. Tous les combattants sont déjà à leurs rangs dans un profond silence; ils vont reprendre Homère, Cicéron et Virgile, pour recommencer le lendemain ces luttes dans lesquelles il n'y a ni morts ni blessés, où chacun se retire du combat mieux portant que jamais : luttes charmantes, qui retrempent l'esprit en procurant au corps un exercice salutaire; luttes quelquefois acharnées, mais dans lesquelles du moins la victoire n'inspire jamais un mouvement d'orgueil et la défaite ne coûte pas une seule larme.

Une partie de Barres, suivie dans toute la rigueur des règles, ne devrait finir que lorsque tous les joueurs d'un camp ont été pris par un camp opposé. Mais, avec la faculté de délivrer les prisonniers, une partie pourrait se prolonger indéfiniment, et durer autant que le siége de Troie ou même que la fameuse guerre de cent ans entre la

France et l'Angleterre. Parlons sérieusement. Si le jeu ne finissait que par la captivité d'un camp tout entier, les joueurs faits prisonniers les premiers seraient condamnés à rester fort longtemps simples spectateurs du jeu, ce qui est peu amusant; de plus, comme les Barres se jouent plutôt par les temps froids qu'en été, cette immobilité complète et prolongée des prisonniers après une course plus ou moins ardente ne serait pas sans danger pour leur santé.

Aux *Barres forcées* on ne délivre pas les prisonniers; ceux-ci passent dans le camp ennemi, où ils restent pendant que la partie se continue, et le jeu finit plus tôt; mais il y a toujours ici les inconvénients que nous venons de signaler, et le jeu de Barres ordinaire, tel que nous l'avons décrit, est celui que la jeunesse préfère et qui mérite toutes ses sympathies.

LE SAUTE-MOUTON OU SAUT DE MOUTON.

Le jeu du Saut de mouton, ou de Saute-Mouton (car nous croyons qu'on peut dire l'un et l'autre), n'est pas d'une seule et même espèce : il comprend plusieurs variétés que nous décrirons chacune à son tour, et nous commencerons par le jeu le plus simple et le plus habituellement pratiqué.

Le Saute-Mouton.

Les joueurs, en nombre indéterminé, dix, douze, quinze et même plus, se rangent en file, en laissant entre eux une distance assez grande pour qu'aucun d'eux, après avoir sauté par-dessus un camarade, n'aille heurter le camarade suivant. Tous les joueurs, excepté celui qui doit sauter le premier, après avoir pris leurs positions respectives, ont chacun la face tournée vers le dos du camarade qui est placé immédiatement devant; ils se tiennent debout, le pied droit en avant, la tête penchée sur la poitrine, les bras également croisés sur la poitrine ou pendants et appuyés le long du corps, les épaules un peu arrondies. Cela fait, celui à qui le sort ou son habileté reconnue a donné le droit de commencer le jeu, prend un court élan, et appuyant les mains sur les épaules du cheval, c'est-à-dire du camarade le plus rapproché qui lui présente le dos, il saute par-dessus lui, sans le heurter du pied; puis, après avoir touché terre, il franchit de la même manière le second cheval ou camarade, puis le troisième, le quatrième, et ainsi des autres jusqu'au dernier. Alors, de cavalier qu'il était, il devient cheval à son tour et se place comme nous avons dit des autres, attendant pour être de nouveau cavalier que tous les chevaux qu'il vient de franchir, transformés successivement en cavaliers, l'aient franchi lui-même. En effet, le premier cheval sur lequel il a sauté d'abord s'est aussitôt mis en position, et, suivant l'exemple qui lui a été donné, il s'élance comme cavalier sur le camarade qui était le second en rang au commencement du jeu, et qui est maintenant le premier; après l'avoir franchi, il passe au suivant, et ainsi aux autres, jusqu'à ce qu'ayant épuisé toute la file, il reprenne encore sa position en qualité de cheval. Le même exercice est répété par chaque joueur successivement à mesure que son rang arrive; ainsi, comme on le voit, chaque cheval devient à son tour cavalier, et si chacun de ceux qui prennent part à ce jeu reçoit sur ses épaules, comme cheval, l'assaut de douze ou quinze cavaliers, à son tour il franchit, comme cavalier, le même nombre de chevaux.

Quand les joueurs sont habiles et exercés, il n'y a ni cesse ni repos dans les évolutions; c'est à qui fera preuve de plus d'adresse et d'agilité, et le jeu ne finit qu'autant que la fatigue en fait une loi. Parmi les accidents, il y a quelques maladresses, quelques chutes par-ci par-là, peut-être un pantalon un peu compromis par une légère écorchure: mais les maladresses se réparent, la déchirure du pantalon est habilement dissimulée à l'aide d'une épingle; quant aux chutes, elles sont sans gravité sur le sable de la cour ou sur l'herbe de la campagne, et n'ont d'autre inconvénient que de provoquer un franc éclat de rire parmi les acteurs et les spectateurs.

Le jeu qui vient d'être décrit, et qu'on pourrait appeler le Saut de mouton à la course, se joue quelquefois différemment, c'est-à-dire que les règles restent bien les mêmes, mais que les acteurs prennent une autre position. Au lieu de se tenir debout et dans l'attitude que nous avons indiquée, ils se placent tous en travers, les jambes un peu fléchies, le corps plié en deux, les bras appuyés sur les genoux, la tête tournée dans le même sens et un peu cachée entre les jambes, de manière à éviter les coups de pied des sauteurs. Telle est la position que prend le patient dans le jeu de Saute-Mouton, que nous allons décrire maintenant, jeu fort en vogue parmi les écoliers, jeu qui offre quelques dangers quand il n'est pas surveillé, et qui demande certaines précautions que nous aurons soin d'indiquer.

Les joueurs, en nombre indéterminé, mais toutefois le plus souvent au nombre de sept ou huit, rarement dix ou douze, doivent avant tout *débuter*, c'est-à-dire faire décider par le sort ou par tout autre moyen quel est celui d'entre eux qui sera d'abord le patient. Voici le moyen qui est le plus en usage. On trace sur la terre une raie horizontale dans le sens de l'emplacement choisi par les joueurs, et tout le long de cette raie, longue d'environ deux mètres, on amoncelle une petite quantité de sable, afin que cette limite soit bien visible, et que l'empreinte du pied d'un joueur peu attentif ou maladroit, qui en altère la symétrie, puisse facilement se reconnaître. Alors chaque joueur à son tour prend son élan et saute le plus loin possible au delà de cette limite, mais en ayant soin, au moment où il saute, de ne pas même effleurer du bout du pied le sable qui forme la limite. Autrement le *début* pour ce joueur serait à recommencer. On marque la place précise où les talons de chaque sauteur, après le début, se sont appuyés sur la terre; s'il arrive que le débutant n'ait pas eu la précaution de tenir les pieds bien réunis au moment où il touche la terre, et que les empreintes des talons soient à des distances inégales, c'est l'empreinte la plus rapprochée de la limite qui est seule comptée comme bonne et valable. Celui qui a sauté le moins loin est d'avance désigné pour être le patient. Ses camarades prennent leur rang dans le jeu d'après le rang qu'ils ont conquis dans le début, c'est-à-dire suivant qu'ils ont franchi à partir de la limite un espace plus ou moins considérable.

Jusqu'ici nous n'avons que les préliminaires du jeu, qui sont déjà par eux-mêmes un très-bon exercice, et sans danger aucun, sauf quelques glissades sur le sable, suite d'un élan trop impétueux, et quelques chutes sur le derrière : mais tout cela n'a pas d'autre inconvénient que de faire rire les camarades spectateurs de l'accident. Maintenant arrivons au jeu lui-même. Le patient se place un peu au delà de la petite limite de sable et parallèlement à cette limite, dans la position que nous avons indiquée ci-dessus, c'est-à-dire le dos courbé, les bras croisés et appuyés sur les genoux, ou simplement les mains appuyées et les bras un peu tendus, et toujours la tête en partie cachée entre les jambes. Alors chaque joueur, suivant son rang, placé en deçà de la limite, franchit le patient, en appuyant légèrement les mains sur le dos de ce dernier, et les jambes écartées de côté et d'autre pour ne point le heurter, surtout à la tête, et cela pour deux motifs: d'abord parce qu'il doit éviter de faire le moindre mal à un camarade; ensuite parce que le joueur assez maladroit pour toucher le patient à la tête est condamné à prendre sa place. La même peine est infligée au sauteur inexpérimenté qui a touché de ses mains le patient sans parvenir à le franchir, et aussi au sauteur qui prend mal ses mesures et met le pied sur le sable de la limite. Lorsque tous les joueurs ont sauté, ou, pour nous servir de l'expression consacrée, lorsque le *premier tour* est achevé, sans qu'aucun des joueurs se soit mis en faute, le patient s'éloigne au delà de la limite d'une distance égale à la longueur de son pied plus la largeur d'une semelle. Il se remet en position et reçoit sur le dos la série des mêmes sauteurs. Le second tour achevé, le patient s'éloigne encore de la même distance pour le troisième tour, et l'exercice continue. C'est ici que commence le danger. A mesure que le patient s'éloigne de la limite, la distance à franchir devient plus considérable pour les joueurs auxquels est imposée l'obligation de prendre leur élan en deçà de la limite: il faut donc que cet élan soit plus vigoureux, et, si l'effort est trop violent pour la faiblesse du sauteur, si ses mains portent à faux, s'il y a chute (et la chute sera d'autant plus lourde que l'élan aura été plus impétueux), il court le risque de se blesser ou de blesser le pauvre patient. Et ici les joueurs sont d'autant plus disposés à s'exagérer leurs forces et à avoir bonne opinion d'eux-mêmes que leur amour-propre est en jeu. Il s'agit pour l'un de conserver le premier rang qu'il a conquis dès le début, et pour les autres d'arriver, si c'est possible, à cette première place, ou du moins d'occuper un rang plus honorable en sautant de plus loin que tel ou tel camarade.

Faut-il donc proscrire absolument le jeu du Saut de mouton, par cela seul qu'il peut offrir quelque danger? Ce serait sans aucun doute le moyen le plus simple et le plus court de faire disparaître les inconvénients qui y sont attachés; mais ce ne serait peut-être pas celui qui conviendrait le mieux à la partie intéressée, c'est-à-dire aux écoliers qui aiment surtout les jeux que leurs devanciers ont joués, les jeux qui leur ont été transmis d'âge en âge par une longue tradition, qui ont résisté à tous les caprices de la mode et aux révolutions des empires. N'y a-t-il aucun moyen de concilier ce que demande la prudence avec le désir bien naturel des jeunes gens de ne pas être privés d'un de leurs exercices le plus habituellement pratiqués? Nous croyons qu'on peut laisser le jeu de Saute-Mouton poursuivre tranquillement sa carrière comme le jeu de Barres, le jeu de la Toupie, mais en le surveillant plus spécialement, en le réglant, en lui imposant certaines conditions. Ainsi, on ne permettra de *forcer* le troisième ou le quatrième pas que suivant l'âge et la force des joueurs; et il n'est pas si difficile qu'on le pense de se faire écouter des jeunes gens lorsqu'on leur parle avec affection, et comme un père à des enfants.

Mais revenons à nos moutons. Lorsque le patient se trouve éloigné de la limite du jeu d'une distance égale à trois ou quatre fois la longueur de son pied ajoutée à trois ou quatre fois la largeur d'une semelle, ou, si l'on veut, lorsque cette distance est assez grande pour que les joueurs, d'après les conventions établies d'avance, ne doivent plus la franchir d'un seul bond, chacun d'eux fait un pas au delà de la limite avant de sauter; pour une distance plus grande on fait deux pas; pour une distance plus grande encore, trois pas, et on arrive ainsi au douzième tour, qui est la fin de la partie. Ce douzième tour est appelé *la promenade*, c'est-à-dire que chaque joueur a le droit de faire autant de pas qu'il veut avant de sauter. Il est bien rare que celui à qui était échu le rôle de patient au début du jeu reste patient pendant toute la durée de la partie. Les fautes et les maladresses font que ce rôle passe souvent d'un joueur à l'autre, et alors, chaque fois qu'il y a un nouveau patient, le jeu recommence absolument comme après le début, c'est-à-dire que le nouveau patient se met à la première position au delà de la petite limite de sable.

Le jeu du Saut de mouton, tel qu'il vient d'être décrit, renferme deux variétés assez amusantes, et qui n'ont pas le danger, si danger il y a, de l'espèce principale. Dans ces deux variétés, le mouchoir est destiné à jouer un rôle important : à défaut de mouchoir, c'est la cravate qui est mise à contribution.

Le Saute-Mouton avec mouchoirs.

Examinons d'abord ce que nous appellerons la première variété du Saut de mouton. Le joueur que le sort a désigné pour être le patient se place dans la position précédemment indiquée, et tous ses camarades, tenant chacun à la main et par un de ses bouts leur mouchoir légèrement roulé, doivent, en sautant, déposer ce mouchoir sur le dos du patient. Cela fait, il s'agit alors pour chaque joueur de reprendre adroitement, toujours en sautant, son propre mouchoir sans faire tomber celui d'un camarade. A cet effet, l'ordre des rangs est changé; le joueur qui a déposé le dernier son mouchoir est le premier à le reprendre, et pour cela saute le premier, et ainsi des autres joueurs, dans l'ordre inverse du rang que chacun d'eux occupait d'abord. Si un joueur commet l'une des trois fautes suivantes, à savoir : si, au lieu de saisir son propre mouchoir, il prend celui d'un camarade, ou bien si, après avoir bien réussi à prendre son mouchoir, il en fait tomber un autre à terre, ou enfin s'il ne réussit pas du tout, et qu'en sautant il arrive à terre les mains vides, il mérite une punition; cette punition consiste à remplacer le patient, et le jeu recommence de plus belle au milieu des rires joyeux provoqués par de nouvelles méprises.

Passons à la seconde variété, qui est moins monotone que la première. Nous avons toujours un patient comme ci-dessus, un patient qui reste toujours à la même position près de la limite du jeu. Nous avons également le mouchoir, mais employé d'une autre manière, sous une autre forme. Au lieu d'être tenu à la main à peu près déplié, et dans le sens de sa plus grande longueur, comme dans le premier cas, le mouchoir est d'abord roulé en anguille, ensuite disposé en forme de couronne, à l'aide

Le Saute-Mouton avec couronnes.

d'un bout de ficelle, du premier cordon venu; si l'on n'a pas sous la main quelque chose qui puisse servir de lien, on s'en passe, et, sans être très-habile, on parvient à façonner une couronne en se servant, pour la fermer, des deux bouts du mouchoir. Chaque joueur place sa couronne sur la tête; chacun, à son tour, saute, et lance, en sautant, cette couronne au delà du patient, dans la direction et à la distance qu'il juge convenables. Il ne faut pas qu'une couronne aille toucher une couronne déjà en place; celui qui commet cette faute est condamné à remplacer le patient.

Mais voilà toutes les couronnes adroitement lancées, adroitement placées; il s'agit maintenant d'aller les reprendre. Quelles sont les obligations imposées à tous les joueurs, obligations que chacun d'eux, à son tour, doit remplir, sous peine de se charger du rôle de patient? Il faut que chaque joueur, après avoir sauté, reste à la place où ses pieds ont touché terre, et que là se baissant, s'allongeant, mais toujours les pieds à la même place, il saisisse sa couronne sans toucher ni à droite ni à gauche aucune des autres couronnes, et enfin qu'il se relève à la même place, sa couronne à la main. A ce prix il est sauvé et libre de toute inquiétude. Aux autres, à leur tour, à tirer leur épingle du jeu. On comprend que les difficultés sont plus grandes pour le joueur qui est le premier en rang, puisqu'il a à se débrouiller au milieu de toutes les couronnes de ses camarades. Le dernier en rang paraît avoir la besogne la plus facile; car, lorsque son tour est venu, il ne reste plus qu'une couronne à ramasser, et cette couronne est la sienne. Mais remarquons bien que ce même joueur avait eu d'abord en partage la besogne la plus difficile, puisque, au moment de lancer sa couronne, il avait à lui trouver une place parmi toutes les autres couronnes déjà en possession des meilleures positions. Aussi quelquefois la peur d'un danger le fait tomber dans un autre; en voulant éviter d'effleurer aucune des autres couronnes, il a lancé la sienne trop loin;

et quand est venu pour lui le moment d'aller la reprendre, il a beau s'allonger, se roidir et tendre le bras, il ne peut l'atteindre, et le voilà qui échoue au port.

Mais ce n'est pas tout. A ce jeu nous marchons de plus fort en plus fort. Tout à l'heure il fallait aller prendre la couronne avec la main, maintenant il faut aller la saisir avec les dents, et toujours en se tenant dans la même position et en se relevant de la même manière que nous avons expliquées ci-dessus. Enfin, pour couronner l'œuvre et finir dignement la partie, les joueurs doivent en sautant jeter en l'air leur couronne et la recevoir dans les mains ou la saisir au vol d'une seule main au moment où leurs pieds touchent terre de l'autre côté du patient. Il est bien entendu que celui-là est puni, qui ne réussit pas à rattraper sa couronne, et la punition est toujours la même; c'est de jouer le rôle de patient.

LE CHEVAL FONDU.

Le jeu auquel on a donné le nom de *Cheval fondu* a, comme genre d'exercice, un rapport très-marqué avec le jeu du Saut de mouton. Toutefois, il y a dans la pratique des différences assez notables, et il n'est pas inutile de faire observer que le Cheval fondu, aussi bien que le Saut de mouton proprement dit, a besoin d'être réglé et surveillé, afin d'écarter, autant que possible, toutes les chances de fâcheux accidents.

Les joueurs sont divisés en deux troupes composées chacune de quatre, cinq ou six acteurs, rarement plus, et plutôt quatre que six. Les deux troupes doivent remplir alternativement dans le jeu le rôle de chevaux et celui de cavaliers ou sauteurs. C'est le sort qui décide quel est celui des deux partis qui sera réduit le premier à la dure et triste condition d'animaux. Enfin, en dehors du jeu, il y a un acteur passif, un acteur qui s'est offert de bonne volonté pour remplir le rôle de *la mère*. En quoi consiste ce rôle ? à s'asseoir solidement sur une chaise, sur un banc ou sur tout autre objet pouvant servir de siége, à avoir en même temps le dos solidement appuyé contre un mur et mieux contre une barrière, un bon treillage, enfin à rester ferme et tranquille dans cette position. Alors les joueurs de la troupe sur laquelle est tombée la malheureuse chance, c'est-à-dire ceux qui doivent être chevaux les premiers, se rangent à la file l'un de l'autre de la manière suivante : l'un d'eux, c'est ordinairement le plus fort, le plus vigoureux des jarrets et des reins, vient se placer le dos courbé, les bras et le front appuyés sur les genoux de la mère ; voilà le premier cheval. Un autre joueur, qui sera second cheval, prend une position semblable ; mais il a les mains et la tête appuyées sur l'extrémité du dos du premier cheval. Le troisième fait de même à la suite du second cheval, et le quatrième à la suite du troisième. Ces quatre chevaux forment sur une seule ligne un attelage complet. Maintenant viennent les cavaliers ou les sauteurs. C'est le plus habile qui saute le premier, parce qu'il faut que son élan le porte soit sur le cheval qui a les genoux de la mère pour appui, soit sur le cheval placé immédiatement après ; c'est ainsi qu'il ménagera une place suffisante pour les cavaliers qui vont monter à leur tour sur leur bête.

Les voilà tous les quatre à califourchon. Aussitôt que le dernier sauteur est en place, il doit frapper rapidement trois fois dans ses mains, et au troisième coup les cavaliers descendent, pour continuer leur rôle de sauteurs ; ils ont également le droit de conserver ce rôle, si les chevaux *fondent*, c'est-à-dire s'affaissent, succombent sous le poids des cavaliers. Mais si l'un des sauteurs, ayant mal pris ses mesures et chancelant sur son cheval, se laisse tomber de côté ou seulement touche la terre, si tous les cavaliers une fois en place ne peuvent pas se soutenir réciproquement pendant le temps voulu, dans chacun de ces cas ils sont déchus de leur rang de cavaliers et réduits à leur tour à la condition de chevaux.

Tant que le jeu reste dans ces limites, il n'est pas, à vrai dire, plus dangereux que la plupart des autres exer-

Le Cheval fondu.

cices habituels de la jeunesse. Mais si le nombre des joueurs est plus considérable, si par suite les premiers cavaliers ont des efforts plus grands à faire, des élans plus impétueux à prendre pour atteindre les premiers chevaux, si de plus les derniers sauteurs, ne trouvant pas une place suffisante sur les chevaux, prennent le parti de sauter sur leurs camarades-cavaliers et de faire de ceux-ci des chevaux improvisés, alors le jeu dégénère en tours de force, et ces tours de force peuvent être la cause de fâcheux accidents aussi bien pour les joueurs qui sont dessus que pour ceux qui sont dessous. Voilà ce qu'il faut éviter; voilà ce que les jeunes gens ne doivent jamais faire et ce que les maîtres préposés à leur surveillance ne doivent jamais permettre ou tolérer.

Les Métiers. Le jeu des *Métiers* est une espèce de cheval fondu, cheval fondu très-innocent, où il n'y a ni chute ni coups de pied à craindre; tout innocent qu'il est, il n'est pas moins souvent l'objet des préférences des écoliers, qui trouvent dans cet exercice un agréable passe-temps. Nous avons encore ici un acteur de bonne volonté qui se charge du rôle de *la mère :* la mère s'assoit n'importe où, pourvu qu'elle soit assise, et elle n'a pas besoin

Les Métiers.

d'appuis solides comme précédemment. Seulement il est important qu'elle ne soit pas sourde, nous dirons tout à l'heure pourquoi. Le nombre des joueurs n'est pas déterminé, et le jeu n'a pas moins d'intérêt avec cinq ou six acteurs qu'avec dix ou douze. L'un des joueurs, désigné par le sort, est cheval, et se place, la tête sur les genoux de la mère, prêt à recevoir sur son dos tous les acteurs-cavaliers, mais un seul à la fois et l'un après l'autre à tour de rôle. Il choisit un métier quelconque, celui de jardinier, par exemple, et, parmi les instruments indispensables ou utiles à ce métier, il y en a un qu'il *défend*, c'est-à-dire que, si cet instrument est nommé dans le cours du jeu par l'un des joueurs, ce joueur prendra la place du cheval ou du patient. Celui-ci fait connaître d'avance à la mère, en lui parlant bas à l'oreille, quel est l'instrument qu'il défend.

Toutes choses étant ainsi disposées, le jeu commence. Un premier joueur se met à cheval sur le dos du patient, et lui adresse à haute voix la question suivante : « Quel métier faites-vous ? — Le métier de jardinier, répond le patient, si c'est là le métier qu'il a choisi. — A un bon jardinier, reprend le cavalier, il faut de bonnes graines. » Et aussitôt il descend de sa monture, et sans punition, si le mot *graine* n'est pas le mot défendu. Un second cavalier arrive à son tour : « Quel est votre métier ? — Jardinier. — A un bon jardinier il faut.... il faut de bons arrosoirs. » Et ce joueur s'en va tranquillement, s'il a eu la chance de ne pas prononcer le nom de l'instrument défendu. Un troisième cavalier vient à son tour et répète la même formule : « Votre métier ? — Jardinier. — A un bon jardinier il faut.... il faut.... il faut un bon râteau. » Remarquez bien qu'à mesure que le jeu s'avance, qu'il y a déjà eu plusieurs instruments nommés, la difficulté augmente pour les joueurs, parce qu'il n'est pas permis, sous peine de punition, de répéter le mot déjà dit par un autre joueur, et qu'on ne trouve pas toujours du premier coup un mot nouveau au bout des lèvres. Il arrive donc assez souvent que les derniers joueurs surtout hésitent; mais l'hésitation n'est permise pour tous les joueurs indistinctement que dans certaines limites. Ainsi ils ont le droit de dire jusqu'à trois fois les mots *il faut*, avant de prononcer le mot qui doit décider de leur sort; mais si le mot n'arrive pas, ils doivent se résoudre à jouer le rôle de patient. Celui-là est aussi condamné à être patient, comme nous l'avons déjà dit, qui tombe malencontreusement sur l'instrument défendu. Ainsi reprenons le jeu où nous l'avons laissé plus haut. Le troisième sauteur, à cheval sur le patient-jardinier, a dit : « A un bon jardinier il faut un bon râteau. » Or, le mot *râteau* était précisément le mot défendu : la mère est là pour attester la vérité. Le premier patient est donc libre et remplacé par ce troisième joueur, qui choisit à son tour un nouveau métier et confie à la mère discrète le nom de l'instrument qu'il veut défendre. Et le jeu continue, à moins que les joueurs, un peu inconstants de leur nature, n'y renoncent pour organiser, je suppose, une bonne partie de barres, ou que le son de la cloche ne les appelle à l'étude.

LE CHAT PERCHÉ; LE CHAT COUPÉ.

Faisons comme les écoliers; varions nos plaisirs, et passons du Cheval fondu et des Métiers au Chat perché

Le Chat perché.

et au Chat coupé. Occupons-nous d'abord du Chat perché. C'est un jeu fort simple, dont les règles sont facilement comprises de tous, dont les évolutions ne sont pas plus difficiles à exécuter, et qui a de plus l'avantage de mettre en train et de faire participer au même exercice un assez grand nombre de joueurs. C'est une course continuelle à droite, à gauche, en avant, en arrière, en ligne droite, en cercle, variée dans tous les sens, avec des circuits et des détours sans nombre : il s'agit pour les joueurs de se soustraire à la poursuite et d'éviter les atteintes du camarade qui est chargé du rôle de patient, et qui court tantôt sur l'un, tantôt sur l'autre, suivant qu'il croit avoir une chance plus favorable par ici que par là. Les joueurs ne peuvent être pris, c'est-à-dire frappés par le patient, que pendant qu'ils courent et qu'ils touchent encore terre ; mais si, au moment d'être atteints, ils parviennent à se percher, et à rester ainsi accrochés à une barrière, à un arbre, sans que leurs pieds touchent terre, ils sont inviolables. Souvent un joueur poursuivi de très-près se perche comme il peut, s'accroche où il peut, mais il n'est pas solidement établi ; ses jambes et ses bras commencent à fléchir ; le poursuivant, qui s'aperçoit de cette position critique, reste en faction auprès du joueur ainsi misérablement suspendu, et guette sa victime, comme le chat guette la souris. Alors il n'est pas rare de voir tous les autres joueurs accourir à l'entour, et pendant que les uns s'amusent à crier : *Il tombera, Il ne tombera pas, Il tombera, Il ne tombera pas*, les autres agacent, provoquent le poursuivant pour détourner son attention. Celui-ci est là comme un lion rugissant cherchant une proie à dévorer, et, sans perdre de vue le joueur en péril, il examine du coin de l'œil si parmi les imprudents qui le provoquent il n'y en a pas quelqu'un qui soit à la portée de sa griffe. Alors, saisissant le moment favorable, il se détourne brusquement et en trois bonds il atteint le provocateur, qui reçoit sur le dos la preuve non équivoque qu'il est pris, preuve frappante à laquelle il faut bien se rendre.

Voilà donc un nouveau patient, qui va travailler à son tour jusqu'à ce qu'un autre imprudent se laisse prendre; et chaque fois ce sont des incidents imprévus, de nouvelles scènes qui viennent animer le jeu et provoquer la franche gaieté des joueurs.

Passons maintenant au Chat coupé, proche parent du Chat perché.

Le nombre des joueurs n'est pas plus limité pour le Chat

Le Chat coupé.

coupé que pour le Chat perché; on peut être trois, quatre, cinq, aussi bien que dix, douze, quinze, vingt. Les joueurs étant réunis en groupe, l'un d'eux frappe sur l'épaule d'un camarade, en lui disant : *Poursuite*. Et le camarade le poursuit, s'efforçant de l'atteindre; mais si un autre joueur, s'élançant sur leurs pas ou courant dans un autre sens, parvient à les *couper*, c'est-à-dire à passer entre eux deux, le poursuivant est obligé d'abandonner le premier joueur poursuivi et de se mettre à la poursuite de ce second joueur.

S'il ne l'atteint pas et qu'un troisième joueur vienne encore se mettre à la traverse, c'est-à-dire *couper*, il lui faut encore changer de direction et courir après ce nouvel arrivant. Le joueur qu'il réussit enfin à frapper devient poursuivant à son tour et recommence les mêmes changements de direction, les mêmes évolutions en tout sens, grâce à l'agilité, à l'adresse de tous ceux qui viennent, en *coupant*, s'exposer à l'ardeur de sa poursuite.

On ne saurait croire quel est l'entrain de ce jeu, quel coup d'œil animé il présente, lorsque huit ou dix joueurs, rapides à la course, habiles à éviter le danger, se croisent, se coupent, s'enchevêtrent les uns dans les autres, sans embarras et sans confusion, vont, viennent, s'arrêtent un moment, s'élancent de nouveau et décrivent mille détours dans toutes les directions sans jamais se perdre de vue. Mais si l'aspect de ce jeu n'est pas sans charmes pour de simples spectateurs, le jeu lui-même en a de plus grands encore pour les acteurs qui y figurent; aussi le Chat coupé est-il un des exercices favoris de la jeunesse, non-seulement en France, mais aussi en Angleterre, où ce jeu est connu sous le nom de *Go*, parce que le joueur qui au début frappe le premier sur l'épaule d'un camarade lui dit en même temps *Go!* c'est-à-dire *Va! Marche!*

LA PASSE.

Le jeu que les écoliers appellent *Passe* leur procure, comme le jeu du Chat coupé, l'occasion d'exercer l'activité de leurs jambes et de montrer leur habileté à faire des détours plus ou moins suivis de succès; mais les exercices et les évolutions ne sont pas les mêmes. Il faut aux joueurs un emplacement assez considérable : une bonne partie de la cour ou même la cour entière destinée à la récréation n'est pas de trop. On trace au milieu de l'emplacement ou de la cour, dans le sens de sa largeur, une raie qui se prolonge d'un bout à l'autre de cette largeur. Aux deux extrémités de la cour, dans le sens de la longueur, est figuré un camp dont les limites, placées à trois ou quatre mètres de distance de chacune de ces extrémités, ne sont autre chose que des raies tracées sur la terre comme la raie du milieu et parallèles à celle-ci. Les joueurs, en nombre indéterminé, se pla-

La Passe.

cent indistinctement les uns dans un camp, les autres dans le camp opposé. Sur la raie du milieu ou aux environs, se tiennent deux joueurs, deux gardiens, adversaires de tous les autres joueurs, et dont le but est d'arrêter au passage ceux qui voudraient se jeter d'un camp dans un autre. Ils peuvent poursuivre les fugitifs jusqu'à la limite de chaque camp, mais pas au delà. De plus, pour qu'un fugitif soit définitivement pris et mis ainsi hors de combat, c'est-à-dire hors du jeu, il faut non-seulement qu'il soit arrêté au passage par l'un des gardiens, mais encore qu'il reçoive sur la tête, pendant qu'il est ainsi retenu, trois petits coups de la main de l'autre gardien. Il n'est pas rare de voir deux gardiens du passage qui prennent bien leurs mesures, qui agissent de concert, faire en peu de temps de nombreuses captures, et parvenir enfin à rendre les deux camps vides de tout combattant; mais souvent aussi, il y a des joueurs doués d'une telle agilité et d'une telle adresse, qu'ils défient toutes les tentatives des gardiens, échappent à toutes leurs ruses, à toutes leurs embûches, et mettent à bout la patience et les ressources des deux adversaires. Ceux-ci, de guerre lasse, renoncent à continuer la lutte, et les camps sont vainqueurs dans la personne de leurs intrépides champions.

LA MÈRE GARUCHE.

Nous avons cherché à savoir quelle pouvait être positivement l'étymologie du nom de ce jeu, ou du moins du second des deux mots qui servent à le désigner. Après avoir compulsé les anciens et les modernes, les vieux bouquins et les livres de fraîche date, sans trouver nulle part une explication quelconque, nous nous adressâmes, en désespoir de cause, à un brave antiquaire très-versé dans l'étude des étymologies. Il ne put nous donner aucune réponse satisfaisante. Enfin nous eûmes l'idée (et c'est par là peut-être que nous aurions dû commencer) de consulter sur ce grave sujet un écolier qui nous dit : « *Garuche* vient du mot *gare*, *se garer*, parce qu'en effet à ce jeu les joueurs doivent avant tout se garer de la mère, éviter ses atteintes. » Cette explication nous parut assez satisfaisante, et tout aussi bonne que tant d'autres étymologies; nous la donnons telle quelle, et il faudra bien que nos lecteurs s'en contentent, faute de mieux.

Après l'étymologie, voici le jeu, et nous n'aurons besoin, pour l'expliquer, ni de vieux livres ni d'antiquaires. Les joueurs qui prennent part à ce jeu sont ordinairement en assez grand nombre, et le jeu n'en est que plus animé. « Plus on est de fous, plus on rit, » dit le proverbe, et le proverbe a bien souvent raison quand il s'applique aux jeux des écoliers. Le sort désigne quel est celui

La Mère Garuche.

d'entre tous les joueurs qui sera la **Mère Garuche**; quelquefois cependant c'est un joueur de bonne volonté qui se charge de ce rôle, parce qu'il faut que celui qui le remplit ait bon pied, bon œil et bonne main. La Mère est dans un camp d'une étendue médiocre, lequel est tracé à l'une des extrémités de l'emplacement que les écoliers ont choisi pour théâtre de leurs ébats; quant aux joueurs, ils sont disséminés sur tous les points du terrain, chacun prenant la position qui lui convient le mieux, les uns se tenant plus rapprochés du camp, les autres en restant éloignés le plus possible.

Attention! la Mère va commencer sa première course. Elle prononce à haute et intelligible voix les mots sacramentels : « La Mère Garuche sort de son camp; » et la voilà qui court après les joueurs, tantôt après celui-ci, tantôt après celui-là, pour en faire un de ses enfants. Mais personne ne se soucie d'avoir cet honneur; chacun fuit à son approche, et le plus vite possible. La Mère Garuche, de son côté, ne ralentit point sa course, et, bien qu'elle ait les mains un peu liées (car elle ne peut à sa première sortie poursuivre les fugitifs et toucher l'un d'eux qu'avec les deux mains réunies et les doigts entrelacés l'un dans l'autre), cependant elle finit bientôt par atteindre l'un des joueurs. Celui-ci, aussitôt qu'il se sent pris, fuit vers le camp comme une colombe effrayée qui regagne son nid; malheur à lui s'il en est éloigné! Il faut qu'il traverse toute la ligne des joueurs qui l'attendent au passage pour lui appliquer avec le plat de la main une claque plus ou moins légère sur le dos, sur les épaules, sur le derrière; mais jamais de coups à la tête, jamais de coups de poing; ce sont deux choses expressément défendues par les règles du jeu, et ces infractions à la loi sont également punies : le délinquant est prisonnier de plein droit, il doit se rendre au camp, et dès lors il est soumis aux chances de la bastonnade. Au reste, il y a des joueurs si déliés, si vivement habiles, que par la rapidité de leur course ou par des détours adroitement faits, ils savent éviter toutes ces mains levées qui les menacent, et arrivent au camp sains et saufs, sans la moindre égratignure.

Une nouvelle course commence. Cette fois la mère et l'enfant sortent ensemble du camp, en se tenant par la main, et se mettent ensemble, sans jamais se quitter, sans jamais se désunir (c'est une règle du jeu), à la poursuite des joueurs pour faire quelque capture. Il est bien permis à l'enfant d'arrêter au passage et de retenir, s'il le peut, le coureur qui vient à la portée de sa main ; mais, pour que celui-ci soit réellement pris, il faut que la Mère le touche ; elle seule a le droit de faire des prisonniers définitifs, c'est encore une règle du jeu. Cependant le camp se remplit peu à peu ; la Mère voit avec orgueil sa famille s'accroître et présenter une ligne d'attaque très-respectable ; elle compte ses enfants, ils sont huit, dix, douze. Les voilà qui sortent tous ensemble, se tenant par la main, la Mère en tête qui conduit la bande joyeuse. Il s'agit de prendre les deux ou trois derniers coureurs qui ont échappé jusqu'ici à la captivité. Ceux-ci se tiennent sur leurs gardes, prêts à défendre courageusement et jusqu'au bout leur liberté. La Mère et les enfants, occupant de front le plus grand espace possible, s'avancent lentement vers les joueurs, et, à mesure qu'ils avancent, ils forment un demi-cercle pour les envelopper et leur couper la retraite. Mais les joueurs ont vu le danger qui les menace ; par quelques détours lestement exécutés ils s'échappent et courent dans une direction opposée. Nouvelles manœuvres du côté de la Mère et des enfants qui se replient comme un long serpent, la tête entraînant la queue ; si l'impulsion donnée est trop forte, si les mouvements sont trop brusques, souvent quelques anneaux de la chaîne se rompent, quelques-uns des enfants lâchent prise, et alors c'est un sauve-qui-peut général ; ils fuient tous comme une nuée d'oiseaux poursuivis par l'épervier : il faut regagner le camp au plus vite pour éviter les coups. Enfin une dernière course est couronnée d'un plein succès ; les derniers coureurs sont pris,

Et le combat finit faute de combattants.

Il y a une autre espèce de jeu qui ressemble beaucoup au précédent, dont il porte aussi le nom, mais que cependant mérite une mention particulière, parce qu'il se joue d'une manière différente. Dans ce jeu figure, comme ci-dessus, une Mère qui occupe le camp; les autres acteurs sont disséminés çà et là, armés chacun d'un mouchoir roulé en forme d'anguille, qu'il n'est pas permis de rendre plus dur à grand renfort de ficelle et encore moins en y introduisant une pierre, même petite, qui pourrait blesser un camarade : on joue pour s'amuser, et nullement pour se faire du mal. Tous les joueurs sont à leur poste, l'arme à la main. La Mère,

La Mère Garuche à cloche-pied.

après un avertissement préalable donné à haute voix, sort du camp sur un seul pied; la règle veut qu'elle s'avance ainsi à cloche-pied et se maintienne dans cette position tant qu'elle est hors du camp : elle tient son mouchoir roulé en boule dans la main droite, prête à le lancer sur le premier joueur qui viendra à sa portée. Elle a la faculté de s'arrêter et de se reposer quand elle veut et où elle veut, mais sans que le pied qui était tenu en l'air touche jamais la terre. Enfin, la Mère, continuant sa course boiteuse, avise un joueur qui ne s'empresse pas de fuir à son approche : elle lance son mouchoir contre lui ; mais le joueur a fait adroitement un écart, et le mouchoir va tomber à quelques pas plus loin, sans avoir atteint personne. Maintenant il faut que la Mère, à qui est momentanément rendue la liberté de ses deux pieds, aille reprendre son mouchoir à la place où il est tombé, et, qu'après l'avoir ramassé elle s'en retourne au camp, mais non sans être accompagnée par tous les joueurs, qui s'escriment à qui mieux mieux sur son dos avec leurs mouchoirs. Pas n'est besoin de dire que, pour se soustraire à cette grêle, à cette avalanche, elle fuit de toute la vitesse de ses pieds et prend, comme on dit vulgairement, *ses jambes à son cou*.

Mais la Mère n'est point découragée par ce mauvais succès, et, à peine rentrée au camp, elle en sort aussitôt pour s'élancer, toujours sur un seul pied, après quelques joueurs qui ne se sont pas assez promptement éloignés. Cette fois, le mouchoir lancé d'une main plus sûre va frapper en plein dos l'un des joueurs ; c'est à ce joueur maintenant de fuir vers le camp, à travers tous les mouchoirs qui tourbillonnent autour de ses reins ; c'est à lui maintenant de remplir le rôle de la Mère, d'arpenter le terrain à cloche-pied, jusqu'à ce qu'il soit assez habile pour se donner un successeur. Ainsi, dans ce jeu, tout joueur atteint par le mouchoir de la Mère devient Mère à son tour, et chaque fois c'est une occasion nouvelle pour tous les joueurs d'exercer la vigueur de leurs bras. Le jeu n'a pas de durée déterminée par une partie perdue ou gagnée ; il finit quand les acteurs qui y figurent n'y trouvent plus un attrait suffisant.

LES QUATRE COINS.

Voici un jeu connu de tout le monde, qui se joue dans les pensions, dans les écoles, et aussi à la campagne, au milieu d'une prairie, dans un jardin, et auquel ne dédaignent pas de prendre part les grandes sœurs et les grands frères, et même quelquefois le papa

Les Quatre coins.

et la maman qui veulent bien se faire enfants pour un moment. Toutefois les Quatre coins ne sont pas un des exercices les plus habituels et les plus aimés des jeunes gens : d'abord ce jeu est moins varié que beaucoup d'autres dans ses combinaisons ; ensuite il ne permet qu'à un petit nombre d'acteurs d'y figurer, et, dans les jeux d'action qui se jouent sans instruments, le nombre des joueurs n'est pas indifférent pour donner aux exercices récréatifs des écoliers cet entrain et cette animation qui les distinguent. Quelques mots suffiront pour décrire le jeu qui nous occupe. S'il n'y a pas dans une cour quatre arbres disposés de manière à figurer à peu près un carré et pouvant servir de but, on trace tout simplement un grand carré sur la terre. Quatre joueurs vont se placer aux quatre angles de ce carré, un joueur à chaque angle : ce sont les *quatre coins*. Au milieu se tient un cinquième joueur, que le sort a désigné pour remplir le rôle du patient : osons dire qu'on le nomme vulgairement le *pot* ; on l'appelle aussi le *nigaud*. Son rôle est d'observer avec attention les joueurs qui changent continuellement de place, de saisir le moment favorable et de s'emparer de l'un des quatre coins avant que le joueur y arrive. S'il réussit, celui dont il occupe la place est patient à son tour et cherche à son tour à déplacer un autre joueur. Lorsque les joueurs sont habiles, les mouvements se font avec tant de rapidité et d'adresse, que la patience du *pot* ou du *nigaud* est souvent mise à de rudes épreuves.

DEUX C'EST ASSEZ ; TROIS C'EST TROP.

Il est un autre jeu qui se rapproche de celui des Quatre coins, mais qui est plus animé et qui demande un plus grand nombre de joueurs. *Deux c'est assez ; trois c'est trop :* tel est le nom de ce jeu. Le nom pourrait donner du jeu une tout autre idée que celle qu'il faut s'en faire ; l'explication qui va suivre nous tirera d'embarras. Les joueurs qui veulent prendre part à ce jeu (et le nombre peut en être assez considérable pourvu qu'il n'y ait pas de confusion), se placent deux par deux, l'un devant l'autre, de manière à former tous ensemble un cercle dont la circonférence varie en raison du nombre des acteurs et de l'espace laissé entre chaque couple. Cet espace est ordinairement de deux mètres, plutôt moins que plus. Les joueurs ainsi disposés en cercle ont tous la figure tournée vers l'intérieur du cercle, le second de chaque couple ayant nécessairement devant lui le dos de son compagnon.

A une assez grande distance du cercle des joueurs se tiennent deux autres joueurs prêts à donner le signal du jeu, dont ils sont du reste les premiers acteurs. L'un d'eux, prenant sur son camarade l'avance de quelques pas, frappe trois fois dans sa main, et, au troisième coup, il fuit comme un trait dans la direction du cercle : poursuivi de près par son camarade, il entre dans le cercle par une des ouvertures laissées entre chaque couple et va se placer lestement devant un des couples, en disant à haute voix : *Trois, c'est trop.* Le second joueur de ce couple, c'est-à-dire celui qui est placé au second rang, et qui maintenant se trouve au troisième, grâce au nouveau venu, est obligé de partir en disant aussi à haute voix : *Deux, c'est assez;* et le poursuivant de tout à l'heure est poursuivi à son tour par celui qui vient de quitter sa place, jusqu'à ce que, pénétrant dans le cercle, il vienne se placer devant un autre couple de joueurs et force le numéro 2 de ce couple à décamper. C'est une action continue, un mouvement perpétuel ; les joueurs, tour à tour poursuivants, tour à tour poursuivis, exclus du cercle, y rentrant, vont, viennent en tous sens, et toutes ces courses et tous ces changements donnent au jeu une animation peu ordinaire.

LE COLIN-MAILLARD.

Il y avait autrefois (nous vous parlons d'un temps bien éloigné, c'était en l'an de grâce 999, triste et douloureuse époque où les peuples, accablés de toutes sortes de maux, croyaient à la fin prochaine de toutes choses), il y avait donc autrefois un roi de France, nommé Robert, prince pieux, bon, charitable, qui aurait bien voulu vivre en paix avec tout le monde ; mais dans sa famille il ne trouvait que trouble et confusion, grâce à la reine Constance, une des plus méchantes femmes qu'on ait jamais vues. Au dehors, des seigneurs turbulents étaient toujours disposés à se faire la guerre entre eux, et plus disposés encore à la faire au roi, quand ils en trouvaient l'occasion.

Il y avait aussi à la même époque au pays de Liége, en Belgique, un brave capitaine qui s'appelait Colin de son nom et Maillard de son surnom. On ne connaissait alors ni la poudre ni les fusils; dans les combats on se servait de lances, d'épées, de flèches, etc.; mais l'arme favorite de Colin était le maillet, espèce de massue qu'il savait manier avec autant d'adresse que de vigueur, et c'est de là que lui était venu le surnom de Maillard. Déjà ce brave capitaine avait eu plus d'une fois l'occasion de rendre d'importants services au roi Robert, et ses exploits lui avaient mérité l'honneur d'être fait chevalier.

Or, il arriva que vers ce temps-là le roi Robert, ayant eu à se plaindre d'un certain comte de Louvain, se vit dans la nécessité d'envoyer des troupes contre lui, et il en confia le commandement à Colin Maillard. Cette fois encore Maillard combattit si vaillamment qu'il mit en déroute les soldats du comte de Louvain; mais, au milieu de l'action, une flèche lancée au hasard vint le frapper si malheureusement à la figure qu'il eut les deux yeux crevés. Malgré la douleur, l'intrépide chevalier se fit guider par ses écuyers et ne cessa de combattre que lorsqu'il tomba mort sur le champ de bataille. Le roi Robert, pour honorer la mémoire d'un si vaillant homme, lui fit rendre les derniers devoirs avec une grande pompe, et voulut qu'il fût institué une sorte de jeu militaire, de tournoi, dans lequel un chevalier, les yeux bandés et représentant Colin Maillard, se battrait avec des armes émoussées contre tous ceux qui voudraient entrer dans la lice. Les plus nobles chevaliers, les guerriers les plus fameux tenaient à honneur de remplir le rôle de Colin Maillard, et les vieilles chroniques rapportent que l'illustre Godefroy de Bouillon, le chef de la première croisade, avait été cinq fois Colin Maillard.

Mais tout change avec le temps. Aujourd'hui, il n'y a plus de chevaliers, il n'y a plus de tournois, et ces rudes combats en champ clos, où le Colin Maillard et les tenants se battaient pour le plaisir de donner et de recevoir des coups, se sont transformés en simples jeux d'écoliers dans lesquels, comme nous allons le voir, on n'a plus à lutter que d'adresse et d'agilité.

Le jeu du Colin-Maillard est un jeu aussi simple que celui des Quatre coins : seulement les joueurs y sont plus

Le Colin-Maillard.

nombreux et le nombre n'en est pas déterminé. L'un des joueurs, désigné par le sort, a les yeux bandés au moyen d'un mouchoir ou d'une cravate, et doit, ainsi rendu aveugle, poursuivre les autres joueurs qui courent çà et là autour de lui et viennent l'agacer, l'un lui serrant un peu le bout du doigt, l'autre le tirant par l'habit, celui-ci lui donnant une tape amicale sur l'épaule, celui-là venant lui souffler dans l'oreille quelques mots plaisants. Que fait le patient au milieu de toutes ces agaceries ? Il étend les bras à droite et à gauche pour tâcher de saisir par les ailes quelqu'un de ces imprudents papillons qui voltigent autour de lui. S'il y réussit, il est délivré de ses peines et remplacé par le captif, qui devient patient et aveugle à son tour. Dans le cas contraire, il continue à marcher au hasard, averti par les mots *casse-cou* et détourné de sa direction lorsqu'il s'approche d'un arbre, d'une barrière, d'un banc ou de tout autre objet contre lequel il pourrait se heurter. Quelquefois on convient que le patient, pour être relevé de sa faction, devra non-seulement saisir l'un des joueurs, mais encore deviner quel est ce joueur, c'est-à-dire le désigner par son nom. A cet effet il lui est permis de palper tout à son aise l'habit, les cheveux, les traits du captif, et de se donner ainsi une chance de le reconnaître sans le voir. Ceci suppose que tous les joueurs se connaissent bien les uns les autres et qu'ils ont l'habitude de jouer ensemble.

Avez-vous lu chez un certain conteur de fables que les lapins eux-mêmes s'amusent quelquefois au jeu du Colin-Maillard ? « Des lapins ! allez-vous dire, mais cela est incroyable. » La chose est peu croyable, en effet, quoique notre conteur affirme l'avoir vue; croyable ou non, voici l'histoire telle qu'il nous la donne : Un jour (c'était le soir, par le plus beau clair de lune du monde), des lapins, après avoir brouté à loisir l'herbe fleurie, s'avisèrent de jouer au Colin-Maillard. Mais comment faire ? pas le plus petit mouchoir, pas le moindre bout de cravate. Des lapins ne sont pas embarrassés pour si peu de chose. Une feuille flexible, appliquée sur les yeux du patient et retenue par un brin de jonc adroitement noué, remplace merveilleusement et cravate et mouchoir. Voilà donc notre aveugle, au milieu de la troupe joyeuse et sautillante, exposé à toutes sortes de malices; on lui tire la queue, on lui tire les oreilles, et le pauvre aveugle, se retournant brusquement, jette sa patte à droite, à gauche, pour attraper quelqu'un de ces malins compères; mais ils sont si agiles qu'il n'y a pas moyen de les saisir. Non loin de là une taupe avait établi sa demeure souterraine : ne sachant d'où vient tout ce bruit qui se fait au-dessus de sa tête et curieuse d'en connaître la cause, elle sort de sa retraite et, guidée plutôt par les cris des joueurs que par ses faibles yeux (elle ne voit pas plus loin que le bout de son nez), elle arrive au milieu des lapins et la voilà qui se mêle à la partie. Vous pensez bien qu'elle fut prise au premier pas. « Camarades, dit un lapin consciencieux, il faut accorder un peu de faveur à notre voisine, et nous pourrions nous dispenser de lui bander les yeux. — Non pas, s'il vous plaît, répliqua la taupe; je suis prise, prise de bon jeu; point de grâce, je veux qu'on me mette le bandeau. — Très-volontiers, voisine; mais alors il ne sera pas nécessaire de serrer le nœud bien fort. — Vous plaisantez, dit la taupe presque rouge de colère; serrez bien le nœud, j'y vois; serrez donc; encore plus, car j'y vois, vous dis-je. »

Ceci n'est qu'une fable; mais n'y a-t-il pas au bout une petite leçon que nous pourrions tous nous appliquer, et n'est-il pas permis de dire avec le fabuliste :

> Chacun de nous souvent connaît bien ses défauts;
> En convenir, c'est autre chose.

Laissons la fable et la morale, et revenons à notre jeu. Le Colin-Maillard, tel qu'il a été décrit ci-dessus, non pas chez les lapins, mais chez les écoliers, est le Colin-Maillard antique, primitif, le genre par excellence, qui a donné naissance à plusieurs espèces ou variétés parmi lesquelles nous distinguerons *la Baguette* et *l'Hirondelle*.

Le Colin-Maillard à la baguette. Ici les joueurs ne sont plus disséminés çà et là sur le terrain qui a été choisi pour être le théâtre du jeu. Ils se tiennent tous par la main, et forment un cercle plus ou moins considérable suivant leur nombre, qui est indéterminé. Au milieu du cercle est le patient, les yeux bandés, une baguette légère à la main. Les joueurs courent en rond sans se désunir, en chantant, si cela leur convient; le patient, marchant pas à pas, se rapproche insensiblement des joueurs, et

Le Colin-Maillard à la baguette

finit par toucher l'un d'eux avec sa baguette. Aussitôt la course doit s'arrêter; les joueurs restent immobiles. Celui qui a été touché de la baguette doit en saisir le bout, et dans cette position répéter trois fois distinctement et assez haut un mot prononcé par le patient, par exemple, le mot *bonjour* ou tout autre. Si l'aveugle reconnaît et nomme le joueur, que le son bien connu de sa voix trahit assez souvent malgré ses efforts pour le déguiser, il cède le rôle de patient au joueur ainsi reconnu. S'il se trompe, s'il n'a pas réussi à désigner, à nommer le joueur, celui-ci lâche la baguette, la course en rond reprend son train, et Colin-Maillard va recommencer une seconde, une troisième fois les mêmes épreuves, jusqu'à ce qu'enfin sa patience soit récompensée selon ses mérites.

L'Hirondelle. Parmi les jeux désignés collectivement sous le nom de Colin-Maillard, l'Hirondelle est un de ceux qui plaisent le plus aux jeunes gens ; c'est du moins un de ceux qu'ils pratiquent le plus souvent. On trace

L'Hirondelle.

sur la terre une raie dans le sens de la largeur du terrain affecté au jeu. Le Colin-Maillard ou l'aveugle se place debout au milieu de cette raie, les jambes écartées, et chacun des deux pieds appuyé sur la raie. Nous avons dit qu'il a un bandeau sur les yeux. Les joueurs, et ils peuvent être aussi nombreux qu'il leur convient, ont tous à la main leur mouchoir roulé en anguille, en tampon, en boule, chacun suivant son idée ; ils viennent se placer à tour de rôle, et l'un après l'autre, derrière l'aveugle, et lancent leur mouchoir à travers ses jambes, celui-ci très loin, celui-là très près, celui-là à droite, celui-ci à gauche, mais toujours en avant et jamais en arrière de la raie, jamais non plus hors de l'emplacement du jeu. Voilà donc d'une part tous les mouchoirs disséminés çà et là, de l'autre, tous les joueurs attentifs à ce qui va se passer. Colin-Maillard s'accroupit alors, et marche, ou plutôt se traîne droit devant lui, déviant un peu, tantôt à droite, tantôt à gauche, explorant la terre avec ses mains pour y trouver et saisir l'un des mouchoirs. À mesure qu'il s'avance et qu'il laisse derrière lui un, deux, trois mouchoirs, les possesseurs de ces mouchoirs ont le droit de les ramasser, et ceux-là sont hors de toute inquiétude, ils s'apprêtent à jouer un autre rôle, comme nous le verrons tout à l'heure. Enfin notre aveugle, à force de tâtonner, a mis la main sur un mouchoir. Le joueur à qui ce mouchoir appartient connaît le sort qui l'attend; aussi voyez-le courir à toutes jambes, il faut qu'il fasse le tour entier de la cour, et on ne le laisse pas seul accomplir ce voyage. Parmi les joueurs, alors tous armés de leurs mouchoirs, les uns le poursuivent de près, les autres l'attendent au passage, et les coups lui pleuvent sur le dos, coups donnés sans colère et reçus de bonne humeur. Arrivé au but, le coureur est hors de toute atteinte, il est inviolable, et si quelque joueur imprudent, emporté par son ardeur, frappe encore quand il n'en a plus le droit, il est aussitôt puni de cet excès de zèle, et condamné à faire un tour entier, accompagné comme l'était tout à l'heure le premier coureur. Nous avons laissé celui-ci arrivé au but, c'est lui qui devient Colin-Maillard ou l'aveugle, et le jeu se continue avec le même entrain et les mêmes péripéties.

L'OURS.

Le jeu de l'Ours exige une réunion de dix à douze joueurs pour le moins. Ces joueurs formeront deux sociétés distinctes, dont chaque membre sera successivement choisi par un camarade reconnu pour chef. Voici comment on procède à ce choix. Les deux joueurs les plus renommés tirent au sort pour savoir qui des deux aura

L'Ours.

le droit de faire le premier choix parmi les joueurs rassemblés autour d'eux. Il y a plusieurs manières de tirer au sort, soit la courte paille, procédé bien connu, soit un petit caillou qu'on place secrètement dans l'une des deux mains, et qu'on donne à deviner en présentant les deux mains fermées. Les écoliers emploient plus généralement un autre procédé qu'il n'est pas inutile de faire connaître. Les deux joueurs, les deux chefs dont nous avons parlé tout à l'heure, se placent à une certaine distance, et s'avancent ensuite pas à pas à la rencontre l'un de l'autre, en appuyant alternativement le talon du pied droit contre la pointe du pied gauche, et le talon du pied gauche contre la pointe du pied droit. Les deux joueurs finissent bientôt par se rencontrer face à face, et celui dont le pied au dernier pas monte sur le pied de son adversaire a le droit de faire le premier le choix qui lui convient. Il choisit donc un associé parmi tous les joueurs, son adversaire en fait autant à son tour, et ainsi de suite jusqu'à ce que le nombre des joueurs soit épuisé.

Voilà nos deux troupes formées. Maintenant il faut faire décider par le sort à laquelle des deux troupes appartiendra d'abord le rôle envié de sauteurs, et quelle est celle dont les membres seront les premiers transformés en ours. Ces préliminaires étant réglés, on trace sur la terre un grand cercle, puis un cercle plus petit dans l'intérieur du grand, en laissant entre les deux circonférences la distance d'un mètre environ. Les joueurs condamnés à être les ours se placent tous, un seul excepté, dont nous dirons tout à l'heure l'emploi, autour du petit cercle, la tête et le dos un peu courbés, formant une chaîne arrondie, chacun d'eux ayant le bras droit sur les épaules de son voisin de droite et le bras gauche sur les épaules de son voisin de gauche. Le joueur que nous avons excepté, et qui est ordinairement le chef de la bande, est préposé à la garde des ours, c'est-à-dire que son emploi consiste à surveiller attentivement les adversaires et à prendre en faute quelqu'un d'entre eux. Les adversaires sont les sauteurs, qui s'amusent à sauter sur le dos des ours, qui en descendent quand bon leur semble, pour sauter de nouveau et en redescendre encore. Qu'ils prennent garde toutefois au surveillant qui les guette, rôdant autour d'eux comme un ours qu'il est, mais comme un ours très-vigilant, et prêt à saisir le premier imprudent qui sera à la portée de sa patte. Ils n'ont rien à craindre tant qu'ils sont sur le dos des ours ou hors du grand cercle. Mais si l'un d'eux prend mal ses mesures en sautant sur les ours, manque son coup et se laisse tomber, ou si en descendant de sa monture il ne s'éloigne pas assez vite, enfin s'il se trouve dans l'intérieur du cercle et que dans ces diverses circonstances il soit touché par le surveillant, aussitôt les rôles changent ; les sauteurs deviennent ours et les ours deviennent sauteurs.

LES ANIMAUX.

Ce jeu demande, comme le précédent, un assez grand nombre de joueurs ; toutefois dix ou douze joueurs

Les Animaux.

suffisent. On commence par élire un diable et un vendeur. Tous les autres joueurs sont des animaux : le vendeur les réunit dans une enceinte dont les limites sont tracées sur la terre, et donne à chacun d'eux un nom particulier; il les nomme tigre, lion, chacal, cerf, hippopotame, etc. Le diable, qui s'est éloigné et qui n'a rien entendu, arrive bientôt, et alors s'établit entre lui et le vendeur le dialogue suivant :

Le diable : Pan, pan.

Le vendeur : Qui est-ce qui est là?

Le diable : C'est le diable avec ses cornes, ou avec sa fourche.

Le vendeur : Que veut-il?

Le diable : Un animal.

Le vendeur : Entrez.

Le diable entre dans l'enceinte et dit un nom quelconque d'animal; si ce nom se trouve appartenir à l'un des joueurs, le vendeur prononce à haute voix le mot *Partez*, et aussitôt l'animal désigné quitte l'enceinte et se met à courir. Pendant ce temps le vendeur se fait compter par le diable le prix de la vente, dix, quinze, vingt francs, que le diable solde en frappant dix, quinze, vingt fois dans la main du vendeur. La somme une fois payée, le diable peut courir après son animal pour s'en emparer. Celui-ci s'efforce d'échapper à sa poursuite et de rentrer dans l'enceinte; s'il y réussit, le vendeur lui donne un autre nom d'animal, et le diable recommence sur nouveaux frais. Si au contraire le diable parvient à saisir le coureur, il lui coupe la queue et les oreilles, en le frappant de trois petits coups sur les reins, de trois petits coups sur la tête, et l'animal devient le chien du diable. Le jeu finit lorsque tous les animaux ont été pris par le diable et sont devenus ses chiens.

LE ROI DÉTRÔNÉ.

Le Roi détrôné, appelé aussi l'*Assaut de la butte*, est un jeu fort simple que les écoliers trouvent l'occasion de mettre en pratique dans leurs promenades. Ils avisent une butte, une petite élévation, et celui d'entre eux que le sort désigne pour être roi monte sur cette butte, disposé à défendre vigoureusement son trône. Il a à lutter contre les efforts de ses adversaires, qui l'attaquent par devant, à droite, à gauche, mais jamais par derrière, et qui cherchent en le tirant, en le poussant, à le déloger de sa position. Le roi n'a que ses deux mains pour repousser ses nombreux assaillants, qui ne se découragent pas et reviennent sans cesse à la charge. Enfin l'un d'eux finit par emporter la place; le roi vaincu cède son trône au vainqueur, qui à son tour sera détrôné par un compétiteur plus fort ou plus habile.

Le Roi détrôné.

L'IMITATION.

Ce jeu admet un nombre indéterminé de joueurs, et il est d'autant plus amusant que les joueurs sont plus nombreux. Il faut avant tout choisir un conducteur, et le choisir actif, intelligent, plein de ressources dans l'esprit et dans les jambes. Tous les joueurs se placent en ligne derrière lui, à la suite les uns des autres. Le conducteur part du pied droit et marche au petit pas; tous les joueurs le suivent en partant du pied droit et en marchant au petit pas, chacun gardant son rang avec exactitude ; le conducteur prend le trot, tous se mettent à trotter ; il galope, les voilà tous aussitôt galopant comme des chevaux ; si le chef de la bande saute sur un seul pied, toute la bande saute à cloche-pied ; s'il franchit un obstacle, tous le franchissent après lui ; s'il s'arrête, tout le monde s'arrête en même temps.

L'Imitation.

Tantôt le conducteur s'avance en ligne droite, tantôt il décrit un cercle, tantôt il imite dans sa marche les sinuosités d'un serpent, et toujours le corps et la queue de la ligne que forment les joueurs doivent exécuter les diverses évolutions de la tête. Le conducteur ne borne pas là ses exercices, ses ressources ne sont pas encore épuisées. Il saute à pieds joints, en tenant soit son oreille gauche avec la main droite, soit son oreille droite avec la main gauche, et chacun imite ses mouvements et ses gestes ; ou bien il court les deux bras élevés en l'air, et tous les joueurs lèvent les bras en l'air et courent comme lui. Y a-t-il à ce jeu quelque punition pour les fautes que peuvent commettre les joueurs ? Oui ; celui qui exécute mal ou qui n'exécute pas du tout un exercice passe au dernier rang. Ce jeu a-t-il une fin ? Il pourrait ne pas en avoir, mais il finit par la volonté commune du conducteur et de ses compagnons, qui, pour varier leurs plaisirs, désirent organiser une partie de balles ou de billes. Faisons comme les écoliers ; varions nos plaisirs et passons à une autre série de jeux.

DEUXIÈME PARTIE.

JEUX D'ACTION AVEC INSTRUMENTS.

LA BALLE

Parmi tous les jeux qui se jouent avec des instruments, la Balle est sans contredit le jeu par excellence. C'est un des exercices les mieux faits pour développer les forces du corps, assouplir les membres et donner tout à la fois de l'agilité, de l'adresse et de la grâce. Aussi ce jeu a-t-il été constamment pratiqué avec succès par la jeunesse de nos écoles, et il ne se passe guère de jour, été comme hiver, qui ne soit signalé par quelque bonne partie de balle. Là l'on voit les joueurs rivaliser d'habileté et de force. Vainqueurs et vaincus se retirent sauf l'humeur, avec les mêmes avantages, c'est-à-dire avec le bénéfice d'un exercice salutaire et d'un excellent appétit.

Pour tous les jeux, autant que cela est possible, il faut avoir de bons instruments. Les balles qu'on achète toutes faites réunissent rarement les qualités qu'elles doivent avoir et que, sans être trop difficile, on aime à leur trouver. Les unes, bourrées de vieux morceaux de serge et de toile, de mauvais chiffons et même de son, n'ont pas une forme bien déterminée; elles ne sont pas précisément carrées, mais elles sont loin d'être rondes: molles, flasques, sans élasticité, elles sont tout au plus bonnes pour amuser un jeune chat. Les autres, composées en grande partie ou même en totalité de gomme élastique, ont le défaut contraire; elles sont dures, affectent désagréablement la main, surtout le bout des doigts, et, en outre, elles rebondissent tellement que souvent on ne parvient à les saisir qu'au vingtième bond. Les extrêmes en toutes choses sont également mauvais; c'est au milieu que se trouve la vérité. Voulez-vous avoir une bonne balle, faites-la vous-même; rien n'est plus simple, et c'est de plus un agréable passe-temps. Voici le procédé.

Procurez-vous un bouchon de liége (on en trouve partout); taillez dans ce bouchon, avec un canif ou un couteau, une petite boule de la grosseur d'une bille à jouer, mais d'une bille un peu forte, d'une bille d'agate, par exemple. Ayez de la lisière de drap, que vous découperez en lanières minces, et couvrez-en la petite boule de liége de manière à former peu à peu votre balle, comme vous feriez une pelote de coton. Serrez suffisamment la lisière pour que votre ouvrage ait de la fermeté, et appliquez-la exactement dans tous les sens, pour que la forme soit bien arrondie. Quand la balle, par l'application des couches successives de la lisière, aura acquis à peu près les trois quarts de la grosseur que vous voulez lui donner, arrêtez le dernier bout de lisière avec une épingle enfoncée dans la balle; puis ayez de la laine semblable à celle qui sert à tricoter les bas, grossière, peu importe; blanche, grise, jaune, peu importe encore; couvrez avec ces fils de laine votre balle de lisière, comme si vous formiez une pelote parfaitement arrondie, et continuez jusqu'à ce que votre balle ait atteint une grosseur convenable. Faites en sorte d'appliquer votre laine de manière que la couche soit d'une épaisseur à peu près égale sur toutes les parties de la surface, et présente partout la même fermeté. Maintenant il s'agit de couvrir la balle; la peau de gant est excellente pour cet usage. Procurez-vous donc, ce qui n'est pas bien difficile, une vieille paire de gants; taillez-y deux pièces semblables à la figure ci-jointe, mais taillez-les tout d'abord un peu plus grandes qu'il ne les faudrait pour la grosseur de la balle; vous serez toujours à temps de les rogner : trop petites, elles seraient perdues; un peu trop justes, elles se déchireraient. Après les avoir légèrement mouillées pour rendre la peau plus souple, appliquez-les sur la balle, en mettant extérieurement le côté qui était la partie intérieure dans le gant; maintenez-les avec quatre épingles enfoncées jusqu'à la tête; retranchez avec des ciseaux ce qu'il peut y avoir d'excès dans la peau; armez-vous d'une aiguille, et, à l'aide d'un

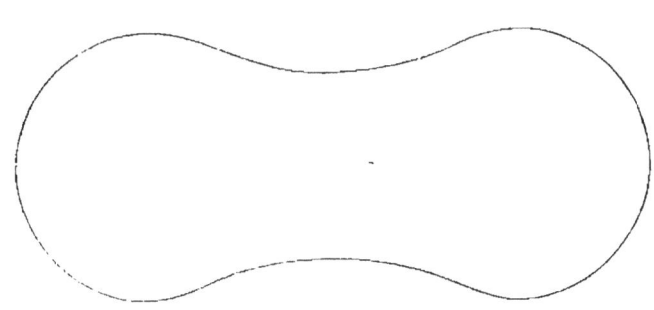

bon fil écru, réunissez les deux bords de la peau de façon que celle-ci soit toujours parfaitement tendue. Vous aurez ainsi, à peu de frais, une balle excellente, ni trop légère ni trop lourde, suffisamment élastique, qui se fera sentir à la main sans la blesser, qui fournira avec honneur une longue carrière sans se déformer, et dont vous vous servirez avec d'autant plus de plaisir qu'elle sera votre ouvrage.

Les jeux de balle sont assez nombreux. Nous décrirons successivement ceux qui sont le plus en usage, en donnant à chacun d'eux une place plus ou moins étendue, suivant son importance, importance consacrée par les suffrages des joueurs. A tout seigneur tout honneur : parlons donc en premier lieu de la Balle au mur.

La Balle au mur. Vous avez une bonne balle, c'est bien ; mais cela ne suffit pas pour jouer à la Balle au mur ; il faut aussi avoir à sa disposition un bon mur, non pas le premier venu, mais un mur assez haut et assez large, sans croisées, et parfaitement uni, si c'est possible. Cette dernière condition, ne fût-elle pas rigoureusement remplie, ne serait pas un obstacle et n'empêche-

La Balle au mur.

rait pas les joueurs d'organiser leur partie. Seulement il est facile de comprendre que, si le mur est hérissé de nombreuses aspérités, la balle, après avoir frappé cette surface raboteuse, sera déviée de la route qu'elle aurait dû suivre à son retour, et, au lieu de revenir en face des joueurs, ira tomber assez loin d'eux, à droite ou à gauche. Tous les calculs sont ainsi déjoués. Supposons donc que nos écoliers ont à leur disposition un mur tel qu'ils peuvent le désirer, et laissons-les faire les apprêts du jeu. Ceci ne demande ni beaucoup de temps ni de grandes combinaisons. On trace sur le mur une raie horizontale dans toute la longueur, à une hauteur d'un mètre ou d'un mètre et demi à partir du sol, et tout est dit. Remarquons toutefois que cette raie doit être bien visible : un bout de charbon servira à la tracer sur un mur éclatant de blancheur ; un morceau de craie sera préférable, si le mur est respectable par son antique noirceur. Remarquons aussi que, lorsque le mur a une étendue considérable en largeur, on trace sur la terre, à droite et à gauche, une raie qui forme une limite au delà de laquelle la balle ne doit pas tomber.

La partie la plus simple est celle où figurent seulement deux joueurs. Le sort désigne ordinairement celui qui doit servir la balle, c'est-à-dire la jeter le premier contre le mur. Désignons ce joueur par la lettre A. Il sert donc la balle, et il doit la servir belle, c'est-à-dire de façon qu'elle revienne autant que possible en face de son adversaire. Celui-ci, que nous appellerons B, les yeux fixés sur la balle, l'attend, et, quand elle est à sa portée, il la renvoie contre le mur, soit de volée avant qu'elle ait touché le sol, soit après qu'elle a fait un premier bond sur la terre. Le joueur A reçoit la balle à son tour et la renvoie de la même façon, et elle va ainsi de l'un à l'autre, obéissant, comme une esclave intelligente et soumise, à tous les mouvements qui lui sont imprimés. Alors aussi apparaissent les ruses et les finesses du jeu. Voit-on son adversaire à une assez grande distance du mur, on ne donne à la balle qu'un léger coup, et le joueur est obligé d'accourir à toutes jambes s'il veut arriver à temps pour la reprendre au premier bond. Voyez-vous votre adversaire placé plus près du mur, vous renvoyez la balle de toute la vigueur de votre bras, et il faut qu'il recule rapidement pour ne pas lui laisser faire plus d'un bond avant son arrivée. Toute balle manquée, c'est-à-dire toute balle qu'un joueur ne parvient pas à renvoyer contre le mur soit de volée, soit après le premier bond, est une faute qui est comptée pour un certain nombre de points en faveur de l'adversaire. C'est également une faute de frapper le mur au-dessous de la raie visible qui y est tracée. Enfin, il est inutile de dire qu'il n'est pas permis de reprendre la balle après le second bond, ni après le troisième : c'est toujours, et sans exception, ou de volée ou après le premier bond.

Une partie se joue ordinairement en soixante, et, pour chaque coup manqué, pour chaque faute commise par l'un des joueurs, l'adversaire compte quinze. La partie n'est gagnée qu'autant que l'un des joueurs fait les trente derniers points en deux coups. Ainsi supposons que vous, Édouard, après avoir compté quarante-cinq, vous laissiez prendre le même point à Gaston votre adversaire, il ne vous est pas permis, au coup suivant, de compter soixante ou partie; vous obtenez seulement ce qu'on appelle avantage, et, si Gaston fait également avantage, il rétablit l'égalité; il y a alors avantage à deux, et c'est le coup suivant qui décide irrévocablement à qui doit appartenir l'honneur de la victoire.

Une partie de Balle au mur ne se borne pas toujours à mettre en action deux joueurs; elle en réunit souvent quatre, six et même huit, rarement un plus grand nombre, parce qu'au delà il y aurait peut-être confusion dans le jeu. Les joueurs, qu'ils soient quatre, six ou huit, se divisent en deux camps ou plutôt en deux partis, chacun en nombre égal et de forces égales autant que possible. Ils se placent à une certaine distance les uns des autres, de manière à occuper tout l'espace consacré au jeu, et la partie commence et se poursuit avec l'observation des règles indiquées ci-dessus. Le sort décide quel est celui des deux partis qui servira la balle : l'un des joueurs du parti désigné lance donc la balle contre le mur, soit directement, c'est-à-dire sans lui faire d'abord toucher la terre, soit en la faisant bondir préalablement sur le sol, selon les conventions. La balle, à son retour, est reçue et renvoyée par un des joueurs du parti contraire, pour être de nouveau frappée par un des joueurs du premier parti, et ainsi de suite, sans qu'il y ait un rang marqué d'avance, un numéro d'ordre pour chacun des joueurs. C'est bien chaque parti qui envoie alternativement la balle contre le mur, mais ce n'est pas plutôt Paul que Pierre ni plutôt Pierre que Paul; c'est le joueur en face duquel la balle arrive plus directement, et qui a dès lors plus de chances que son partenaire, même le plus voisin, pour la reprendre sûrement, soit à la volée, soit après le premier bond. Il ne s'agit pas, pour les associés d'un même parti, de jouer aussi souvent l'un que l'autre; il s'agit de gagner la partie, et peu importe quel est celui de ces associés à qui arrive plus fréquemment la chance d'avoir la balle *belle*, pourvu qu'il soit toujours prêt à la relancer comme il faut. On ne lui envie son heureuse chance que s'il ne sait pas en profiter, si, par distraction ou par maladresse, il laisse passer la balle derrière lui sans la toucher, s'il a, comme on dit vulgairement, *la main trouée*.

Les règles du jeu autorisent souvent les joueurs à se servir non-seulement de la main, mais du pied, pour recevoir et renvoyer la balle, et il en est qui savent merveilleusement mettre à profit cette autorisation. De plus, les joueurs habiles, exercés, font agir dans l'occasion la main gauche aussi bien que la main droite; dans l'occasion aussi ils rejettent lestement le bras droit derrière le dos, reçoivent ainsi à gauche la balle dans la main droite, et la relancent avec la même vigueur et la même adresse que dans la position ordinaire. On appelle cela une *Irlande*, un coup à l'irlandaise. C'est vraiment un spectacle digne d'intérêt que de voir six ou huit bons joueurs, attentifs, maîtres d'eux-mêmes parce qu'ils se sentent forts, accueillant d'une main sûre et d'un œil tranquille cette balle qui, tour à tour poussée contre le mur et bondissant sur la terre, va, vient sans cesse ni repos, tant chacun tient à honneur de ne pas prendre la première marque et de ménager à son parti les chances de la victoire ! La peur d'être vaincus, comme dit le poëte, et l'amour de la gloire font battre vivement les cœurs dans ces jeunes poitrines. Ces émotions se communiquent aux spectateurs, qui prennent à ce jeu, ainsi animé, un intérêt presque aussi vif que les acteurs eux-mêmes.

Les règles que nous avons données pour le jeu à deux sont également applicables au jeu qui met en action une société de joueurs. Il est généralement convenu d'avance qu'on jouera trois parties, et l'honneur de la séance appartient de droit aux joueurs qui ont battu deux fois leurs adversaires ou gagné deux parties.

La Balle au camp ou **Balle empoisonnée**. Ce jeu ne se joue pas partout de la même manière ; de plus il n'est pas désigné partout sous le même nom : ici la Balle au camp n'est pas la Balle empoisonnée ; ailleurs la Balle empoisonnée n'est pas la Balle au camp. On a dit avec vérité il y a déjà longtemps : *Quot homines, tot sententiæ*[1] ; mots que nous traduisons librement par ceux-ci : « Autant de localités, autant de manières de jouer. » Mais, comme il nous serait difficile d'indiquer même sommairement, sans ennui pour nos lecteurs, ces diverses manières, difficile aussi de concilier toutes les opinions, nous prendrons le sage parti de décrire le jeu qui est habituellement mis en pratique par le plus grand nombre des écoliers ; il n'est pas indigne de la préférence qu'on lui donne,

---

1. Autant d'hommes, autant de sentiments.

parce qu'il est plus amusant que les autres ; et c'est là un mérite incontestable.

La Balle au camp ou Balle empoisonnée admet un assez grand nombre de joueurs, dix, douze et même plus, mais toujours en nombre pair. Les deux plus forts, en d'autres termes les deux écoliers qui passent pour être les plus habiles, choisissent alternativement leurs partenaires ou associés parmi ceux qui se sont présentés pour prendre part au jeu. « Moi, dit le premier chef (celui à qui le sort a donné le droit de faire le premier son choix), moi, je

La Balle empoisonnée.

prends celui-ci. — Et moi, dit le second chef, celui-là. — Et moi, Louis. — Et moi, Georges. — Et moi, Édouard. — Et moi, Gaston. » Et ainsi de suite, jusqu'à ce que la liste des joueurs soit épuisée. Il se forme ainsi deux partis, chacun d'un nombre égal de joueurs et de joueurs d'égale force ou à peu près. Maintenant, messieurs les joueurs, faites vos préparatifs. D'abord, à l'une des extrémités de l'emplacement que vous avez à votre disposition, tracez un camp ni trop grand ni trop petit, carré, si vous voulez, arrondi en demi-cercle, si vous l'aimez mieux ; peu importe, la forme n'y fait rien. Vous n'êtes pas non plus embarrassés pour le tracé de votre camp : un couteau, un morceau de bois, une pierre, sont des instruments qui vous suffisent, vous le savez mieux que personne, pour tracer des raies droites ou courbes sur la terre. Hors du camp, marquez quatre ou cinq buts convenablement espacés, à une égale distance à peu près l'un de l'autre, et sur la limite qui borne de tous côtés votre emplacement : le premier et le dernier seront nécessairement les deux buts les plus rapprochés du camp. Maintenant tirez à la courte paille ou employez tout autre moyen pour savoir quel est celui des deux partis qui occupera le premier le camp. Vous que le sort a favorisés, prenez donc possession de ce camp si envié ; vous, pauvres joueurs à qui est échue en partage la nécessité de *trimer* (c'est le terme consacré), dispersez-vous dans la plaine, si vous êtes à la campagne, dans la cour, si vous êtes entre quatre murs ; placez-vous à une certaine distance les uns des autres, les uns plus rapprochés, les autres plus éloignés du camp, et attention ! le jeu va commencer.

Pendant qu'un des joueurs qui sont maîtres du camp s'avance et s'arrête à la limite, la jambe tendue, la main droite un peu rejetée en arrière et prête à recevoir la balle, un des joueurs du parti opposé, venant se placer en face de lui et à une distance de huit ou dix pas, lui sert la balle, qui, vivement relancée par notre joueur du camp et suivant l'impulsion qu'elle a reçue, tantôt décrit une ligne courbe dans les airs, tantôt rase la terre. Pendant ce temps notre joueur a quitté le camp et s'est dirigé de toute la vitesse de ses jambes vers le premier but à droite, observant toutefois d'un rapide coup d'œil la marche de la balle et les mouvements de ses adversaires : il voudrait, si c'était possible sans se faire prendre, fournir une seconde course et arriver au second but. Mais la balle a été déjà ramassée, et force lui est de rester au poste qu'il occupe. Alors vient le tour d'un second joueur du camp ; on lui sert la balle comme au premier joueur, et, comme celui-ci, après l'avoir relancée, il a gagné le premier but, tandis que son camarade fuit au second et y fuit de toute nécessité, le même but ne pouvant jamais être occupé en même temps que par un seul joueur. Cette fois encore la balle a été promptement arrêtée dans sa course vagabonde, lestement ramassée, et nos deux joueurs sont tenus en respect à leur poste. A vous, troisième joueur du camp, et distinguez-vous par un coup d'éclat, par un coup de maître. Très-bien : la balle que vous avez accueillie d'un si vigoureux coup de bras a passé par-dessus la tête de tous vos adversaires, et les oblige à courir encore assez loin avant qu'elle puisse être rattrapée. Aussi voyez, les deux premiers joueurs vos associés ont eu le temps de toucher tous les buts qui leur restaient à parcourir et sont rentrés au camp ; et vous, grâce à ce coup si bien joué, vous voilà arrivé en une seule traite au troisième but.

Jusqu'ici tout s'est bien passé pour les heureux possesseurs du camp ; mais, comme dit un poëte,

    Le sort a ses faveurs ainsi que ses disgrâces.

Voici le quatrième joueur du camp qui se présente pour qu'on lui serve la balle. Moins habile ou moins heureux que ses camarades, il ne la frappe que du bout des doigts : il s'empresse de fuir ; mais le servant s'est aussi empressé de ramasser la balle qui est tombée à quelques pas de lui, et qui, lancée d'une main sûre, va frapper en plein dos le fugitif avant qu'il ait atteint le but. Aussitôt c'est à qui, parmi les joueurs qui n'étaient pas possesseurs du camp, y arrivera le plus vite pour s'y réfugier comme dans un asile inviolable; car, si le fugitif qui tout à l'heure a été frappé par la balle avait non-seulement le temps de la ramasser et de la lancer, mais aussi la chance d'atteindre quelqu'un de ses adversaires avant que celui-ci fût rentré dans le camp, il remettrait ses camarades et lui-même en possession de ce camp qu'ils viennent de perdre. Mais non, il faut se résigner; le camp est bien perdu; et nos gaillards qui tout à l'heure avaient le plaisir de faire *trimer* leurs adversaires vont *trimer* à leur tour jusqu'à ce que les chances de la fortune viennent de nouveau intervertir les rôles.

Nous devons maintenant indiquer les principales règles relatives à ce jeu, et mentionner quelques circonstances que nous avons à dessein passées d'abord sous silence, pour ne pas couper la description ou l'embarrasser par de longues parenthèses. Nous avons dit que les joueurs maîtres du camp en sont dépossédés lorsque l'un d'eux est frappé par la balle, dans le trajet qu'il parcourt soit du camp au premier but, soit du dernier but au camp, soit enfin d'un but à un autre. Ils en sont également dépossédés si la balle, après avoir été relancée par l'un d'eux, est reçue et prise à la volée par les adversaires, c'est-à-dire avant qu'elle ait touché le sol. Jusqu'ici on voit bien pourquoi ce jeu a été désigné sous le nom de Balle au camp, mais rien ne fait encore soupçonner le motif qui lui a valu aussi le nom de Balle empoisonnée. Ceci demande une explication. Les joueurs qui possèdent le camp ont le droit, lorsqu'ils sont à un but ou qu'ils courent d'un but à un autre, de repousser avec le pied et de rejeter aussi loin que possible la balle qui, en roulant sur la terre, vient à leur portée; mais sous aucun prétexte ils ne peuvent la toucher avec la main; elle est empoisonnée pour eux, et, s'ils violent cette loi, ils perdent le camp, à moins que le coupable ne se lave de la souillure qu'il a contractée en frappant avec ladite balle un de ses adversaires avant que celui-ci ait atteint les limites du camp.

Enfin nous dirons qu'il y a dans la pratique de ce jeu, comme dans celle de la plupart des autres jeux, des ruses et des finesses qui, quoique bien connues et souvent répétées, ne laissent pas que de réussir. Ainsi le joueur du camp, au moment où il s'apprête à relancer la balle qui lui est servie, paraît se préparer à un grand effort; mais, quand il voit les adversaires trompés par cette ruse s'éloigner à une plus grande distance, il ne donne qu'un léger coup à la balle, qui s'arrête ainsi à moitié chemin, et, avant que les autres soient arrivés pour la ramasser, notre joueur a eu le temps d'arriver au but. D'autres fois, employant une ruse contraire, s'il s'aperçoit que les adversaires se sont un peu trop rapprochés du camp, il usera de toute la vigueur dont son bras est doué pour relancer la balle le plus loin possible. Tel autre joueur, peu sûr de lui-même, ne touchera que faiblement la balle, mais de manière à la diriger sur la route qu'il doit parcourir lui-même en allant à son premier but, et, tout en courant, il trouvera moyen de lui adresser un coup de pied qui l'éloignera de sa personne et de la main de ceux qui sont accourus pour la ramasser. Toutes ces petites finesses, et d'autres encore que l'usage et la pratique font connaître, réussissent souvent, comme nous le disions tout à l'heure ; mais assez souvent aussi elles tournent contre ceux qui en font usage et deviennent la cause de leur perte. En général, les bons joueurs ont un jeu plus franc, plus net, plus noble : ils relancent hardiment la balle qui leur est servie, s'efforçant toujours de la frapper de manière à la faire *filer*, comme on dit, plutôt plus bas que plus haut, pour ne pas donner aux adversaires la chance de la recevoir à la volée, ce qui leur transmettrait la possession du camp.

Il y a une autre manière de jouer à la Balle empoisonnée, une autre méthode que nous ne pouvons nous dispenser de décrire en peu de mots, parce qu'elle est quelquefois mise en pratique. Ici il n'y a plus deux partis, deux camps comme tout à l'heure ; il y a un certain nombre de joueurs, nombre indéterminé, et chacun joue pour soi de la manière suivante : Un des joueurs jette la balle en l'air en désignant celui de ses camarades qui doit la recevoir ; le joueur ainsi appelé prend la balle au vol ou au premier bond, et à son tour il jette la balle en l'air en désignant tel autre de ses camarades, qui doit faire ce qu'il vient de faire lui-même. Celui qui n'a pas l'adresse de saisir la balle au vol ou après le premier bond est marqué d'un point, à moins toutefois qu'il ne soit assez leste pour ramasser promptement la balle et assez adroit pour en frapper un de ses camarades ; c'est alors celui-ci qui est marqué, et c'est aussi le joueur marqué qui jette la balle en l'air en désignant celui de ses camarades qui doit la recevoir. Tout joueur marqué de trois points est hors du jeu. Le gagnant est celui qui reste le dernier sans avoir été marqué ou qui a été marqué seulement d'un ou de deux points, tandis que les autres joueurs ont tous pris trois points. Les perdants doivent subir à tour de rôle la même punition infligée par le gagnant ; ils sont condamnés à être fusillés à coups de balle, et nous verrons tout à l'heure, dans le jeu de la balle aux pots, comment se fait cette exécution.

Cette seconde manière de jouer à la Balle empoisonnée n'est pas à beaucoup près aussi amusante que la première. Il lui manque cet entrain et cette animation qui font donner justement la préférence à sa rivale, parce qu'avec celle-ci l'intérêt est constamment soutenu depuis le commencement jusqu'à la fin.

Les récits des voyageurs qui ont visité dans le cours

du dernier siècle les vastes contrées de l'Amérique septentrionale nous apprennent que les Indiens, c'est-à-dire les peuples sauvages désignés sous ce nom, sont passionnés pour le jeu de la Balle au camp. Ils se servent de balles de peau de daim, bourrées du poil de l'animal et cousues avec du fil fait de ses tendons. Comme l'espace est ce qui leur manque le moins, ils organisent des parties qui comptent jusqu'à deux ou trois cents joueurs de chaque côté. Ils courent avec une vitesse si prodigieuse, racontent ces mêmes voyageurs, qu'ils franchissent en un clin d'œil l'espace considérable qui sépare deux buts, et leur adresse est telle que, pendant toute la durée d'une partie, la balle ne touche pas une seule fois la terre et passe avec une merveilleuse rapidité d'une main à l'autre pour arriver aux mains de celui qui la sert. Que vont dire nos écoliers en lisant ces hauts faits? Ne vont-ils pas de dépit cacher leurs balles et renoncer à leur jeu favori? Qu'ils s'en gardent bien et qu'ils continuent à s'amuser, sauf à être un peu moins habiles que des sauvages. Et puis, s'il faut tout dire, il y a quelque chose qui peut les consoler : récits de voyageurs ne sont pas toujours paroles d'Évangile, et nous ferions bien peut-être, pour ce qu'ils nous racontent, d'en rabattre au moins de moitié.

La Balle aux pots. Voici encore un jeu auquel on donne quelquefois le nom de Balle empoisonnée; mais nous lui conserverons son vrai nom, le seul qui lui convienne, parce qu'il fait connaître en quoi principalement il consiste, et nous lui appliquerons les règles qui sont le plus habituellement suivies.

Auprès d'un mur, ou à défaut de mur, auprès d'une barrière (nous supposons nos joueurs prenant leurs ébats dans une cour, dans un préau), on creuse dans la terre neuf trous disposés sur trois lignes parallèles, aussi bien dans le sens horizontal que dans le sens vertical, et formant un carré ; c'est dire que les trous doivent être autant que possible à une égale distance les uns des autres : cette distance est d'environ 30 centimètres, un peu plus, un peu moins. Ils auront en outre une ouverture et une profondeur suffisantes pour qu'une balle puisse y entrer facilement. A la distance d'un mètre ou deux des trous appelés *pots*, on trace sur la terre une ligne ou raie qui les enveloppe : voilà le camp tracé, avec sa limite nettement indiquée par la ligne. Enfin, en

La Balle aux pots.

avant et en face des pots et à une distance de trois ou quatre mètres au plus, on trace une ligne sur laquelle doit se tenir le joueur chargé de rouler la balle.

Ces préparatifs terminés, les neuf joueurs (car il ne peut pas y avoir plus de joueurs qu'il n'y a de pots) choisissent chacun un pot, ou plutôt, pour éviter toute discussion, ils font décider par le sort à qui appartiendra tel ou tel pot, et chacun doit se rappeler exactement quel est le pot que le sort lui a donné. C'est encore au sort qu'est laissé le soin de désigner le joueur qui le premier roulera la balle. Celui-ci se place sur la raie tracée en face des pots : les huit autres joueurs sont autour des pots, à la limite du camp, et les règles du jeu exigent qu'ils aient toujours un pied sur cette limite. Les voilà tous attentifs à ce qui va se passer, prêts à fuir ou à rester, selon les circonstances. Le rouleur roule la balle, qui, après s'être promenée lentement au milieu des pots, tombe dans l'un d'eux. Le joueur à qui ce pot appartient ramasse la balle aussi promptement qu'il le peut pour en frapper un de ses camarades. Mais ceux-ci ne sont pas restés là les jambes croisées ; ils ont pris la fuite aussitôt qu'ils ont vu la balle s'arrêter dans un pot autre que le leur, et ils sont déjà loin. Aussi notre joueur du camp n'a pas jugé à propos de lancer la balle ; il attend une occasion favorable. Les fugitifs se rapprochent de lui peu à peu, ils s'enhardissent, ils viennent le narguer ; l'un se met à danser à vingt ou trente pas de lui pour l'exciter à lancer la balle ; l'autre vient en courant passer encore plus près et tenter l'aventure ; celui-ci, placé à une distance respectable, se croise les bras et s'engage à rester immobile si on veut le viser ; celui-là, se glissant furtivement à droite et à gauche, comme un vieux renard qui rôde autour d'un poulailler, cherche à s'introduire dans le camp, où il sera à l'abri des coups de la fortune. Enfin le joueur qui tient la balle en main se décide ; il avise un camarade qu'il croit pouvoir atteindre plus facilement que les autres, et lance la balle contre lui ; mais le camarade a fait un léger détour, et la balle passe sans l'avoir touché. Cette maladresse est marquée d'un point ; on met une petite pierre ou un brin de paille dans le pot du coupable, qui devient rouleur à son tour. La balle est donc roulée de nouveau. Où va-t-elle s'arrêter cette fois ? elle semble hésiter, elle a déjà effleuré trois ou quatre pots, et la voilà qui tombe justement dans le pot du rouleur. Aussitôt nos joueurs attentifs, qui étaient, comme la première fois, rangés autour du camp, se hâtent de fuir; mais le rouleur, qui a une faute à réparer, n'est pas moins actif, et la balle, lestement ramassée, adroitement lancée, va frapper en plein dos un des fugitifs, qui n'a pu rien faire pour éviter une atteinte à laquelle il ne s'attend pas. Le joueur ainsi frappé est marqué d'un point, et c'est à lui de rouler la balle.

Pendant que la partie se continue de cette manière, le nombre des pots encore vides de toute petite pierre diminue peu à peu; en même temps le nombre de ces petites pierres, dans le même pot, s'accroît en proportion des fautes commises par le possesseur de ce pot. Tout joueur est marqué, comme on l'a déjà vu, lorsque, tenant la balle en main, il la jette contre un autre joueur qu'il ne réussit pas à frapper, ou bien lorsqu'il est frappé lui-même par la balle qu'un autre a lancée. Celui qui, étant chargé de rouler la balle, ne parvient pas en trois coups à la faire entrer dans un des neuf pots, prend également une marque. Mentionnons encore quelques circonstances. Nous avons dit qu'au moment où la balle roulée tombe dans un des pots, tous les joueurs s'enfuient, excepté, bien entendu, celui à qui le pot appartient; et ils s'enfuient, non pas seulement parce qu'ils veulent éviter, si c'est possible, l'atteinte de la balle, mais encore parce que la règle du jeu les y oblige. Ainsi, supposons qu'un joueur ne soit pas parti avec les autres, que le retard qu'il a mis à s'échapper et la crainte d'être alors à peu près certainement frappé de la balle le retiennent encore au camp où il n'a plus le droit de rester, il faut qu'il déguerpisse, il faut qu'il se soumette à la loi commune. Seulement il a le droit de faire trois pas à partir de la limite du camp avant que le joueur qui est armé de la balle et qui le tient en arrêt, comme un pauvre lièvre surpris au gîte par le chien du chasseur, puisse lancer la balle contre lui. Il est bien rare dans ces cas-là que le lièvre échappe, à moins que le chasseur ne sache pas du tout son métier. N'oublions pas de dire que le rouleur est exempté de l'obligation de fuir imposée aux autres joueurs, et que celui qui possède la balle peut, soit la lancer contre les fugitifs aussitôt qu'il l'a ramassée dans le pot, soit la garder à sa convenance pour attendre une occasion meilleure. Dans le premier cas, il doit lancer la balle sans dépasser la limite du camp; dans le second, il a le droit de faire trois pas hors de cette limite, et d'attendre là l'occasion favorable qu'il a voulu se ménager.

Tout joueur qui a pris trois marques est hors du jeu; c'est une victime réservée pour le sacrifice. Le pot du joueur qui devient ainsi simple spectateur est marqué de deux petits bâtons mis en croix, ou bien on le comble au moyen d'un peu de gravier. Peu à peu le nombre des victimes s'augmente, et enfin il ne reste plus que le gagnant, le vainqueur des vainqueurs, celui qui reste le dernier sans avoir été marqué ou qui n'a pris que deux marques au plus dans tout le cours de la partie. C'est le grand prêtre qui va immoler toutes les victimes l'une après l'autre. Le supplice qu'elles doivent subir s'appelle la *fusillade:* l'instrument du supplice sera la balle. La première victime est, selon toute justice, le joueur qui le premier s'est fait mettre hors du jeu. Il va se placer près du mur, la face tournée vers ce mur, et jette la balle par-dessus son épaule et aussi loin qu'il le peut. Cela fait, il croise les bras sur la poitrine, baisse la tête et attend. Le vainqueur prend position à l'endroit où la balle s'est arrêtée sur la terre, et, s'armant de ladite balle, il fusille trois fois le condamné; mais il ne doit le frapper que dans le dos; s'il l'atteint dans toute autre partie du corps, il se met à la place du condamné pour recevoir de la main de celui-ci et de la même distance trois coups de balle. Chacun des perdants vient à tour de rôle se soumettre aux mêmes épreuves, qu'ils subissent rarement en entier. Le vainqueur se montre généreux et n'use pas de tous ses droits : il remet aux condamnés une partie de leur peine, et le plus souvent la fusillade se borne pour chacun d'eux à un coup de balle.

Il y a quelques variantes dans le mode d'exécution. Ainsi les condamnés, au lieu de jeter simplement la balle par-dessus leur épaule, doivent la jeter contre le mur, et c'est toujours à l'endroit où elle s'arrête après avoir rebondi et roulé que se place le vainqueur. D'autres fois ce n'est pas le dos que les perdants présentent aux coups de la balle, c'est le bras droit étendu le long du mur, et le gagnant ne doit frapper que le bras ou la main qui est au bout; tout le reste du corps, tête, dos, jambes, est défendu sous les peines précédemment énoncées. Il faut dire aussi que le jeu peut être joué d'une autre manière en ce qui concerne les perdants et le gagnant. On convient quelquefois qu'il n'y aura qu'un perdant, et que ce sera le joueur qui le premier aura pris trois marques. Tous les autres joueurs, qu'ils soient marqués ou non, sont alors gagnants et fusillent à tour de rôle le perdant, qui conserve toujours le droit d'infliger la même peine à celui qui le frappe dans une autre partie du corps que celle qui a été désignée d'avance. Il est inutile d'ajouter que, si la partie de balle aux neuf trous ne peut jamais admettre plus de neuf joueurs, elle peut toujours se jouer avec un plus petit nombre. On ne conserve alors que les pots choisis par les joueurs, en nombre égal au leur, et on comble tous les autres.

Le jeu de la Balle aux pots est, dit-on, fort en usage chez les Anglais, qui nous prennent assez volontiers ce que nous avons de bon, sauf à le perfectionner. Toutefois, ils ont apporté à ce jeu une modification qui ne nous semble pas heureuse. Les joueurs, au lieu de se donner la peine de creuser neuf petits trous dans la terre, rangent leurs chapeaux sur trois lignes, trois sur chaque ligne, et forment ainsi les neuf pots. La balle alors ne peut plus être roulée ; elle est lancée ou bloquée dans les chapeaux. On ne comprend pas trop quels sont les avantages que présente cette manière d'établir le jeu. D'abord il est plus difficile d'aller saisir la balle au fond d'un chapeau qu'à la surface du pot tel que nous le connaissons ; ensuite cet attirail est un embarras pour les joueurs qui parviennent à rentrer au camp et qui y rentrent toujours précipitamment ; enfin les chapeaux doivent se trouver assez mal de ce maniement continuel, sans compter les coups de pied et les coups de balle auxquels ils sont exposés dans l'ardeur du jeu. On serait tenté de croire que cette manière de procéder a été imaginée par les chapeliers, dont elle sert assez bien les intérêts.

On doit nous excuser d'avoir décrit longuement les trois premiers jeux de balle, parce que ce sont les plus importants, ceux que nous avons habituellement pratiqués quand nous étions jeunes, ceux que la jeunesse préfère encore aujourd'hui à tous les autres. Du reste, ce sera notre méthode de donner en général à nos descriptions des développements assez étendus, et d'entrer dans des détails peut-être un peu minutieux, mais jamais tout à fait inutiles. Nous croyons que c'est le seul moyen de faire connaître exactement et de bien faire comprendre les règles et les combinaisons des jeux aux lecteurs qui sont encore peu familiarisés avec eux, et que c'est aussi le meilleur moyen d'intéresser et de captiver ceux qui les connaissent et qui les pratiquent déjà depuis longtemps.

Avant de passer aux jeux de balle moins importants que nous avons encore à faire connaître, nous dirons quelques mots de deux jeux dont l'un se rapporte à la Balle au camp et dont l'autre a une grande analogie avec la Balle aux pots. Dans ces deux jeux, connus sous les noms de Balle au bâton et de Balle à la crosse, le bâton joue son rôle conjointement avec la balle.

La Balle au bâton. Les instruments employés à ce jeu sont une balle ordinaire et un seul bâton dont les joueurs se serviront tour à tour. Ce bâton, de moyenne longueur, assez gros, est appelé *tèque* en Normandie, où ce jeu est principalement en usage. On marque trois buts : d'abord

La Balle au bâton.

le but principal, où se tient le joueur en débutant et où il doit revenir; ensuite le petit but et le grand but, celui-ci plus éloigné que l'autre du but principal. On tire au sort pour savoir quel est celui des joueurs qui jouera le premier, et le rang de chaque joueur est aussi déterminé d'avance de la même manière.

Tous les joueurs se dispersent çà et là, plus ou moins éloignés du but principal, excepté le joueur qui a été désigné le premier et qui va se placer à ce but, tenant la balle de la main gauche et le bâton de la main droite. Il jette la balle en l'air, et, la recevant sur le bâton, il la repousse et la lance aussi loin que possible. Aussitôt il abandonne son bâton et court de toute la vitesse de ses jambes d'abord au petit but, ensuite au grand but, et revient enfin au but principal, si on lui en donne le temps. Mais, au moment où il a quitté le but principal, les autres joueurs ont couru après la balle; l'un d'eux l'a ramassée et se tient prêt à en frapper le coureur : du reste, il n'en a le droit que lorsque celui-ci se trouve dans l'un des intervalles qui séparent les trois buts. Aussi il est rare que le coureur accomplisse sa tâche entière en une seule traite; il s'arrête le plus souvent soit au premier, soit au second but, dans la crainte d'être atteint, s'il essayait de franchir un plus long espace. Dans ce cas, le joueur que le sort a désigné pour être le second en rang se place au but principal, s'arme du bâton comme a fait le premier et lance la balle de la même manière. Il court rapidement au petit but, que le premier joueur a dû abandonner s'il s'y était arrêté, et tous les deux continuent leur course tant qu'ils croient avoir la chance de la poursuivre avec succès, mais toutefois sans qu'ils puissent s'arrêter ensemble au même but, si ce n'est, bien entendu, au but principal où ils sont arrivés l'un et l'autre sans accident fâcheux. Dans ce cas, la partie se continue comme il a été déjà dit, le premier joueur lançant de nouveau la balle et de nouveau courant aux buts. Si, au contraire, l'un des joueurs a été atteint de la balle pendant le trajet d'un but à un autre, c'est au joueur qui l'a frappé que revient le droit de se placer au but principal et de lancer la balle avec le bâton.

Ce jeu, comme on le voit, rappelle, dans plusieurs de ses règles et de ses circonstances, le jeu de la Balle au camp; mais, comparé à celui-ci, il nous semble lui être bien inférieur : il n'en a pas l'allure franche et décidée; il est moins varié dans ses combinaisons, et surtout moins animé, parce qu'il n'y a pas lutte entre deux partis.

La Balle à la crosse. Nous avons déjà dit que ce jeu a une grande analogie avec le jeu de la Balle aux pots. En effet, comme pour celui-ci, on creuse neuf trous ou pots, semblables, pour la forme et la grandeur, à ceux dont il a été parlé précédemment, mais beaucoup plus espacés entre eux. En outre, ici chaque joueur est armé d'un bâton recourbé à son extrémité inférieure et terminé par un nœud naturel appelé *crosse*, ce qui a fait donner

La Balle à la crosse.

le nom de crosse au bâton lui-même. Les joueurs, après avoir tiré au sort le pot qui doit leur appartenir et fait décider de la même manière quel est celui d'entre eux qui fera le premier l'office du rouleur, vont se placer auprès des pots, chacun gardant le sien au moyen du bâton qu'il tient enfoncé. Le rouleur, partant du but tracé à quelques mètres de distance, s'avance vers les pots en roulant la balle, non pas avec la main, mais avec la crosse dont il est armé comme les autres. Il conduit ainsi peu à peu la balle tout près de l'un des pots, où il cherche à l'introduire pour devenir possesseur de ce pot. Le joueur qui voit sa propriété menacée la défend en repoussant la balle avec son bâton ; mais il faut qu'il exécute cette manœuvre avec autant d'adresse que de promptitude et qu'il reprenne aussitôt sa première position ; car, si le rouleur sait profiter du moment très-court où le pot qu'il attaque reste vide et parvient à y introduire son bâton, il reste maître de la place et le vaincu devient rouleur.

Tous les joueurs ont le droit de venir au secours d'un camarade dont le pot est attaqué par le rouleur et de repousser la balle avec leur bâton ; mais, tout en cédant à ce sentiment bien naturel, ils ne doivent pas cesser de veiller à leurs propres pots, parce que le rouleur a aussi le droit de prendre possession du premier pot venu qui se trouve vide : si donc le rouleur parvient à mettre sa crosse dans un trou que le maître n'a pas assez bien surveillé, il garde sa conquête, et l'imprudent ainsi dépossédé est condamné à son tour à faire l'office de rouleur, jusqu'à ce qu'il soit assez habile pour réparer son échec par la prise d'un autre pot.

Le jeu de la Balle à la crosse, à en juger par une simple description, paraît au premier abord assez amusant, et le maniement des bâtons semble devoir lui donner un attrait particulier qui le recommanderait à la sympathie des joueurs. Mais, si l'on y réfléchit bien, on trouvera qu'il offre plus d'inconvénients que d'avantages. D'abord il nous semble difficile qu'il n'y ait pas confusion parmi ces joueurs assez nombreux qui, réunis sur un petit espace autour des pots, doivent à chaque instant se heurter et s'embarrasser les uns les autres. Les bâtons, tout aussi nombreux que les joueurs, viennent encore, par leurs mouvements en sens divers, ajouter à cet embarras. Supposons en outre, ce qui arrive quelquefois, qu'il s'élève une discussion, une dispute; tel joueur, un peu trop enclin à s'emporter, à céder à un premier mouvement, ne sera-t-il pas tenté de faire un mauvais usage de son bâton? Une tape, un léger coup de poing donné ou reçu, passe encore; mais un coup de bâton, c'est autre chose. Du reste, le jeu de la crosse n'est pas un jeu national; il n'a pas pris naissance dans notre pays, où il s'est peu acclimaté : il est d'importation étrangère, il nous vient des Anglais, chez lesquels il est connu sous le nom de *cricket*. Les Anglais sont passionnés pour le cricket, qui se joue de bien des manières et qui est soumis à des règles fort compliquées dont nous n'avons pas, Dieu merci, à nous occuper.

Il y a quelques jeux de balle moins importants que ceux qui viennent d'être décrits, plus simples dans leurs combinaisons, n'exigeant pas la même action de la part des joueurs, mais qui par cela même peuvent encore offrir un passe-temps assez agréable, lorsque la chaleur se fait vivement sentir et que les écoliers sont peu disposés à se donner beaucoup de mouvement. Tels sont les jeux de la Balle à la riposte, de la Balle en posture, de la Balle au chasseur et de la Balle cavalière. Nous dirons un mot de chacun de ces quatre jeux.

La Balle à la riposte. La Balle à *la riposte*, qu'on appelle aussi la *Balle au chat* ou la *Balle aux ricochets*, est le plus simple et le plus facile de tous les jeux de balle. Les joueurs, en nombre indéterminé, se placent à une certaine distance les uns des autres, et de manière à former un grand cercle. L'un des joueurs, celui que le sort a désigné pour commencer le jeu, lance la balle au camarade qui est son plus proche voisin à droite, lequel doit la recevoir de volée et la faire passer également à son voisin de droite, et ainsi de l'un à l'autre, jusqu'à ce qu'elle revienne entre les mains du premier joueur. Celui-ci continue le jeu, mais cette fois il commence par envoyer la balle à son premier voisin de gauche. Au troisième tour il la lance au premier venu, à celui des joueurs qu'il désigne du geste et de la voix ; celui-ci la reçoit et la renvoie à un autre camarade qu'il désigne également et qui agit de même à l'égard de tout autre joueur : c'est un ricochet continu, dans lequel on ne rend jamais la balle au joueur qui vient de la lancer. Tout joueur qui ne reçoit pas la balle, qui la laisse tomber à terre, ou qui, par

La Balle à la riposte.

inadvertance, l'envoie là où il ne doit pas l'adresser, est marqué d'un point : après trois fautes ou trois marques, on est hors du jeu et soumis à la punition qui a été convenue d'avance. La punition est ordinairement la fusillade, telle qu'elle a été déjà décrite.

La Balle en posture. Ce jeu réunit, comme le précédent, un certain nombre de joueurs qui se rangent en cercle et se placent à distance les uns des autres. Celui qui a été désigné pour commencer le jeu lance la balle à son voisin, celui-ci également à son voisin, et ainsi de suite de l'un à l'autre, sans que la balle toutefois puisse être renvoyée immédiatement au joueur qui vient de la lancer. Tout joueur qui n'a pas l'adresse de saisir la balle lorsqu'elle lui est envoyée est condamné à rester dans la position qu'il occupait au moment où il a fait la faute, et à y rester tant que la partie continue, c'est-à-dire jusqu'à ce que tous les autres joueurs, excepté un seul, aient commis la même faute. Le gagnant est celui qui, dans tout le cours de la partie, n'a pas laissé tomber la balle. Tous les autres joueurs sont en posture, c'est-à-dire sont

La Balle en posture.

restés dans la position qu'ils occupaient au moment où ils ont failli. L'un tient ses deux bras en l'air, comme s'il voulait recevoir la balle qu'il a eu la maladresse de laisser passer; l'autre a la jambe tendue en avant et semble attendre quelque chose qui n'arrive pas; celui-ci, les yeux tournés vers le ciel, regarde les mouches voler; celui-là, qui a fait une glissade sur le sable en s'avançant trop vivement vers la balle qui a passé par-dessus sa tête, est tranquillement assis sur le fond de son pantalon. Mais ils vont bientôt être tous relevés de leur faction. Le vainqueur prend la balle, la lance dix fois en l'air ou contre le mur et la reçoit autant de fois dans les mains ; au dixième coup, tous les condamnés, délivrés de leur position forcée, reprennent leur rôle de joueurs, et la partie recommence de plus belle.

La Balle au chasseur. La Balle au chasseur peut admettre, comme les deux jeux précédents, un assez grand nombre d'acteurs. On convient d'avance ou plutôt on fait décider par la voie du sort à qui appartiendra en pre-

La Balle au chasseur.

mier le rôle du chasseur. Aussitôt que cette question a été tranchée, le chasseur va se poster à une place qu'il choisit à sa convenance, et tous les autres joueurs se dispersent de côté et d'autre. Le chasseur lance trois fois la balle en l'air, et, après l'avoir reçue trois fois dans les mains, il tâche d'en frapper quelqu'un des joueurs, mais sans quitter la place qu'il occupe. Le premier joueur ainsi frappé devient le chien du chasseur, et, comme le chasseur, il a le droit de prendre la balle et d'en frapper les autres joueurs, en se soumettant à la même condition que lui, c'est-à-dire en ne quittant pas son poste. Tous les joueurs successivement atteints par la balle sont réduits à la condition de chiens, et ils ont le droit, aussi bien que le chasseur et leur premier camarade, de prendre la balle et d'en frapper un joueur pour en faire un chien, mais toujours à la condition que celui qui tient la balle la lancera de la place qu'il occupe. La partie finit lorsqu'il n'y a plus de joueurs, ou, en d'autres termes, quand tous les joueurs ont été transformés en chiens, et à la partie suivante le rôle du chasseur est attribué de plein droit à celui qui a été pris le premier dans la partie qui vient d'être jouée. Il est utile de faire observer que, dans le cours de la partie, les joueurs qui n'ont pas été encore atteints ont le droit de s'emparer de la balle, pour en frapper soit le chasseur, soit les chiens; mais il leur est défendu de la prendre d'abord avec la main, sous peine de devenir chiens tout aussitôt. Ils doivent la placer entre les deux pieds, la faire sauter en l'air en sautant eux-mêmes et la recevoir dans la main. Alors seulement, quand ils réussissent, il leur est permis de se servir de la balle et de s'escrimer sur le dos du chasseur ou des chiens.

La Balle cavalière. Les joueurs, en nombre indéterminé, mais en nombre pair, se partagent en deux camps, ou plutôt en deux partis, car il n'y a qu'un seul camp, qui est un grand cercle tracé sur la terre. Parmi les joueurs, les uns doivent être cavaliers, les autres chevaux : c'est le sort qui décide la question. Ils se placent tous dans l'intérieur du cercle, chaque cheval portant un cavalier. Alors l'un des cavaliers, celui qui doit commencer le jeu, jette trois fois la balle en l'air et la reçoit trois fois dans les mains sans quitter sa position, c'est-à-dire toujours sur le dos de son cheval. Il passe la balle à un autre cavalier, qui en fait autant, et ainsi de proche en proche ; et, tant que la balle est adroitement lancée en l'air et adroitement reçue, chacun garde sa position de cavalier ou de cheval. Mais, si l'un des joueurs cavaliers laisse tomber la balle par terre, aussitôt ils s'empressent de descendre de leurs montures et prennent la fuite hors du camp, tandis que les chevaux s'emparent de la balle et tâchent,

La Balle cavalière.

sans dépasser la limite du camp, d'atteindre et de frapper quelqu'un des fugitifs. S'ils réussissent, ils sont cavaliers à leur tour et montent sur le dos de leurs adversaires, qui sont de plein droit devenus chevaux. Dans le cas contraire, c'est-à-dire si aucun des joueurs sortis du camp n'a été atteint, chaque parti garde le rôle qu'il avait, et le jeu se continue de la même manière jusqu'à ce qu'une nouvelle chance vienne transformer les cavaliers en chevaux et les chevaux en cavaliers.

Tels sont les principaux jeux de balle qui se partagent la faveur et les sympathies de nos écoliers. Il nous reste à parler de la paume et du ballon, qui exigent des bras robustes et des efforts considérables, et qui, par cela même, conviennent mieux à des hommes qu'à des adolescents. Toutefois, ces jeux sont de notre domaine; ils ont joui d'une si grande vogue à d'autres époques et ils sont encore aujourd'hui si souvent pratiqués, que nous ne pouvons pas les passer sous silence.

LA PAUME.

La Paume est un jeu qui se joue quelquefois entre deux personnes, mais auquel prennent part ordinairement un plus grand nombre de joueurs, qui se renvoient une balle avec la main nue ou armée d'un gantelet, avec une raquette ou avec un battoir, dans un lieu convenablement disposé à cet effet. La *Longue paume* est celle à laquelle on joue dans un long espace de terrain ouvert de tous côtés. La *Courte paume*, ou *Trinquet*, est celle à laquelle on joue dans un carré long enfermé de murailles, et le plus souvent pavé de dalles. Ce carré est tantôt couvert et tantôt découvert.

La Longue paume. Sur un terrain parfaitement battu, l'enceinte du jeu est marquée par des cordes que des piquets ou de petits poteaux soutiennent de distance en distance. La longueur de cette enceinte est d'environ cent soixante pas sur une largeur de vingt-cinq ou trente. Une corde tendue au milieu coupe en deux parties égales la longueur de l'espace consacré au jeu, et forme les deux camps. Les joueurs, en nombre déterminé, deux ou trois, et plus souvent quatre, cinq ou six de chaque côté, tirent au sort pour savoir auquel des deux partis reviendra le droit de servir le premier la balle. Ce point décidé, les joueurs vont occuper le camp que le sort a assigné à chaque parti. Le *service* ou le *tirer*, c'est-à-dire l'endroit où doit se placer celui qui sert la balle, est indiqué par un morceau de drap fixé sur le sol au moyen d'un clou. Chacun des joueurs prend ensuite le rang qui lui est assigné, et voici, d'après une description poétique faite plutôt par un ama-

La Longue paume.

teur du jeu de paume que par un poëte, comment, en général, se disposent les joueurs dans chaque camp :

Les postes sont marqués ; on voit six combattants
Avec ordre rangés ; trois gardent les devants,
Marchent de front, bravant les sifflements des balles.
Au centre sont placés, à distances égales,
Deux voltigeurs ; leur bras, aussi prompt que l'éclair,
Sans attendre le bond, prend la balle dans l'air :
Le coup en est plus fort, la chance plus certaine ;
La balle perce et rend la résistance vaine.
Enfin paraît au fond celui qui, plus adroit,
D'occuper cette place a mérité le droit ;
Lui seul, il les vaut tous : il dispose, il gourmande,
Et, sans cesse en haleine, il presse, agit, commande.

Nous avons déjà dit que ce jeu exige des bras robustes et des efforts considérables; mais il ne suffit pas, pour bien jouer à la paume, d'avoir de la vigueur dans le bras et de l'agilité dans les jambes, il faut encore joindre à ces avantages un coup d'œil juste, de l'adresse et une certaine présence d'esprit. Dès que la balle est servie, les joueurs placés au premier rang dans le camp opposé doivent juger rapidement si c'est à eux qu'il convient de reprendre et de relancer la balle, ou s'ils feront mieux de la laisser passer et arriver à ceux de leurs associés qui sont placés derrière eux. Les coups sont pour ainsi dire aussi variés qu'il y a de balles lancées. Armé de sa raquette à fortes mailles faites en cordes de boyaux, tantôt le joueur reçoit de volée et repousse avec vigueur la balle qui a été non moins vigoureusement lancée; tantôt il se contente de lui opposer sa raquette comme un bouclier, quand cette simple tactique suffit à son jeu. Là, il la reprend à ras de terre et la relève par-dessus la corde d'enceinte; ici, au lieu de la renvoyer droit devant lui, il la force à suivre une direction oblique à droite ou à gauche, de manière à tromper les adversaires. C'est bien jouer que de faire passer la balle toujours au-dessus et jamais au-dessous de la corde qui sert à diviser l'enceinte du jeu en deux parties égales; mais les coups les plus heureux, le plus habilement joués, ceux par lesquels se signalent les joueurs exercés, consistent à repousser la balle de telle sorte qu'elle rase le dessus de la corde sans la toucher, et donne ainsi moins de prise aux adversaires, qui sont obligés, pour la reprendre, de se baisser, de s'élancer, d'être prêts à tout événement, d'employer tout ce qu'ils ont d'industrie, de souplesse et d'activité. Enfin, un joueur est souvent trompé par les ruses de son adversaire, qui, par l'attitude de son corps et la direction que prennent ses yeux, semble vouloir lancer la balle du côté opposé à celui qu'occupe le joueur : celui-ci s'y porte rapidement ; mais à peine a-t-il quitté son poste, que l'adversaire, par un brusque et habile changement, envoie précisément la balle dans l'autre direction. Le joueur s'empresse de revenir sur ses pas pour réparer son erreur ; mais bien souvent, hélas ! il arrive trop tard. Du reste, il prendra sa revanche aux coups suivants, et fera tomber dans le même piége celui qui a si bien su le tromper. Le jeu de paume est une lutte continuelle de force et d'agilité, d'art et de finesse.

Donnons maintenant quelques explications sur les règles particulières de ce jeu. Une partie ne se compose jamais moins de ce qu'on appelle *quatre jeux* ; chaque jeu est de soixante points, et chaque coup gagné ou perdu vaut quinze points. Quand il y a plus de trois joueurs de chaque côté, la partie est d'un nombre de jeux égal à celui des joueurs de chaque côté, plus un ; ainsi, dans une partie de cinq joueurs contre cinq adversaires, il faut, pour gagner, avoir six jeux. Il est bien rare, lorsque les forces sont à peu près égales dans chaque camp, qu'un jeu soit gagné coup sur coup par un parti, sans que l'autre parti soit parvenu à prendre des points. Il arrive au contraire, le plus souvent, que le jeu est vivement disputé et ne se termine à l'avantage de l'un ou de l'autre qu'après une série de coups dont le nombre s'augmente avec certaines circonstances et certaines combinaisons qu'il n'est pas inutile de faire connaître. Supposons que le camp A gagne quinze au premier coup, et le camp B quinze au second coup ; les deux partis sont alors, en termes de jeu, *quinze à un*. Les deux coups suivants sont-ils encore gagnés, l'un par le camp A, l'autre par le camp B, les deux partis sont, toujours en termes de jeu, *trente à un*. Maintenant A gagne encore quinze et arrive ainsi à quarante-cinq ; mais, le coup suivant, B gagne aussi quinze : voilà les combattants *à deux*. Le coup suivant donnera simplement *avantage* à celui des deux partis qui le gagnera, et il faudra qu'il gagne immédiatement après un autre coup pour obtenir le jeu. Si c'est le parti contraire qui gagne le coup, il y a alors *avantage à deux;* et pour que le jeu appartienne enfin au camp A ou au camp B, il faut que celui-ci ou celui-là gagne deux coups de suite. Ainsi, comme on le voit, le gain d'un jeu n'est quelquefois définitivement acquis à tel ou tel parti qu'après une série de dix ou douze coups très vivement disputés.

Les *chasses* (et nous dirons tout à l'heure ce qu'il faut entendre par ce mot) viennent encore augmenter le nombre des coups, allonger le jeu et en même temps y jeter une agréable variété. Pour la paume, comme pour la balle au mur, la première loi du jeu est de relancer la balle, soit de volée, c'est-à-dire avant qu'elle touche la terre, soit quand elle a fait un premier bond. Il n'est plus temps de la reprendre au second bond, et l'endroit précis de l'enceinte où on l'arrête lorsqu'elle a touché la terre pour la seconde fois est ce qu'on appelle une *chasse*. Tant que la balle n'est pas arrêtée, qu'elle roule et gagne du terrain, sans toutefois dépasser les limites de l'enceinte, la chasse s'allonge d'autant, et le marqueur[1] plante un petit piquet à l'endroit où la balle s'est arrêtée, pour indiquer la chasse. Selon les conventions qui ont été faites d'avance, c'est-à-dire selon qu'on

---

1. Le marqueur, ou garçon de jeu, est un homme payé pour surveiller le jeu, observer si les balles tombent dans l'enceinte ou hors de l'enceinte, compter les points, marquer le nombre des jeux, etc. Il a sous ses ordres plusieurs aides ou ramasseurs chargés de rapporter les balles, qui sont quelquefois lancées à de grandes distances loin du jeu.

a limité la partie ou qu'on l'a étendue à tout le jeu, une chasse peut être faite soit seulement dans l'un des espaces compris entre la corde du milieu et la limite d'un camp, soit dans toute la longueur de l'enceinte, depuis la marque du service ou du tirer jusqu'à l'autre bout du terrain : dans le premier cas, la balle doit passer par-dessus la corde lorsqu'elle est lancée par le joueur ; dans le second cas, elle peut passer sous la corde, même en roulant par terre.

Une chasse faite ne cause ni perte ni gain pour aucun des deux partis ; ce n'est que lorsqu'on la tire qu'on peut la gagner ou la perdre, et pour la tirer on *passe*, c'est-à-dire que les joueurs changent de place, que ceux qui occupaient le camp inférieur passent dans le camp supérieur, et réciproquement. On passe dès qu'il y a deux chasses faites dans le cours d'un jeu, pourvu toutefois qu'aucun des deux partis n'ait encore atteint le point quarante-cinq ; mais si ce point a été obtenu par l'un ou l'autre des deux partis, on passe même pour une seule chasse faite. Tirer une chasse, c'est essayer de la gagner : pour la gagner, il faut que le joueur passe la balle de manière que celle-ci fasse son second bond au delà de la ligne ou du piquet qui sert à marquer la chasse faite. Si le second bond a lieu en deçà de cette ligne, la chasse est perdue et compte quinze pour les adversaires. Défendre une chasse, c'est empêcher, autant que possible, celui qui la tire de la gagner : pour cela, les joueurs opposés à ceux qui tirent la chasse se tiennent prêts à reprendre la balle avant le second bond, s'ils jugent que ce second bond va se faire au delà de la ligne indiquée et donner le gain de la chasse aux adversaires ; mais si, par l'habitude d'un coup d'œil exercé, ils prévoient sûrement que la balle une fois lancée fera son second bond en deçà de la ligne, ils se gardent bien de la reprendre, et la laissent tranquillement poursuivre son chemin comme elle l'entendra ; ils gagnent la chasse sans se donner la peine de jouer.

On emploie dans le jeu de paume quelques termes que nous avons d'abord passés sous silence pour ne pas couper la description de ce jeu. Nous ne croyons pas inutile d'indiquer les principaux, parce que la langue française a emprunté au jeu de paume une foule d'expressions figurées et proverbiales, parmi lesquelles nous choisirons celles dont on fait le plus habituellement usage dans la conversation. *Peloter ; peloter en attendant partie :* c'est jouer à la paume sans que ce soit une partie réglée, ne faire que se jeter et se renvoyer la balle. Figurément et proverbialement, c'est faire quelque chose de peu de conséquence en attendant mieux ; faire par manière d'essai ce qu'on fera plus sérieusement dans la suite. — *Empaumer :* c'est recevoir la balle à plein dans le milieu de la paume de la main, de la raquette ou du battoir, et la relancer fortement. Au figuré et proverbialement, c'est se rendre maître de l'esprit d'une personne pour lui faire faire tout ce qu'on veut ; c'est aussi bien saisir une affaire, la bien comprendre. — *Juger la balle :* c'est prévoir où la balle doit tomber, l'effet qu'elle doit produire. Figurément, c'est prévoir quel tour une affaire prendra, quels en seront les résultats. — *Prendre la balle au bond :* figurément et proverbialement, c'est saisir à propos une occasion favorable. — *Se renvoyer la balle* se dit familièrement de plusieurs personnes qui se déchargent l'une sur l'autre d'un soin, d'un embarras, d'une affaire.

La Courte paume. La Courte paume a cet avantage sur la Longue paume, qu'on peut y jouer en tout temps, parce qu'on est enfermé entre quatre murailles. Du reste, ces deux jeux sont soumis à peu près aux mêmes règles, et la plupart des détails que nous avons donnés sur la Longue paume peuvent également s'appliquer à la Courte paume. Jusqu'au xve siècle, la paume s'était jouée avec la main. A cette époque on commença à se ganter; puis des cordes tendues et serrées autour de la main parurent plus propres à pousser la balle avec roideur, et

La Courte paume.

enfin la raquette fut inventée. Delille dit, dans son poëme de *la Conversation* :

> La balle, dans ce jeu, volant de main en main,
> Court, tombe, se relève et reprend son chemin.
> . . . .
> Sans cesse allant, venant, revenant tour à tour,
> Exacte à son départ, exacte à son retour;
> Avec la même ardeur et par la même voie,
> Chaque parti l'attend, l'arrête et la renvoie.

Sous Henri II, Charles IX et Henri III, cet amusement était fort en vogue à Paris, et il n'y avait presque pas de quartier qui n'eût son jeu de Courte paume. Qui ne sait que ce fut dans une modeste salle de jeu de paume que commença la révolution de 1789 qui devait changer la face politique de la France?

LE BALLON.

Nous ne parlerons qu'en passant de ce ballon, léger comme une plume, gros comme la tête, ordinairement habillé de diverses couleurs comme un arlequin, et avec lequel les enfants, même très-jeunes, s'amusent, soit seuls, soit entre eux. C'est un jouet qu'on fait voltiger çà et là, sans but précis, sans règle, et dans le seul dessein de le pousser le plus haut possible dans les airs, ou de le forcer à bondir à coups redoublés sur la terre. C'est là du reste un excellent exercice, qui met en mouvement les bras et les jambes et donne de la souplesse à tout le corps. Mais nous voulons parler principalement du jeu de ballon qui a les plus grands rapports avec la Longue paume. Il y a encore beaucoup de villes, surtout dans le midi de la France, qui possèdent un emplacement destiné au jeu de ballon : c'est un grand terrain entouré de tous côtés de murailles assez élevées et à ciel ouvert. Qu'on se figure les fossés des anciens châteaux forts, mais des fossés très-larges, dont le sol serait parfaitement uni et entièrement purgé d'eau, et l'on se fera une idée d'un jeu de ballon.

S'il est avantageux d'avoir des bras robustes, de jouir de la plénitude de ses forces pour jouer au jeu de paume, c'est une condition encore plus indispensable pour être acteur dans une partie de jeu de ballon. Les ballons ne sont pas des balles ordinaires que peut manier la première main venue. Ils sont plus gros et plus lourds que les balles dont on fait usage dans le jeu de paume, et ce qui les distingue surtout, c'est une dureté à nulle autre pareille. Ils consistent en une vessie gonflée d'air, enduite extérieurement d'une couche d'huile et recouverte d'une enveloppe de cuir très-épais. Les joueurs, pour lancer et repousser un ballon ainsi fait, ont la main et le poignet armés d'une sorte d'instrument en bois, qui ressemble assez pour la forme à un petit manchon. Cet instrument, appelé *brassart*, présente, à l'extérieur, des aspérités taillées comme les facettes et les pointes d'un diamant; intérieurement il est traversé par une forte cheville placée obliquement; c'est par là que le joueur saisit et tient le brassart. Les règles auxquelles sont soumises les parties du jeu de ballon sont à peu près les mêmes que celles du jeu de la Longue paume, et nous n'avons pas à y revenir.

Le Ballon.

Les combattants se divisent également en deux camps opposés, et se disputent la victoire avec une ardeur et une vivacité qu'on rencontre rarement au même degré dans d'autres exercices.

Mais pour assister à une partie de ballon dans tout ce qu'elle a de plus animé, pour être témoin d'un spectacle dont on a peine à se faire une idée, il faudrait se transporter dans les Basses-Pyrénées, dans le pays des Basques, ces intrépides montagnards, renommés de tout temps pour leur force, leur agilité et leur adresse. Là, le ballon est un jeu solennel qui rappelle les jeux olympiques de la Grèce et qui attire des milliers de spectateurs français et espagnols sur un vaste espace. Là se rencontrent les grands artistes, les héros du jeu ; là des paris considérables sont tenus en faveur de l'un ou de l'autre parti. Il y a un jury formé d'amateurs émérites qui, placés sur une estrade d'honneur, doivent juger les coups douteux et prononcer en dernier ressort. La foule est immense aux abords du jeu ; les murs, les croisées, les toits, les arbres sont couverts de spectateurs de tout rang, de tout âge, de tout sexe.

Les combattants, à quelque condition qu'ils appartiennent, sont vêtus uniformément. Un léger réseau couvre leur tête et retient leurs cheveux ; des sandales de cordes tressées et flexibles sont attachées à leurs pieds sans en gêner les mouvements ; leur large pantalon est retenu par une ceinture de couleur éclatante. Les voilà tous à leur poste. Ils se servent rarement de l'instrument appelé brassart, que nous avons déjà décrit ; ils ont presque toujours la main armée d'une espèce de gantelet en cuir très-fort ou en bois très-dur, qui rappelle le ceste des anciens lutteurs de la Grèce et de Rome. Le jeu commence, et alors aussi commencent les émotions. Le ballon traverse les airs, et c'est à peine si des yeux on peut en suivre le vol, tant il est poussé avec une puissante vigueur. Tandis qu'il poursuit sa course impétueuse, lancé et relancé tour à tour, les émotions deviennent plus vives, la crainte ou l'espérance agite tous les cœurs : tantôt c'est une attente silencieuse dans cette foule immense, tantôt ce sont de bruyants applaudissements répétés par les échos d'alentour. Des courriers partent de moment en moment et apportent des nouvelles aux spectateurs trop éloignés pour savoir ce qui se passe.

L'ambition du succès ou plutôt l'amour de la gloire qui anime les athlètes est passé tout entier dans l'âme des spectateurs. Jamais Denain, Fontenoy, Waterloo, n'excitèrent de pareilles émotions, d'aussi vives sympathies; mais ici du moins les vaincus ne se retirent pas du champ de bataille sans l'espoir d'une prompte et éclatante revanche.

On raconte qu'un des plus fameux héros du jeu de ballon, proscrit et forcé de quitter son beau pays du Béarn durant la révolution française, apprit au fond de son exil, en Espagne, que son plus redoutable adversaire devait, sous peu de jours, se montrer dans une partie de ballon, aux Aldudes. Cette pensée le tourmente et le poursuit sans cesse. Que ne lui est-il donné de pouvoir combattre au moins encore une fois! Il sollicite et obtient un sauf-conduit, arrive au jour marqué, paraît dans la lice, remporte la victoire, et retourne en exil aux acclamations de ses concitoyens. Ne dirait-on pas Cincinnatus retournant à ses bœufs et à sa charrue après avoir vaincu les Èques et les Volsques?

La paume, ainsi nommée sans doute parce qu'on n'y jouait primitivement qu'avec la main, était appelée *sphéristique* chez les Grecs et *pila* chez les Romains. L'historien Hérodote en attribue l'invention aux Lydiens. On doit croire qu'elle était déjà fort en usage du temps d'Homère, puisque ce poëte, au sixième et au huitième chant de l'*Odyssée*, en fait un amusement de ses héros. Les Romains, qui avaient imité dans la construction de leurs thermes et de leurs palestres les gymnases des Grecs, y avaient aussi établi des *sphéristères* ou jeux de paume, dans lesquels ils se livraient à cet exercice. Suivant le témoignage de Pline le jeune, témoignage consigné dans une de ses lettres, la paume était devenue si fort à la mode à cette époque, que les riches Romains, pour s'y exercer en tout temps, faisaient disposer un emplacement destiné à cet usage, non-seulement dans leurs palais, à Rome, mais aussi dans leurs villas ou maisons de campagne.

JEUX DE BILLES.

Les billes sont, avec les balles, les instruments qui de tout temps ont le plus puissamment captivé la faveur des écoliers et se sont fait la plus large place dans leurs jeux. Si la balle règne en souveraine lorsque le froid oblige les écoliers à souffler dans leurs doigts et leur fait sentir le besoin de se livrer à un exercice qui mette tout le corps en action, les billes viennent à leur tour détrôner la balle et reprendre tous leurs droits, dès que la chaleur fait désirer des jeux moins animés. Du reste, il ne faudrait pas croire que les écoliers, dans le choix de leurs jeux et pour l'ordre dans lequel ces jeux se succèdent, prennent pour règle invariable le cours du soleil et la succession régulière des saisons. Tel jeu paraît plus tôt qu'un autre sur la scène à une certaine époque de l'année, on ne sait pas trop pourquoi; tel autre disparaît brusquement pour laisser la place à un nouvel exercice, sans qu'on en devine précisément le motif. Les enfants aiment à varier leurs plaisirs; ils savent que

L'ennui naquit un jour de l'uniformité,

et ils ne veulent pas s'ennuyer. Qui pourrait leur en faire un crime? Maintenant, que le caprice plutôt que le discernement soit une règle qu'ils suivent quelquefois dans le choix de tel ou tel exercice à une certaine époque; qu'ils fassent en hiver ce qu'il conviendrait mieux de faire en été, cela peut être vrai : mais sommes-nous toujours nous-mêmes plus raisonnables, et les hommes ne sont-ils pas quelquefois de grands enfants?

Laissons de côté la philosophie, qui n'a rien à faire dans les sujets que nous traitons, et revenons à nos billes. Les jeux de billes sont aussi nombreux, aussi variés que les jeux de balle; voici ceux que nous allons successivement passer en revue : la *Poursuite*, le *Triangle* ou le *Cercle*, la *Tapette*, la *Bloquette*, la *Pyramide*, le *Tirer*, le *Pot*, les *Villes*, le *Serpent*, enfin la *Trime*[1]. Parmi ces jeux, il y en a plusieurs dans lesquels on roule simplement la bille, comme on ferait une balle ou une boule; dans quelques autres, au contraire, on est obligé de *caler*, c'est-à-dire que le joueur ne peut jouer sa bille qu'en la tenant entre le pouce et l'index, ou plutôt entre le pouce et les deux doigts les plus rapprochés du pouce : celui-ci fait l'office d'un ressort intelligent qui, en se détendant, lance la bille dans la direction qu'on veut lui donner, et avec le degré de force qui lui est imprimé. Les jeux dans lesquels chaque joueur est tenu de caler sont la *Poursuite*, le *Triangle* ou le *Cercle*, le *Pot* et les *Villes*.

La Poursuite. La Poursuite est le plus simple des jeux de billes, et généralement l'action se passe entre deux joueurs rivaux d'adresse. L'un des joueurs, et c'est le sort qui désigne quel sera celui des deux qui doit commencer, jette sa bille à une certaine distance; l'autre joueur la vise et s'étudie à la toucher : s'il y parvient, il compte dix, et il continue de jouer, comptant toujours dix de plus chaque fois qu'il atteint la bille de son adversaire. S'il la manque, soit la première fois, soit après deux, trois ou quatre coups heureux, c'est l'adversaire qui joue à son tour, qui vise la bille ennemie, et qui compte

---

1. Nous prévenons nos lecteurs que le mot *trime* ne se trouve peut-être pas dans le dictionnaire de l'Académie française; mais c'est une expression consacrée par l'usage, et nous sommes obligés de nous en servir; elle est dérivée du verbe *trimer*, qui signifie faire une besogne fatigante, ennuyeuse.

également dix toutes les fois qu'il est assez habile pour la frapper. Il est bien entendu que les joueurs jouent, à chaque coup, de l'endroit même où leur propre bille s'est arrêtée au coup précédent. Le premier des joueurs qui atteint le nombre cent a gagné, et l'on convient d'avance

La Poursuite.

du nombre de billes que le perdant doit donner au gagnant.

Le Triangle ou le Cercle. Le Triangle ou le Cercle, qu'on désigne aussi sous le nom de *Rangette*, est, entre tous les jeux de billes, le véritable jeu classique. On choisit sur le terrain une place aussi unie que possible, et on y trace, avec la pointe d'un couteau, soit un triangle, soit un rond de moyenne grandeur : toute autre figure, telle qu'un carré, un losange, conviendrait également; mais le triangle et le rond possèdent depuis longtemps l'estime et la faveur des écoliers, et ils règnent sans partage par droit d'ancienneté dans le domaine qu'ils ont conquis. On s'assure d'avance du nombre des joueurs qui désirent prendre part à la lutte : si ce nombre est impair, chacun jouera pour son propre compte ; si les joueurs sont en nombre pair, et nous parlons ici des parties qui comptent plus de deux joueurs, s'ils sont, par exemple, au nombre de quatre, ils formeront deux compagnies de deux associés chacune; s'ils sont au nombre de six, ils pourront former, soit trois sociétés composées chacune de deux joueurs, soit deux sociétés de trois joueurs chacune.

Ces préliminaires étant réglés d'un commun accord et à la satisfaction générale, chaque joueur dépose sa mise dans le triangle, c'est-à-dire le même nombre de billes, une, deux, trois, selon les conventions. Maintenant il s'agit de débuter pour savoir quel sera le rang des joueurs dans la partie qui va s'engager. Une raie est visiblement tracée sur la terre à une certaine distance du triangle, à trois ou quatre mètres environ. Chaque joueur se place alternativement au triangle même et jette sa bille dans la direction de cette raie ou du but, en s'efforçant de l'en approcher le plus possible. Celui qui est assez habile ou assez heureux pour mettre sa bille plus près du but que tous ses camarades, est le premier, ou le *pre*, comme disent les écoliers en style laconique; celui qui vient après est le second, ou le *se*; enfin le possesseur de la bille la plus éloignée du but, est le dernier, ou le *der*, toujours en style laconique. Quelquefois, avant de débuter, un des joueurs s'avise de crier: *toquette*;

Le Triangle ou le Cercle.

cela veut dire que si, en débutant, quelqu'un des joueurs atteint une des billes déjà placées aux environs du but, tout le monde sera obligé de recommencer le début. Il n'est permis de faire toquette que trois fois; sans cela tout le temps destiné au jeu pourrait se passer en débuts. Nous avons oublié de dire que pour le début on roule la bille; dans tout le reste de la partie, il faut caler.

Les rangs une fois assignés, c'est du but que les joueurs jouent tous leur premier coup, le *pre* d'abord, le *se* après, et ainsi de suite jusqu'au *der*. Tous les autres coups dans tout le cours du jeu sont joués de la place même où la bille de chaque joueur s'est arrêtée au coup précédent. Frapper les billes dont le triangle est garni, et les en faire sortir pour se les attribuer, se placer dans de bonnes positions aux environs de ce même triangle, afin de se ménager l'occasion d'atteindre plus facilement ces billes, objets de tous les désirs, en même temps éviter de se mettre à portée d'un adversaire qui pourrait tirer sur vous avec avantage, profiter habilement soi-même de l'imprudence de cet adversaire : tel est, en résumé, l'art de ce jeu qui intéresse si vivement et avec raison les écoliers de tout âge. Ordinairement une partie est finie dès que toutes les billes du triangle ont été prises : tel joueur en a deux, tel autre en possède quatre; celui-ci en a conquis cinq, et celui-là, plus modeste, ne peut en montrer qu'une; nous ne parlons pas de ceux qui n'ont rien du tout : il faut plaindre le talent malheureux. Quelquefois, disons-nous, la partie n'est pas terminée par cela seul que le triangle est entièrement dégarni. En effet, si l'un des joueurs, un de ceux, bien entendu, qui possèdent quelque chose, s'avise de demander *poursuite*, il faut alors que tous ces adversaires, partiellement vainqueurs, s'attaquent et se poursuivent; celui-ci visant la bille de celui-là, celui-là tirant sur la bille de celui-ci, jusqu'à ce que, la plupart des joueurs ayant été atteints et mis hors du jeu en perdant ce qu'ils avaient conquis, la lutte s'établisse entre les deux derniers joueurs qui restent encore debout sur le champ de bataille. Cette lutte se termine par la défaite de l'un d'eux, dont la bille est frappée par celle de son adversaire, et l'heureux vainqueur se retire chargé des dépouilles opimes, c'est-à-dire avec toutes les billes du triangle qui se trouvaient dispersées dans différentes mains. Quelquefois cependant, pour ne pas donner à un seul et même joueur un gain si considérable, la poursuite n'est pas poussée à outrance, et l'on convient que chacun des poursuivants ne pourra jouer qu'un seul coup sur chacun de ses adversaires.

Maintenant revenons à notre triangle, dont la poursuite nous a éloignés, et rentrons un moment dans la partie principale, afin d'indiquer quelques règles et certaines circonstances particulières qu'il est utile de connaître. Le joueur qui fait sortir une bille du triangle, mais dont la propre bille (celle avec laquelle il joue) reste dans le triangle, ne gagne rien et va jouer du but; bien plus, s'il possède déjà des billes, il est obligé de les remettre dans le triangle. Il en est de même de celui qui, par maladresse, envoie sa bille dans le triangle. Tout joueur dont la bille est atteinte par celle d'un adversaire est condamné simplement à aller jouer du but, s'ils ne possèdent encore rien ni l'un ni l'autre; mais il est tué, c'est-à-dire mis hors de jeu pour toute la partie, si celui qui l'a touché a déjà conquis quelque chose sur le triangle; enfin, s'ils sont tous les deux possesseurs d'une ou plusieurs billes, le butin de l'un passe dans les mains de l'autre. Un joueur qui envoie sa bille au delà du but a le droit de se placer au but même pour jouer le coup suivant. Quelquefois une bille jouée est arrêtée fortuitement dans sa course par le pied des joueurs ou des spectateurs qui forment galerie. Si le joueur à qui la bille appartient s'empresse de crier *Bon pied!* ou *Mauvais pied!* suivant l'avantage qu'il peut retirer de cette circonstance, la bille reste à la place où elle a été arrêtée, ou bien elle est reculée à peu près de tout l'espace qu'elle aurait parcouru en poursuivant librement sa course. Si c'est au contraire un adversaire qui prononce avant le joueur les mots consacrés, *Bon pied!* ou *Mauvais pied!* la bille reste en place ou est renvoyée plus loin, non plus à la volonté du joueur, mais selon le bon plaisir de l'adversaire.

La Tapette. La Tapette se joue le plus ordinairement à deux; elle peut cependant admettre un plus grand nombre de joueurs. Voyons d'abord comment se passe la lutte entre deux acteurs seulement. On commence par choisir une portion de mur qui n'offre pas de trop grandes aspérités, puis on convient du nombre de billes qui seront poussées l'une après l'autre par chacun des joueurs. Celui qui doit

La Tapette.

commencer le jeu, et c'est le sort qui le désigne, jette une de ses billes contre le mur; elle rebondit, roule sur la terre et s'arrête. Le second joueur en fait autant, mais en cherchant à diriger sa bille sur celle de son adversaire et à la toucher. S'il réussit dès le premier coup, il ramasse les deux billes, qui dès lors lui appartiennent, et c'est à lui maintenant de jeter le premier une bille contre le mur. S'il ne réussit pas, la partie se poursuit, chacun des deux joueurs lançant à tour de rôle une nouvelle bille contre le mur, jusqu'à ce qu'une des billes qui sont sur le jeu soit atteinte. Celui qui a été assez habile ou assez heureux pour faire le coup ramasse l'enjeu, ou, en termes d'écolier, empoche les billes. Il peut arriver que le nombre de billes que devait jouer chaque joueur, et dont on était convenu dès le début, soit épuisé, sans qu'aucun des joueurs soit encore parvenu à toucher une des billes dispersées çà et là sur le terrain. Dans ce cas, le joueur à qui c'est le tour de jouer ramasse une de ces billes, non pas la première venue, mais la plus éloignée, et il la jette contre le mur. Si le coup ne porte pas, l'adversaire agit de la même façon, et la partie, continuée ainsi, ne se termine que lorsqu'un coup heureux a donné la victoire à l'un des deux lutteurs.

Nous avons dit que ce jeu admet quelquefois un plus grand nombre de joueurs. On peut, en effet, comme dans la Rangette, former des associations de deux contre deux, de trois contre trois; alors le gain se partage entre les associés. Ou bien encore chacun joue pour soi, et toutes les billes du jeu, quel qu'en soit le nombre, appartiennent à celui qui est parvenu à toucher l'une d'entre elles.

Il est rare que les écoliers n'aient pas un mur à leur disposition pour jouer à la Tapette. Toutefois, à défaut de mur, ils se contentent d'un arbre qui offre une surface assez grande et dont l'écorce ne soit pas trop raboteuse. Mais ce qui vaut mieux encore qu'un arbre, c'est une planche qu'on appuie contre quelque objet qui la soutienne et à laquelle on donne une position suffisamment inclinée. Il n'est pas nécessaire alors de lancer les billes contre la planche; on se contente de les faire glisser de toute la hauteur de la planche, dont l'inclinaison suffit pour les envoyer assez loin sur le terrain.

La Bloquette. La *Bloquette*, comme la Tapette, se joue plus volontiers entre deux joueurs. On creuse un trou dans la terre contre un mur ou contre un arbre. Ce trou doit avoir à peu près une profondeur de trois ou quatre centimètres : il sera suffisamment large et de la forme

La Bloquette.

d'un demi-cercle. On trace ensuite un but à une distance convenable du trou ou de la bloquette, de manière à pouvoir *bloquer* assez facilement. Bloquer, c'est jeter les billes dans le pot. Les deux joueurs conviennent d'avance, et cela à chaque coup qui se joue, du nombre de billes qu'ils veulent bloquer, et ils prennent chacun le même nombre dans la main en les puisant dans leur sac ou dans leur poche. Celui des deux adversaires qui doit jouer le premier se place donc au but et lance ses billes dans la bloquette; si elles y entrent toutes, il gagne à son adversaire autant de billes qu'il en a jetées; il gagne également, si les billes lancées se trouvent en nombre pair et dans la bloquette et hors de la bloquette. Si au contraire il y a dehors et dedans un nombre impair, ou si aucune des billes jetées par le premier joueur n'entre dans la bloquette, c'est l'adversaire qui ramasse l'enjeu. Il n'est pas besoin d'ajouter que chaque joueur bloque à son tour, et nous avons déjà dit qu'on peut varier les coups en augmentant ou en diminuant le nombre des billes qu'on lance dans la bloquette. Ce nombre est ordinairement quatre, six, huit, et quelquefois dix, douze et même plus.

La Pyramide. On trace un cercle sur la terre, et au

La Pyramide.

milieu de ce cercle on forme une pyramide triangulaire dont la base est composée de six billes. Celui des joueurs qui se charge de construire la pyramide à ses frais se nomme le maître ou le fermier du jeu. Tous les autres joueurs, en nombre indéterminé (prend part qui veut à la fête), jouent le premier coup en se plaçant au but comme dans le jeu du Triangle, et visent sur la pyramide objet de toutes les attaques. Chaque coup manqué donne droit au fermier de recevoir une bille de la part du joueur qui n'a pas réussi ; mais aussi toute bille de la pyramide touchée et renvoyée hors du cercle appartient au joueur qui a eu l'adresse de la débusquer. La partie finit quand la pyramide a été entièrement enlevée pièce par pièce, ou bien quand les joueurs, rebutés par des pertes trop nombreuses, renoncent volontairement à la lutte, auquel cas le fermier garde ce qu'il a gagné et met en poche ce qui reste de sa pyramide.

Le Tirer. En pleine récréation, pendant que les uns

Le Tirer.

sont occupés autour du Cercle ou du Triangle, que les autres se laissent attirer par les charmes de la Tapette, que ceux-ci préfèrent la Poursuite, que ceux-là attendent qu'une partie s'organise, on entend crier tout à coup : *Bille de marbre ! bille d'agate ! qui veut tirer ?* Aussitôt vous voyez accourir à cet appel bien connu un assez grand nombre d'amateurs. Voici ce que leur propose le crieur dont la parole retentissante les a attirés. Il va déposer à terre, près d'un mur, d'un arbre, d'une marche d'escalier, n'importe, une bille de marbre ou une bille d'agate. Les joueurs qui demandent à prendre part à l'action se placent à un but suffisamment éloigné de la bille qu'ils vont attaquer, mais plus éloigné pour la bille d'agate que pour la bille de marbre. Cela fait, ils lancent successivement une, deux, trois, quatre billes (billes ordinaires, communes, bien entendu), et s'efforcent de toucher celle qu'ils convoitent. Pendant ce temps, le provocateur de cette lutte, placé auprès de son enjeu, ramasse toutes les billes qui pleuvent autour de lui sans atteindre leur but; il n'a pas assez de ses deux mains pour recueillir cette abondante moisson. Enfin la bille qui sert d'enjeu est touchée; bille de marbre ou bille d'agate, passez dans la poche de celui qui a su vous atteindre; il a bien mérité de vous posséder. Les choses ne tournent pas toujours ainsi pour le plus grand avantage du maître du jeu; s'il a assez souvent le bonheur de rafler vingt, trente, quarante billes, avant de perdre son enjeu, il a aussi quelquefois la douleur de se voir enlever au second ou au troisième coup une bille de marbre sans défauts, une bille d'agate aux belles couleurs tranchées.

Le Pot. Les préparatifs pour le jeu du *Pot* ne sont pas plus longs et ne demandent pas un plus grand effort de génie que ceux des autres jeux de billes qui ont été décrits jusqu'à présent. On fait un trou dans la terre; c'est ce qu'on appelle le *pot*. Ce trou doit être peu profond, peu évasé; de plus il sera rond. A quelque distance du pot, on marque le but, qui n'est autre chose qu'une raie tracée sur la terre. Puis on débute, comme il a été dit dans le jeu du Triangle. Celui dont la bille s'approche le plus du but est le premier, et ainsi des autres joueurs, dont le nombre n'est pas déterminé. Lorsque le rang de chacun a été ainsi fixé, le jeu commence, et le premier coup se joue toujours du but même. S'approcher soi-même le plus près possible du pot en jouant sa bille, en écarter les billes des adversaires, tel est en deux mots tout le secret du jeu, et il suffit de dire ce que fait un joueur pour savoir ce que font tous les autres. Ce joueur

Le Pot.

donc joue sa bille de manière à la faire aller tout près du pot, et mieux encore, dans le pot, auquel cas il compte dix ; puis, s'il voit que les billes de ses adversaires soient à sa portée, il vise sur elles, et, chaque fois qu'il en touche une, il compte dix de plus, comme aussi il compte dix de plus chaque fois qu'il rentre dans le pot aussitôt après avoir touché une ou plusieurs billes. S'il ne juge pas à propos de tirer sur les billes parce qu'elles sont trop éloignées, il se contente de rester près du pot, et c'est alors à un autre joueur de jouer. Il est bon de faire observer qu'il y a trois points, 30, 70 et 100, qu'on ne peut obtenir qu'en mettant sa bille dans le pot, et non pas en frappant la bille d'un adversaire.

Dès qu'un joueur est arrivé à cent dix, il se retire du jeu parce qu'il a gain de cause. La partie continue jusqu'à ce que les autres joueurs, un seul excepté, aient obtenu ce même nombre de points. Le joueur qui reste ainsi le dernier sans avoir pu réussir à compléter le nombre de points exigé pour être hors de jeu, est le perdant, et, comme tel, il est condamné à trimer. Trimer, nous croyons l'avoir déjà dit, signifie faire une besogne fatigante, ennuyeuse. Et en effet la punition imposée au perdant n'est pas amusante. Il va au but pour de là tâcher de faire entrer sa bille dans le pot; s'il y réussissait, il serait délivré; mais c'est un de ces hasards heureux qui ne se présentent que fort rarement. Sa bille reste donc à quelque distance du pot; tous les joueurs, l'un après l'autre, tirent sur elle et l'éloignent le plus possible du pot. Le perdant recommence à diriger sa bille vers le pot, et les joueurs continuent à l'en éloigner. Après un certain temps, lorsque ceux-ci voient que la lutte commence à devenir trop fatigante pour les uns et les autres et qu'elle pourrait se prolonger outre mesure, ils font grâce généreusement au perdant, et on passe avec plaisir à une seconde partie.

Les Villes. Le jeu des *Villes* demande des combinaisons un peu plus savantes que les autres jeux de billes. C'est le jeu du Pot, mais dans des proportions plus considérables et avec une plus grande variété d'incidents. Le nombre des joueurs n'est pas déterminé; quelquefois deux, trois, quatre joueurs organisent une partie, et il est rare qu'on se réunisse au nombre de plus de sept ou huit, parce qu'au delà il y aurait un peu de confusion.

On commence, comme l'indique la figure ci-jointe, par tracer sur la terre un carré dont les côtés auront à peu près un mètre de longueur. A chacun des quatre coins de ce carré est creusé un trou peu profond et assez grand pour qu'une bille de moyenne taille puisse y entrer. Ces trous sont ce qu'on appelle les *villes*. Autour de chacun de ces trous on trace soit deux petits carrés, soit deux triangles, soit deux cercles, etc., dont l'un enveloppe l'autre, et on les creuse comme les fossés qui entourent les villes. On peut leur donner à volonté soit la même forme à tous, soit une forme différente. Quant à la ville qui est placée au milieu du grand carré, elle est entourée, comme on le voit, d'un triple rempart, et on donne toujours la forme carrée aux trois fossés qui l'enveloppent; c'est la ville la plus considérable, c'est la capitale, c'est Paris. Quelquefois, pour multiplier les combinaisons et augmenter les difficultés du jeu, on trace, au milieu des lignes qui forment les côtés du grand carré, et par conséquent entre les villes, quatre petits cercles avec un trou au milieu ; ce sont les *bourgs*.

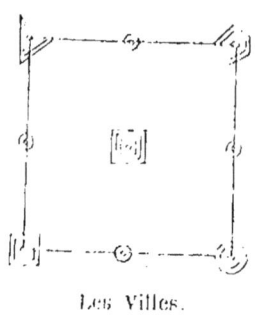

Les Villes.

A une certaine distance du jeu on trace une raie qui sert de but, et chaque joueur, pour débuter, se place sur la ville du milieu et jette sa bille vers le but. Celui qui s'en approche le plus est le premier, et tous les autres prennent leur rang d'après la distance plus ou moins grande à laquelle leur bille se trouve du but. C'est du but même que se joue le premier coup. Chacun pousse sa bille dans la direction de la ville dont il veut d'abord prendre possession et où il croit avoir le plus de chances de réussite; mais généralement on cherche avant tout à s'emparer de la ville du milieu, de Paris. Celui-là est maître d'une ville, qui est parvenu à introduire sa bille dans le trou, en *calant*, bien entendu, et non pas en roulant la bille. Il ne suffit pas de posséder une ville ; il faut encore savoir la défendre contre les attaques et en même temps faire successivement la conquête des autres villes. Ainsi, lorsque vous voyez qu'un adversaire a poussé sa bille dans les fossés de votre ville, vous cherchez à le débusquer de sa position en frappant sa bille de la vôtre, et vous avez le droit de jouer trois coups de suite. Avez-vous réussi à repousser cet adversaire, il peut se retirer, si bon lui

Jeu des Villes.

semble, dans sa propre ville pour la garder ; mais s'il n'a pas de ville à défendre, il reste à la place où vous l'avez envoyé en frappant sa bille, ou dans les remparts de votre ville, si vous ne l'avez pas atteint. Il faut remarquer qu'un joueur ne peut se retirer à volonté des fossés d'une ville qu'il attaque qu'autant qu'il est déjà en possession de la capitale. Voilà pourquoi on met d'abord tous ses soins à s'emparer de Paris. Si l'un des joueurs possède plusieurs villes et qu'elles se trouvent toutes attaquées en même temps par des adversaires, il a le droit de jouer trois coups de suite sur chacun de ses adversaires, et de plus il peut immédiatement après jouer un dernier coup en dirigeant sa bille vers une ville qui ne lui appartient pas encore. Tout joueur qui se laisse prendre sa ville recommence comme s'il n'avait rien fait et va jouer du but. La partie finit dès que l'un des joueurs est parvenu à se rendre maître de toutes les villes. S'il y a des bourgs, il faut également s'en emparer; mais en général les cinq villes sont trouvées suffisantes, et on ne fait pas de bourgs, pour ne pas trop prolonger la partie.

Le Serpent Le *Serpent* est une variété du jeu du Pot.

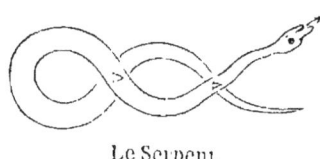

Le Serpent.

On trace sur la terre la figure d'un grand serpent, d'une espèce de boa, qui se replie deux fois sur lui-même. A la place où est figurée la tête et où serait l'œil du serpent, on creuse un trou semblable à celui

Le jeu du Serpent.

qu'on ferait pour le jeu du Pot. Les joueurs, dont le nombre n'est pas déterminé, débutent comme il a été déjà dit

dans les jeux précédents, et c'est de la queue même du serpent qu'ils jouent le premier coup, chacun à tour de rôle et suivant le rang qui lui a été assigné par le sort. Il faut jouer la bille de manière qu'elle reste toujours dans l'intérieur du serpent, sans pouvoir toutefois jamais se trouver ni sur les raies qui forment les contours du serpent, ni aux endroits où le serpent se coupe, aux deux places qui sont marquées de la lettre A sur la figure, et qu'on appelle des *ponts*. Tout joueur dont la bille est jetée hors du serpent, ou s'arrête soit sur les raies soit sur les ponts, est obligé de recommencer et va à la queue du serpent, pour ne jouer que lorsque son tour sera venu. On est également envoyé à la queue, toutes les fois qu'on a sa bille frappée par celle d'un adversaire. Le joueur qui réussit le premier à mettre sa bille dans le pot placé à la tête du serpent a gagné la partie.

Le Calot et la Trime. Le *Calot* n'est pas un jeu particulier; c'est une espèce de grosse bille avec laquelle on joue principalement à la *Trime*. Il n'est pas besoin de dire qu'on roule toujours le calot, comme on ferait une boule ou une balle. Au jeu de la Trime, on creuse un trou appelé pot, de forme ronde et assez grand pour recevoir une balle ordinaire, une balle à jouer, bien entendu. Ensuite on débute, afin de savoir quel est le joueur qui trimera le premier. Le rôle de trimeur[1], rôle peu agréable et peu envié, appartient de droit à celui dont le calot se trouve le plus éloigné du but, après que tous les joueurs ont débuté. Le trimeur se place donc au but, et de là, jouant son premier coup, il tâche de faire entrer son calot dans le pot. S'il n'y réussit pas, et c'est ce qui arrive le plus souvent, tous les joueurs, armés de leurs calots, se placent

1. Nous avons déjà dit que le mot *trime* ne se trouve pas dans le dictionnaire de l'Académie; le mot *trimeur* ne s'y trouve pas davantage : mais on sait ce qu'ils veulent exprimer.

au pot même, l'un après l'autre et selon le rang que le début leur a donné ; c'est à qui atteindra le calot du trimeur, le frappera fortement et le repoussera à la plus grande distance possible. Le pauvre patient joue alors de la place où son calot a été renvoyé, et cherche encore à prendre possession de ce pot si bien défendu. S'il n'est pas plus heureux dans cette seconde tentative, il voit avec douleur son calot recevoir de rudes atteintes et faire encore un voyage de long cours. Au troisième, au qua-

Le Calot et la Trime.

trième, au cinquième coup, mêmes efforts de la part du trimeur, même manége de la part des adversaires. Enfin notre patient est parvenu à faire entrer son calot dans le trou ; le voilà délivré pour longtemps de sa peine. Il est aussitôt remplacé dans son rôle de trimeur par celui qui occupait après lui le dernier rang au début, et lui-même prend dans la partie la place du nouveau patient, c'est-à-dire qu'il joue le dernier.

On se sert aussi du calot pour jouer à la Poursuite, et les règles du jeu sont les mêmes que celles qui ont été données dans le jeu de la Poursuite avec les billes. Seulement on roule le calot, tandis qu'avec les billes il faut caler, comme nous l'avons déjà dit.

Il y a un signe qui annonce d'une manière à peu près certaine que le règne des billes va passer, qu'elles laisseront bientôt la place libre à un autre jeu, dont la destinée sera d'être lui-même un peu plus tard remplacé par un nouveau venu. Ce signe précurseur, c'est le peu de valeur que les écoliers attachent aux billes, dès que ce jeu est arrivé à son déclin. Auparavant, lorsque les actions des billes étaient à la hausse, chacun se montrait fort réservé, très-prudent ; on se retirait d'une partie aussitôt qu'on avait perdu cinq ou six billes de pierre ; les billes de marbre ne paraissaient sur le jeu que de temps en temps et aux grands jours ; quant aux billes d'agate, elles restaient précieusement enfermées dans un petit sac. Maintenant que les actions sont à la baisse, on ne fait pas tant de façons : on hasarde dix, vingt, trente billes dans un coup de Bloquette ; on ne craint pas de proposer au jeu du Tirer et bille de marbre et bille d'agate ; on les perd sans en prendre trop de souci. Quand ces symptômes commencent à se manifester, vous pouvez prédire à peu près à coup sûr que les billes ont fait leur temps ; en peu de jours elles disparaissent entièrement de la scène, pour ne s'y montrer de nouveau qu'au moment où la faveur les y ramènera. Faisons donc comme les écoliers ; laissons dormir les billes jusqu'à l'année prochaine, et passons aux toupies.

LES TOUPIES.

La Toupie à ficelle. La *toupie* est un instrument si bien connu qu'il est inutile d'en décrire la forme. Les bonnes toupies sont faites en bois dur, et la pointe de fer dont elles sont armées doit être plutôt un peu longue que trop courte. Avec une pointe trop courte, la toupie, une fois lancée, reste pour ainsi dire à la même place, elle sommeille, elle dort, tandis qu'avec une pointe un peu longue, aussitôt qu'elle a touché terre, elle décrit des courbes plus ou moins étendues, et c'est ce qu'il faut pour les services qu'elle doit rendre au joueur dans le jeu auquel elle est principalement destinée. Une bonne toupie, comme aussi une toupie médiocre, demande toujours une bonne ficelle, bien tordue, cette espèce de ficelle qu'on appelle *fouet*. Si l'on veut qu'une toupie produise bien tout l'effet qu'on en attend, il faut, après avoir légèrement mouillé le bout de la ficelle et l'avoir appliqué sur la partie de la pointe de fer qui touche le bois, tourner la ficelle autour du bois de la toupie d'un effort régulier et continu, de manière que chaque tour de ficelle s'applique exactement sur le tour précédent, sans vides et sans bosses ; ensuite, quand on est arrivé au dernier tour, il faut tenir avec soin l'extrémité de la ficelle dans les doigts au moyen d'un nœud coulant ou d'un bouton, bien saisir la toupie la pointe en l'air, rejeter le bras en arrière, et la lancer vigoureusement de manière qu'elle tombe d'aplomb par la pointe sur la terre.

La Toupie à ficelle.

Les écoliers ne connaissent guère qu'une sorte de jeu dans lequel figurent les toupies, et voici en quoi consiste ce jeu : on trace sur la terre un grand cercle, de deux ou trois mètres de diamètre ; un des joueurs, celui que le sort a désigné pour commencer le jeu, lance sa toupie dans le cercle, et les autres joueurs tirent sur elle avec leurs toupies, tant qu'elle reste dans le cercle, vive ou morte. Mais aussitôt qu'elle en est sortie, soit d'elle-même par son propre mouvement, soit par le choc d'une autre toupie qui est venue la frapper, le joueur à qui elle appartient a le droit de la reprendre et de la faire tomber à son tour sur les toupies qui se trouvent dans le cercle. La toupie qui ne tourne pas sur sa pointe en touchant la terre, soit parce qu'elle est mal ficelée ou maladroitement lancée, soit par une cause quelconque, reste prisonnière dans le cercle. On voit ainsi quelquefois cinq ou six toupies couchées côte à côte dans le cercle et attendant leur délivrance, lorsqu'une toupie lancée avec autant de vigueur que d'adresse vient tomber au milieu du tas, et du coup renvoie et disperse hors du cercle trois ou quatre des prisonnières. Il n'est pas rare que dans ce conflit les toupies reçoivent de cruelles blessures faites par le fer aigu qui pénètre dans leur corps; il arrive même quelquefois qu'une malheureuse toupie, déjà fort maltraitée, est partagée en deux morceaux qui gisent là étendus sur la terre, restes informes et sans nom, et cependant glorieux trophée pour le joueur qui a fait le coup.

Le jeu de la Toupie à ficelle peut encore se jouer et se joue souvent, en effet, d'une autre manière. On ne trace pas de cercle, mais on choisit ou on prépare un sol bien uni, bien purgé de pierres et de cailloux, et on tire au sort pour savoir quel sera celui des joueurs dont la toupie sera d'abord exposée aux coups des autres. Le joueur qui est désigné pour ce rôle laisse sa toupie par terre, les autres joueurs tirent sur elle l'un après l'autre, en cherchant à la frapper; s'ils n'y réussissent pas du premier coup, ils sont tenus de prendre leur toupie sur la paume de la main pendant qu'elle tourne et d'aller ainsi la faire heurter, toujours tournant, contre la bille du patient. Le joueur qui ne parvient pas, soit de la première manière, soit de la seconde, à toucher la toupie du patient, devient patient à son tour, et c'est alors sa propre toupie qui est condamnée à subir tous les coups, jusqu'à ce qu'une nouvelle victime vienne prendre sa place.

Nous ne parlerons pas de la *toupie d'Allemagne*, espèce de jouet avec lequel les jeunes enfants s'amusent seuls. Ces sortes de toupies, qui ne sont pas armées de pointes de fer, affectent différentes formes, mais toutes ont cela de commun, qu'elles sont creuses et percées d'un trou par lequel l'air pénètre et produit, pendant qu'elles tournent, un son plus ou moins fort, suivant la grosseur du jouet.

Le Sabot. Le *sabot* est une toupie un peu plus grosse qu'une toupie ordinaire, et armée aussi d'une pointe de fer. On la met en mouvement en la faisant tourner, avec les deux mains, sur un sol uni, et on la fouette aussitôt, soit avec une lanière de cuir, soit avec une peau d'anguille, d'abord légèrement, pour la mettre en train, puis à coups plus vigoureux, à mesure qu'elle s'affermit plus solidement sur sa pointe.

Le Sabot.

Le sabot ne donne lieu qu'à des jeux de peu d'importance : dans l'un, appelé la *Course*, les joueurs chassent à qui mieux mieux leur sabot devant eux, et celui qui le premier le fait arriver à un but convenu gagne la partie; dans l'autre, nommé la *Rencontre*, ils fouettent leurs sabots de manière à les pousser et à les choquer l'un contre l'autre, et le perdant est celui dont le sabot a été renversé.

LA MARELLE.

Le jeu de la *Marelle*, malgré ses combinaisons variées et ses complications souvent un peu embarrassantes, est un des exercices que les écoliers affectionnent le plus et pratiquent le plus volontiers. Commençons avant tout par dire comment se trace sur la terre la figure appelée *marelle*, dont on fait usage pour ce jeu, et par donner quelques détails sur les divers compartiments dont elle se compose.

On trace d'abord un carré long qu'on divise en six parties, lesquelles forment autant de rectangles ; les quatre premières n'ont pas de nom particulier et sont simplement désignées par 1, 2, 3 et 4. La cinquième est appelée l'*enfer*, et la sixième le *reposoir*. Les deux petits quarts de cercle tracés aux deux coins extrêmes du premier rectangle ont reçu le nom de *marchands de vin*. A la suite du reposoir, et sur le prolongement du grand carré long, est figuré un carré coupé par des diagonales qui le divisent en quatre parties égales, en quatre triangles, 1, 2, 3, 4, qu'on appelle les *culottes*.

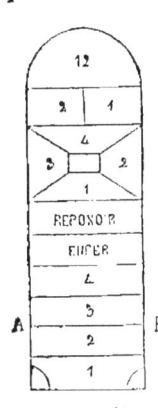

La Marelle.

Quelquefois, pour augmenter les difficultés, on trace au milieu même du carré des culottes un petit carré qu'on nomme le *bouillon*. Immédiatement après les culottes se trouve un rectangle partagé en deux carrés, 1, 2, nommés les *pâtés*. Enfin le demi-cercle qui termine et ferme la marelle a reçu le nom de *paradis* : il est désigné par le chiffre 12. On ne donne pas toujours à la marelle toutes les parties qui viennent d'être décrites : on supprime quelquefois les pâtés, et alors on passe directement des culottes dans le paradis ; assez souvent aussi on ne fait pas usage du bouillon ; mais nous avons cru devoir représenter la figure aussi complète que possible, afin de ne passer sous silence aucun des exercices dont ce jeu se compose, aucune des règles qui lui sont particulièrement applicables.

Voyons maintenant comment on procède dans la pratique. Le nombre des joueurs n'est pas limité ; toutefois il est rare qu'une partie réunisse plus de trois ou quatre joueurs, parce que, s'ils étaient plus nombreux, la plupart seraient exposés à rester longtemps les bras croisés, ou plutôt les jambes croisées, car ici ce sont les jambes qui agissent. On tire au sort ou on débute, afin d'assigner à chacun son rang. A quelque distance de la marelle, en avant et en face du premier rectangle, est tracé un but où doit se placer chaque joueur quand son tour de jouer est venu. L'instrument dont on se sert pour le jeu est un palet, une pierre plate, une coquille d'huître, un morceau de pot cassé, n'importe quoi, pourvu que la chose ait à peu près la forme d'un disque et ne soit pas trop mince. Chaque joueur peut avoir son palet, comme aussi un seul et même palet peut servir pour tous les joueurs.

Le jeu commence, et, afin de ne pas couper la description et de la rendre plus facile à comprendre, nous accompagnerons le premier joueur depuis la première case jusqu'à la dernière, en indiquant ce qu'il doit faire et ce qu'il doit éviter. Le premier joueur prend donc le palet et le jette dans le premier rectangle ; puis, se tenant sur un seul pied, il saute dans l'intérieur du rectangle, et en fait sortir le palet avec le pied, en prenant bien garde à ne pas laisser le palet s'arrêter sur la raie par laquelle il doit sortir et à ne pas marcher lui-même sur les raies. Le palet est ensuite jeté successivement dans le second, le troisième et le quatrième rectangle, d'où le joueur le fait successivement sortir comme il a été déjà dit, en sautant toujours à cloche-pied, sans marcher sur les raies et sans que le palet s'y arrête. Nous voici arrivés à l'enfer, qu'il faut éviter. Une fois les quatre premiers rectangles heureusement passés, le joueur lance le palet dans le reposoir, en prenant bien garde à ne pas le faire tomber dans l'enfer, qui est un lieu de perdition, et il se dirige toujours à cloche-pied, au milieu des rectangles, vers le reposoir, qu'il doit atteindre en sautant par-dessus l'enfer. Arrivé au reposoir, qui est un lieu de rafraî-

La Marelle.

chissement et de repos, il a le droit de mettre les deux pieds par terre pour reprendre haleine; puis, reprenant le cloche-pied, il pousse le palet pour le faire revenir par le même chemin, toujours au delà du premier rectangle, en ayant soin encore de ne pas l'envoyer dans l'enfer, par-dessus lequel il doit encore sauter lui-même. N'oublions pas de dire qu'il faut également éviter, en chassant le palet hors du jeu, de le faire passer, soit par les côtés

A et B de la marelle, soit par les deux quarts de cercle nommés marchands de vin.

Nous avons déjà franchi quelques mauvais pas, mais nous ne sommes point encore au bout de nos peines. Une fois sorti du reposoir, le joueur lance le palet dans la première culotte, et se rend à cloche-pied au reposoir, où, comme on l'a déjà vu, il a le droit de poser les deux pieds à terre. Du reposoir, il saute dans la deuxième et la troisième culotte, de manière que le pied droit tombe dans la deuxième culotte en même temps que le pied gauche tombe dans la troisième, et cela sans marcher sur aucune des raies et sans faire le marteau. *Faire le marteau*, c'est ne pas retomber sur le sol les deux pieds en même temps. Puis, le joueur se retourne en sautant de façon à retomber dans le sens inverse, c'est-à-dire le pied gauche dans la culotte n° 2 et le pied droit dans la culotte n° 3. Enfin il se retourne encore en sautant une troisième fois, et cette fois il retombe un pied dans la quatrième culotte, et l'autre pied dans la première : cet autre pied doit être celui sur lequel il s'appuie pour marcher à cloche-pied, le droit ou le gauche, n'importe. Voilà donc notre joueur dans la première culotte; il s'y tient sur un seul pied à côté du palet qui s'y trouve depuis qu'il y a été lancé. Il s'agit maintenant de pousser avec précaution le palet, de le faire passer de la première culotte dans la deuxième, de la deuxième dans la troisième, de la troisième dans la quatrième, et il faut mener à bonne fin cette entreprise sans marcher sur les raies, sans laisser le palet s'y arrêter, et sans toucher le petit carré du milieu, que nous avons appelé le bouillon. Marcher, même du bout du pied, sur ce petit carré, l'effleurer avec le palet, c'est s'exposer à *boire un bouillon*, et l'on sait ce que cela veut dire. De la quatrième culotte, on repousse le palet pour le jeter hors de la marelle, en suivant les prescriptions énoncées ci-dessus.

Les culottes faites, et ce n'est pas une petite besogne, on passe aux pâtés, qui n'offrent pas de difficultés bien sérieuses, si ce n'est pour le jet du palet, à cause de la distance plus grande. On lance donc le palet dans le pâté n° 1, on s'y rend à cloche-pied, en traversant, comme il a été dit, les divers compartiments de la marelle, et il faut encore réussir à chasser le palet hors de la marelle, en se conformant aux règles prescrites. Même manége pour le pâté n° 2. Enfin nous touchons au paradis. Le joueur jette le palet dans le demi-cercle qui forme le paradis, et il y arrive lui-même toujours à cloche-pied, et sans faire de fautes dans sa course, du moins nous le supposons : là, comme dans le reposoir, il met les deux pieds par terre, et peut prendre un moment de repos. Mais ce n'est pas tout que d'être arrivé dans le paradis, il faut aussi en sortir, et voici ce qui est le plus habituellement imposé au joueur : poussant peu à peu le palet avec un de ses pieds, il le force à venir se placer sur l'autre pied, et, quand le palet s'y trouve assez solidement établi, il le lance ainsi avec le pied jusqu'au bout de la marelle, en évitant de le faire passer par les côtés A et B. Puis, partant du paradis après le palet, il revient lui-même en parcourant à cloche-pied les diverses parties de la marelle. Tous ses travaux sont accomplis ; si nous comptons bien, il y en a douze, juste autant que les travaux d'Hercule.

Il y a encore une autre manière de sortir du paradis, qui est assez souvent mise en pratique pour que nous ne puissions nous dispenser de la faire connaître. Le joueur, se tenant à moitié accroupi, place le palet derrière son genou, dans la petite cavité qui se trouve au-dessus du mollet, entre la jambe et la cuisse, et, dans cette position, il saute six fois sur la place même où il se trouve, et il doit ensuite traverser, toujours en sautant, les divers compartiments de la marelle jusqu'au dernier, sans même s'arrêter au reposoir, et sans laisser échapper le palet dans le trajet.

Il est bien rare que le même joueur vienne à bout d'accomplir de suite tous les travaux du jeu de la Marelle. On est exposé trop souvent à faire des fautes, pour pouvoir vaincre d'un seul coup les nombreuses difficultés qu'on a à surmonter. Lancer le palet dans un compartiment autre que celui où il devait être envoyé, le pousser sur les raies, le faire passer par les marchands de vin ou par les lignes qui bornent la marelle à droite et à gauche, marcher soi-même sur les raies, poser à terre les deux pieds quand il faut se tenir sur un seul, mal exécuter tel ou tel exercice, soit aux culottes, soit au paradis, enfin, tomber dans l'enfer, sont autant de fautes qui font qu'un joueur est forcé de céder la place à un autre. Remarquons bien qu'un joueur qui est sorti momentanément du jeu pour une faute commise, quelle qu'elle soit, quand son tour de jouer est revenu, reprend son jeu où il l'a laissé; c'est-à-dire qu'il n'est pas obligé de refaire ce qu'il a précédemment accompli avec succès, et qu'il jette le palet dans la case même où il l'avait déjà envoyé, lorsqu'une faute ne lui a plus permis de poursuivre ses avantages. Nous n'avons pas besoin d'ajouter que le gagnant est celui qui accomplit avant tous les autres joueurs les exercices dont le jeu se compose.

La Marelle ronde. Nous ne dirons qu'un mot de cette espèce de Marelle, parce qu'elle est d'un usage bien moins fréquent que la précédente. On trace une spirale, comme on le voit dans la figure ci-jointe, et on la divise en carrés jusqu'au milieu, où se trouve un cercle qui est le paradis. Il s'agit, dans cette lutte entre plusieurs joueurs qui jouent chacun à leur tour, de placer d'abord

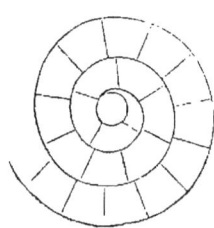
La Marelle ronde.

le palet dans le premier carré, puis, en marchant à cloche-pied, de le pousser avec le pied du premier carré dans le second, du second dans le troisième, et ainsi de suite jusqu'au paradis, et cela sans se reposer et sans marcher sur les raies. Quand on est arrivé dans le paradis, où il est permis de poser les deux pieds à terre et de reprendre haleine, il faut revenir de la même manière et par le même chemin au premier carré, d'où, par un dernier coup de pied, on fait sortir le palet. Il reste bien entendu que, comme dans la Marelle proprement dite, le joueur qui ne peut pas accomplir sa tâche en une seule fois, qui fait une faute, cède la place à un autre joueur, lequel à son tour, à la première faute, se retirera devant un troisième concurrent. Celui-là a gagné la partie, qui sait le premier mener à bonne fin l'entreprise.

La Marelle des jours. Il y a deux sortes de *Marelles des jours* : d'abord celle que représente la figure ci-jointe ; c'est la plus simple, et sa construction n'offre aucune difficulté.

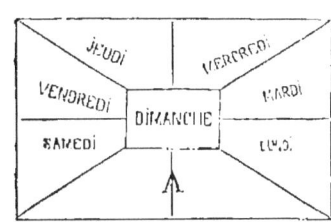

On commence par tracer sur la terre un grand carré long ou rectangle, et, au milieu de celui-ci, un rectangle plus petit, qui sera la case du dimanche. Ensuite on joint par des lignes droites les quatre coins des deux rectangles, ainsi que le milieu de trois de leurs côtés. On obtient ainsi sept figures appelées trapèzes, qui sont autant de cases. La première, A, n'a pas de nom ; les six autres reçoivent chacune le nom d'un des jours de la semaine, et dans l'ordre indiqué sur la figure. Quant à la manière de jouer, elle est la même que celle qui a déjà été décrite. On jette le palet d'abord dans la case A, puis dans la case du lundi, et ainsi de suite, pour finir par le dimanche.

L'autre sorte de *Marelle des jours* est un composé de

la Marelle ordinaire et de la Marelle des jours. Nous en donnons la figure.

Les règles du jeu, pour cette espèce de Marelle, sont les mêmes que celles qui ont été données pour les jeux décrits ci-dessus.

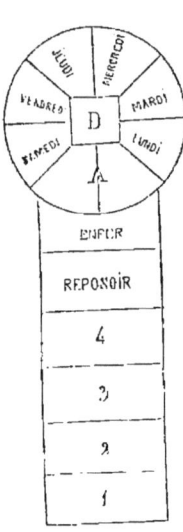

LE PALET.

Le *Palet* a une origine très-respectable. Les plus anciens poëtes de la Grèce en font mention, et Homère nous dit que ses héros se livraient au noble jeu du Palet pendant les loisirs que leur laissait le long siége de Troie. Mais les palets que maniaient les robustes athlètes de l'antiquité ne ressemblent guère à ceux dont se servent aujourd'hui nos écoliers. Figurez-vous une masse de fer ou de cuivre, en forme de disque, dont le diamètre était d'un pied environ et de trois ou quatre pouces d'épaisseur au centre. La pesanteur de ce projectile était telle, que ceux qui voulaient le transporter d'un lieu dans un autre étaient obligés de le mettre sur l'épaule : les mains seules n'auraient pas suffi pour en soutenir longtemps le poids. Avant de lancer le palet, les athlètes avaient soin de le frotter de sable ou de poussière, afin de le rendre moins glissant et de le tenir plus ferme. On marquait un but à une certaine distance, et c'était à qui jetterait le palet le plus près de ce but. Quelquefois il n'y avait pas de but fixe ; quand le palet était tombé sur le sable, on plantait une pique à cet endroit, et un autre antagoniste reprenait le même palet, car il n'y en avait qu'un pour tous : le vainqueur était celui qui l'avait lancé le plus loin.

Autre temps, autres mœurs. Les palets de nos écoliers sont plus modestes et n'exigent pas ces efforts de géants.

Ils consistent tout simplement en pierres plates et rondes autant que possible, en petits disques de fer ou de cuivre; on se sert aussi pour palets de pièces de cinq francs, de gros sous, et alors c'est un petit sou qui sert de but. Ici il faut faire preuve, non pas de force, mais d'adresse. Les joueurs, au nombre de deux ou de quatre, rarement plus, jouent chacun pour son propre compte, ou bien, s'ils sont quatre, ils peuvent se mettre deux contre deux. Le premier joueur jette à une certaine distance le petit disque

Le Palet.

de pierre ou de métal qui sert de but, puis il lance son palet aussi près qu'il le peut de ce but. Les autres, chacun suivant le rang qu'il occupe, en font autant, et toute l'adresse consiste à bien tenir le palet entre les doigts, à lui donner, au moment où on le lance, un petit mouvement de rotation, de manière qu'en retombant il reste à la place où il a été jeté. Après chaque coup, on compte les points, et le joueur ou les joueurs qui ont le plus tôt atteint le chiffre de douze ou quinze points, selon les conventions, gagnent la partie.

LE BOUCHON.

C'est avec le palet qu'on joue au *Bouchon*. Le jeu du Bouchon n'est peut-être plus de bien bonne compagnie, depuis qu'il est devenu le jeu de prédilection de tous les gamins des rues. Nous n'en dirons qu'un mot. Un bouchon est mis debout sur le sol et on le couvre d'un enjeu, soit de petite monnaie, soit de boutons, de menus morceaux de cuivre. A une distance convenable, on trace une raie qui sert de

Le Bouchon.

but, et c'est là que se placent les joueurs. Chacun d'eux est ordinairement muni de deux palets, de deux gros sous : celui qui joue d'abord lance son premier palet, et met tous ses soins à le placer le plus près possible du bouchon ; de son second palet, il cherche, par un coup adroit et vigoureux, à renverser le bouchon, à le pousser au loin, de manière que l'enjeu, en tombant à terre, reste plus rapproché de l'un ou de l'autre des deux palets que du bouchon. S'il réussit, l'enjeu lui appartient. S'il ne réussit pas, un second joueur joue à son tour ses deux palets, et tâche de faire ce que son adversaire n'a pas fait.

LE TONNEAU.

C'est encore avec un palet ou disque de métal qu'on joue au *Tonneau*. L'espèce de meuble ou de coffre dont on se sert à ce jeu, et qui n'a aucune ressemblance avec un tonneau proprement dit, est percé à sa partie supérieure d'un assez grand nombre de trous longs et étroits, qui communiquent intérieurement avec des cases diversement numérotées. Celle du milieu est ordinaire-

Le Tonneau.

ment marquée du nombre *cent*. Il s'agit de lancer le palet assez adroitement pour le faire entrer par les trous dans ces cases, et le gagnant est celui qui a atteint le premier un nombre de points dont on est d'avance convenu.

LES BOULES.

Les *Boules* constituent un des exercices les plus agréables et les plus salutaires. C'est un jeu auquel les écoliers ne peuvent pas se livrer dans les cours de récréation, parce que les jambes et les têtes des camarades courraient trop de risques et seraient exposées à recevoir des coups qui ne leur seraient pas destinés. On choisit pour le jeu de Boules un terrain vaste et uni. Si les joueurs ne sont que deux ou trois, chacun joue pour son propre compte ; s'ils sont plus nombreux, quatre, six ou huit, ils forment plusieurs sociétés composées chacune de deux associés. Dans tous les cas, ils prennent les uns et les autres le même nombre de boules (c'est ordinairement deux, trois au plus), et ils règlent leur rang par le sort. Le premier jette à une certaine distance, et dans la direction qui lui convient, une petite boule qui doit servir

Les Boules.

de but et qu'on appelle le *cochonnet;* il roule ensuite une de ses boules de manière à l'approcher le plus près possible du but. Un second joueur vient ensuite et cherche à loger sa boule encore plus près du but que ne l'est celle de son adversaire; s'il y réussit, il cède la place à un autre joueur ; s'il n'y réussit pas, il est obligé de jouer sa seconde boule, et même sa troisième, quand le second coup n'a pas été plus heureux que le premier. Lorsque toutes les boules ont été jouées, qu'elles sont placées sur le terrain, le joueur (si la partie est individuelle), ou les joueurs (s'il y a des associés), comptent un nombre de points égal à celui de leurs boules qui se trouvent plus rapprochées du cochonnet que celles de leurs adversaires. On procède au même recensement après chaque coup joué, et la partie est gagnée par le joueur ou les joueurs qui sont parvenus à conquérir un nombre de points convenu d'avance. Habituellement une partie complète se compose de trois parties, ou trois manches, et l'honneur de la victoire appartient aux joueurs qui gagnent deux manches sur trois.

Il est utile à ce jeu de bien connaître le terrain sur lequel on joue, d'en étudier les accidents, afin de donner à la boule une impulsion plus ou moins forte, suivant la route plus ou moins accidentée qu'elle doit parcourir. Ce n'est pas tout que de faire rouler habilement la boule de manière qu'elle aille se placer le plus souvent près du but : il faut encore, à l'occasion, savoir débusquer de sa bonne position une boule que votre adversaire a placée entre le cochonnet et une de vos boules ; savoir aussi débusquer le cochonnet lui-même pour le rapprocher d'une boule qui vous appartient et qui s'en trouve éloignée. C'est à ces grands coups qu'on reconnaît les grands joueurs.

On raconte que Turenne, qui était toujours vêtu avec une grande simplicité, se promenant seul un soir d'été sur les boulevards extérieurs de Paris, s'arrêta pour considérer des ouvriers qui se délassaient des travaux de la journée en jouant aux boules. Une discussion s'étant élevée entre eux au sujet d'un coup douteux, ils prièrent Turenne, qu'ils ne connaissaient point, de vouloir bien juger le coup. Turenne prit sa canne, mesura les distances entre les boules, et prononça. Un des joueurs, à qui la décision n'était pas favorable, apostropha grossièrement le maréchal et lui dit des injures. Turenne, sans s'émouvoir, prit sa canne et s'apprêta à mesurer de nouveau, afin de s'assurer qu'il ne s'était pas trompé. En ce moment quelques officiers, étant venus à passer par là et ayant aperçu Turenne, s'approchèrent de lui et le saluèrent avec les marques du plus profond respect. Notre joueur, tout à l'heure si emporté, voyant alors quel était l'homme qu'il avait insulté, était tout honteux et se confondait en excuses. Turenne, toujours maître de lui-même, se contenta de lui dire : « Vous aviez grand tort de croire que je voulusse vous tromper. »

LES QUILLES.

Les *Quilles* sont aussi bien un jeu d'enfants qu'un jeu d'hommes faits ; tout dépend de la grosseur des instruments qu'on emploie. Chacun sait qu'un jeu de quilles à l'usage des écoliers de tout âge se compose d'une boule en bois, un peu plus petite ou un peu plus grosse, et de neuf morceaux de bois polis, façonnés, ayant une forme conique allongée, et assez larges à leur base pour qu'ils puissent se maintenir en équilibre. Ces neuf morceaux de bois sont les quilles. On les place trois par trois sur trois rangs parallèles, à égale distance les unes des autres, de manière à former un carré, et on marque un but à une distance assez grande. C'est de ce but que les joueurs lancent la boule. Il s'agit d'abattre le plus grand nombre de quilles possible, et ordinairement chaque joueur, à tour de rôle, joue deux coups de suite. Après les deux coups, on relève les quilles abattues, et chacun tient compte de ses points. Toute quille abattue vaut un point; quelquefois on convient que la quille placée au milieu du jeu sera comptée pour trois points. La partie consiste en un certain nombre de points, et le gagnant est celui qui les a complétés le premier par son adresse à abattre plus de quilles que ses adversaires.

Dans la plupart des villages du midi de la France, aux jours de la fête patronale, les Quilles jouent un grand rôle; après la danse, c'est l'exercice qui est le plus en honneur. Mais ici ce n'est plus un jeu d'enfants : les quilles ont deux ou trois pieds de haut ; la boule est une grosse boule à jouer, qui ne peut être facilement maniée que par des mains vigoureuses ; la distance à laquelle se placent les joueurs est au moins de cent pas. La condition imposée à tous ceux qui veulent prendre part à la lutte est d'abattre trois quilles d'un seul coup de boule, et de renouveler trois fois ce tour de force et d'adresse, non pas de suite, mais dans tout le cours du jeu. Le joueur qui accomplit le premier cette condition

Les Quilles.

est proclamé vainqueur aux sons du hautbois et du tambourin, et reçoit, pour prix de sa victoire, un beau mouton paré de rubans de diverses couleurs, non pas un jouet d'enfants, n'allez pas vous y tromper, mais un mouton vrai, un mouton bien vivant, le plus blanc et le plus gras du troupeau. En vérité, ce sont des fêtes charmantes que ces fêtes de village dans le midi de la France ; tout y respire la gaieté et le bonheur sous ce ciel si pur et si beau. Quelle simplicité de mœurs, quelle douce hospitalité chez ces bons laboureurs ! On se reçoit avec plaisir les uns chez les autres ; la table est dressée en plein air, dans la petite cour de la maison, sous la treille qui étend çà et là ses rameaux et ses larges feuilles, et d'où pendent les plus belles grappes de raisin. Pendant ce temps, le joueur de hautbois, après avoir reconduit avec honneur le vainqueur du jeu de Quilles, parcourt le village en jouant ses plus jolis airs et s'arrête de porte en porte. Que veut-il? il vient recevoir l'offrande accoutumée. Cette offrande est un gâteau de froment que la ménagère a pétri de ses mains, et qu'elle lui donne de bon cœur.

LE JEU DE SIAM.

De la France nous passons tout à coup en Asie, s'il est vrai, comme on le dit, que le jeu de *Siam* ait

Le jeu de Siam.

été apporté d'un pays de l'Asie qui porte ce nom; on ajoute même que ce jeu fut introduit en France à l'époque où des ambassadeurs siamois vinrent présenter leurs hommages à Louis XIV, à Versailles. Nous ne savons pas si le fait est authentique; mais nous aimons à croire que ces ambassadeurs avaient quelque chose de mieux à offrir au grand roi. Quoi qu'il en soit, le Siam, ou jeu de Quilles à la siamoise, exige un terrain plus uni que le jeu de Quilles ordinaire, et demande une plus grande adresse de la part des joueurs. Au lieu d'une boule, on se sert, pour abattre les quilles, d'une espèce de palet ou de disque en bois dur et compacte, dont les bords sont légèrement taillés en talus. L'habileté des joueurs consiste à donner au disque l'inclinaison convenable, à le lancer avec assez de force en lui imprimant un mouvement de rotation, de telle sorte qu'il fasse le tour des quilles et que, pénétrant ensuite au milieu du jeu, il y produise de grands ravages en abattant un grand nombre de quilles.

LE MAIL.

Le jeu de *Mail*, qu'on dit avoir été pratiqué par les Gaulois, nos ancêtres, était si fort à la mode dans les siècles derniers, que la plupart des villes de province ont des promenades consistant en une longue avenue appelée *Mail*, parce qu'autrefois ce même terrain était consacré au jeu de Mail. Du reste, encore aujourd'hui, dans certaines villes du midi de la France, ce jeu n'a rien perdu de sa vogue passée, et c'est principalement à Montpellier qu'il n'a jamais cessé d'être l'exercice par excellence de toutes les classes de la société et de tous les âges. Là le *noble jeu de Mail* (c'est ainsi qu'il est désigné) a donné naissance à une association connue sous le nom de l'*Ordre des chevaliers du Bois roulant*. Cet ordre a des statuts et des règlements autorisés par un arrêt du parlement de Toulouse, qui date de l'année 1668. Les enfants commencent à peine à marcher qu'on leur donne un petit mail pour les amuser, ce qui a donné lieu à ce proverbe bien connu : « Que les enfants naissent à Montpellier un mail à la main. »

En quoi donc consiste ce jeu ? A pousser une boule devant soi avec une espèce de maillet qu'on appelle mail. Et quel plaisir, dira-t-on, peut-on trouver à courir ainsi après un morceau de bois ? C'est aussi ce que disent tous les étrangers qui voient pour la première fois des joueurs se livrer à cet exercice ; et puis, à peine ont-ils commencé eux-mêmes à y prendre part, qu'ils le trouvent le plus amusant du monde, et qu'ils n'ont plus assez d'éloges pour un jeu qui était d'abord l'objet de

Le Mail.

leur dédain. « C'est qu'en effet, dit l'*Encyclopédie du XVIIIe siècle*, ce jeu est sans contredit de tous les jeux d'exercice le plus agréable, le moins gênant et le meilleur pour la santé. Il n'est point violent. On peut en même temps jouer, causer et se promener en bonne compagnie, on y a plus de mouvement qu'à une promenade ordinaire. L'agitation qu'on se donne fait un merveilleux effet pour la transpiration des humeurs, et il n'y a point de rhumatisme ou d'autres maux semblables qu'on ne puisse prévenir par ce jeu, à le prendre avec modération, quand le beau temps et la commodité le permettent. »

L'instrument appelé mail se compose d'une masse ou petite massue de bois dur, façonnée en forme de cylindre, garnie à ses deux extrémités d'une virole en fer, et au milieu de laquelle est solidement adapté un manche long d'un mètre à peu près, ni trop pliant ni trop roide, mais délié et proportionné au poids de la masse. La boule qu'on pousse avec la masse est faite de racine de buis bien noué et très-sec. Les grands joueurs, ceux qui jouent souvent, ont leur mail et leurs boules à eux, qu'ils laissent en dépôt chez les fabricants appelés *palemardiers :* ces mêmes fabricants, moyennant une rétribution très-modique, louent des boules et des mails à tous ceux qui en veulent.

Lorsqu'il n'y a pour une partie que deux ou trois joueurs, chacun joue pour soi, ou bien l'un des joueurs joue seul contre les deux autres : si les joueurs sont plus nombreux, ils se divisent en sociétés, et les associés sont solidaires l'un de l'autre. Supposons deux joueurs. Le premier joueur, après avoir placé sa boule vis-à-vis d'un but marqué à l'entrée du chemin qui sert de jeu, la frappe de son mail et de manière à lui faire parcourir le plus grand espace possible. Le second joueur fait de même après lui et s'efforce de dépasser la boule de son adversaire ; s'il n'y réussit pas, il est marqué d'un point, et c'est encore à lui à jouer. Si au contraire il y réussit, c'est le premier joueur qui est marqué d'un point et qui joue. Ainsi le joueur, quel qu'il soit, est marqué d'un point de plus chaque fois que sa boule reste en arrière de celle de son antagoniste. Toute boule *noyée*, c'est-à-dire qui, au lieu d'être poussée dans le droit chemin, est envoyée sur les bordures des champs à droite ou à gauche, donne trois points de marque à celui qui a commis la faute. Le long du chemin, et à de grandes distances l'une de l'autre, se trouvent placées de grosses pierres appelées *pierres de touche*, et qui sont autant de buts : on convient d'avance à quel but se terminera la partie, et, une fois qu'on y est arrivé, il faut le toucher avec la boule.

Pour indiquer quelques-uns des divers incidents du jeu, nous ne pouvons mieux faire que de transcrire ici les lignes suivantes, extraites d'un petit livre déjà vieux et écrit par un amateur du jeu de Mail : « De tous les jeux inventés pour l'amusement de l'homme, il n'en est guère de plus honnête, de plus agréable et de plus salutaire que le jeu de Mail. Montpellier est la ville où ce genre d'exercice a toujours été le plus en honneur ; aussi les joueurs y passent-ils pour être les plus renommés de l'Europe. On joue au mail sur des chemins et dans des traverses situés aux environs de la ville ; les détours qui s'y rencontrent amènent à tout moment des coups difficiles qui demandent de la force et de l'adresse, et que l'on voit exécuter avec une merveilleuse justesse de coup d'œil. Il y a des joueurs qui portent d'un coup et de volée la boule jusqu'à deux cents pas, ce qui n'est pas cependant toute la science du jeu : il faut encore savoir régler ses coups à propos ; se tirer, se dégager des pierres, des fossés et autres mauvais pas où la boule se trouve assez souvent ; franchir des coins, des portions de champ ; enfin tirer à la pierre de touche, c'est-à-dire au but pour terminer la partie. »

LA CORDE.

Le *saut à la corde* est une des plus heureuses inventions que la gymnastique ait prêtées aux jeux des enfants ; c'est aussi un des exercices qu'ils aiment le mieux, et il faut s'en féliciter, car il a le précieux avantage de développer à la fois les muscles de la poitrine, des bras et des jambes. Toutefois on doit en user avec modération, comme des meilleures choses, et cette recommandation s'adresse surtout aux enfants encore jeunes ou un peu délicats, dont les forces demandent à être ménagées. Quoique la Corde n'offre pas, comme d'autres jeux, l'avantage de pouvoir se réunir en grand nombre pour organiser ces parties, ces luttes animées dans lesquelles la victoire est vivement disputée, les écoliers y trouvent cependant un amusement qui leur plaît et une foule d'exercices variés.

On distingue la *Petite corde* et la *Longue corde*, et, suivant qu'on fait usage de l'une ou de l'autre, la manière de sauter est différente, ou, pour mieux dire, les exercices sont différents.

La Petite corde. Le joueur peut, avec la petite corde, qu'il fait tourner lui-même, exécuter, soit en courant, soit en restant en place, des mouvements et des pas très-divers. Tantôt il tient les deux pieds serrés l'un contre l'autre, et, sautant en place au moment précis où la corde effleure la terre, il la fait passer sous ses deux pieds qui s'élèvent et s'abaissent en même temps : bientôt la corde change de direction, elle n'est plus projetée en avant, mais en arrière, et alors elle passe d'abord sous la pointe des pieds, comme tout à l'heure. Tantôt le joueur saute ou plutôt danse alternativement sur un pied et sur l'autre; il frappe la terre en cadence du pied droit et du pied gauche, et pendant ce temps la corde tourne, elle passe et repasse sans cesse. Maintenant c'est autre chose : le

La Petite corde.

joueur croise les bras sur la poitrine, les décroise, les développe et les referme tour à tour, et forme ainsi, avec la corde qui passe toujours sous les pieds, ce qu'on appelle des *croix de chevalier* ou *croix de Malte*. Enfin il y a les doubles tours et les triples tours, qui consistent à faire passer, avec une grande rapidité, deux fois ou trois fois la corde sous les pieds pendant le court moment où ils quittent la terre, c'est-à-dire pendant un seul saut. Il va sans dire que les triples tours sont incomparablement plus difficiles que les doubles, et il est rare qu'un joueur, même très-exercé, puisse en faire plus de dix ou douze de suite. Les croix de chevalier avec doubles tours exigent beaucoup de vigueur dans les poignets et une grande souplesse dans les reins : on fait alternativement un double tour, et une croix de chevalier double aussi. Les écoliers, en sautant à la Petite corde, peuvent lutter entre eux à qui fera de suite le plus grand nombre de tours, soit simples, soit doubles, ou bien à qui arrivera le plus tôt, en courant, à un but déterminé.

La Longue corde. Pour la Longue corde, les joueurs peuvent se réunir en assez grand nombre. Deux d'entre eux tiennent la corde chacun par un bout et la font tourner de manière à ce qu'elle effleure le sol, ni trop lentement ni trop vite. Un premier sauteur saisit le moment où la corde est en l'air pour entrer dans le jeu, et il danse soit sur les deux pieds soit sur un seul, comme bon lui semble. Quand il veut sortir, il profite du moment où la corde vient de passer sous ses pieds, et s'enfuit du côté opposé à celui par lequel il est entré ; mais il ne faut pas qu'il se laisse atteindre par la corde qui revient sur elle-même ; car il serait condamné à remplacer un des joueurs qui font l'office de tourneurs : il subirait aussi la même peine, si en sautant il arrêtait maladroitement avec ses pieds ou avec toute autre partie de son corps le mouvement continu de la corde. Souvent, pour donner au jeu plus d'animation et d'entrain, plusieurs sauteurs entrent à la fois dans le jeu et sautent ensemble, l'un se tournant vers l'orient, l'autre vers le couchant, celui-ci au nord, celui-là au midi. En voici un, deux, trois qui sortent; oui, mais en voilà un, deux, trois qui rentrent; dans ce mouvement continuel d'entrées et de sorties, il y a nécessairement quelques faux pas, quelques maladresses qui permettent à ceux qui faisaient danser les autres en tournant la corde de venir à leur tour prendre part à la danse. Nous avons dit que la longue corde doit être tournée d'un mouvement régulier, ni trop vite ni trop lentement. Quelquefois un sauteur qui se sent capable de faire de grandes choses demande hardiment *vinaigre*. Alors ceux qui tournent la corde *donnent du vinaigre*, c'est-à-dire que, faisant usage de toute la vigueur de leurs poignets, ils impriment à la corde un mouvement de rotation si rapide qu'on la suit à peine des yeux. Quand le sauteur (s'il n'est pas vaincu dans cette lutte, ce qui est rare) sent qu'il a assez de vinaigre, il demande *huile;* aussitôt ceux qui tournent la corde modèrent leur action, et la corde, toujours soumise, toujours obéissante, passe de ce mouvement furieux et emporté à des oscillations plus calmes et plus douces.

La Longue corde.

LE CERCEAU.

Le jouet appelé *cerceau* est ordinairement formé de trois ou quatre rangs de cercles en bois cloués les uns par-dessus les autres et parfaitement unis ensemble. On les fait aussi quelquefois en fer. C'est à l'aide d'un bâtonnet qu'on frappe et qu'on fait courir le cerceau devant soi, en accélérant ou en retardant sa vitesse. C'est avec le même bâtonnet qu'on donne au cerceau la direction qu'on veut lui imprimer, qu'on le pousse à droite ou à gauche, suivant qu'on le touche à gauche ou à droite. Enfin, le joueur, en appuyant fortement son bâtonnet sur le cerceau, l'arrête instantanément dans sa marche, de même qu'en lui imprimant une impulsion en arrière, il le fait reculer. Il n'y a pas de cheval, si bien dressé qu'il soit, qui obéisse avec cette précision à la main de son cavalier ; il n'y a pas de vaisseau, même le meilleur marcheur, qui suive aussi docilement l'impulsion donnée par le gouvernail. C'est ainsi qu'on voit le cerceau, soumis au bâtonnet intelligent qui le fait manœuvrer et le dirige, parcourir le terrain dans tous les sens, à droite, à gauche, en avant, en arrière, décrire une courbe, une ligne brisée, un cercle, un triangle, épuiser, en un mot, dans ses évolutions aussi gracieuses que variées, toute la série des figures géométriques.

Le Cerceau.

Plusieurs joueurs peuvent lutter ensemble avec leurs cerceaux et se provoquer pour savoir quel sera celui d'entre eux qui tiendra le plus longtemps son cerceau en haleine ou qui parviendra à le conduire le premier à un but qu'ils auront fixé d'avance : dans ce dernier cas, tous les joueurs qui prennent part à la lutte doivent être placés de front sur la même ligne et partir ensemble à un signal donné. Enfin, nous indiquerons un des exercices les plus amusants auxquels le cerceau donne lieu. Les joueurs, lorsqu'ils sont nombreux, se partagent en deux camps ; tous sont armés d'un cerceau et du bâtonnet qui le met en mouvement. Les deux troupes se placent vis-à-vis l'une de l'autre, en mettant entre elles une distance convenable, et de plus chacune d'elles laisse entre chaque joueur un espace assez grand pour qu'une personne puisse y passer à l'aise. Ces dispositions prises, tout le monde étant à son poste, le bâtonnet à la main et le cerceau immobile sur la terre, les deux troupes, à un signal donné, partent en même temps à la rencontre l'une de l'autre, et chaque joueur s'efforce de passer et de faire passer habilement son cerceau entre deux joueurs, de manière à ne heurter ni le cerceau de droite ni celui de gauche, qui marchent dans un sens opposé. Lorsque les deux troupes ont ainsi changé de place et sont arrivées à l'extrémité du camp marqué de chaque côté, elles font volte-face, et cerceaux et joueurs se croisent de nouveau, offrant l'image d'une petite guerre, dans laquelle chaque parti compte ses blessés d'après le nombre des bâtonnets et des cerceaux qui gisent étendus sur le champ de bataille.

Le Cerceau est, comme la Corde, un des meilleurs moyens de gymnastique pour assouplir les membres des enfants et leur donner de la force et de la grâce. Le Cerceau était connu des anciens et faisait partie de leurs exercices habituels. Mais il paraît qu'ils ne le faisaient pas tourner, comme nous, sur son axe, et qu'ils se bornaient à l'agiter au-dessus de leur tête, à le lancer et à le recevoir sur une baguette de métal : du reste, le cerceau dont ils se servaient consistait lui-même en un cercle de métal auquel étaient attachés plusieurs anneaux.

Suivant le témoignage d'un ancien auteur, le mouvement communiqué au cerceau avec la baguette était quelquefois très-rapide, et alors on n'entendait pas le bruit des anneaux qui roulaient dans la circonférence; d'autrefois on l'agitait avec moins de violence, afin, dit le même auteur, que le son de ces anneaux produisît dans l'âme une sensation agréable. L'auteur veut sans doute faire entendre par là que le jeu du Cerceau était regardé comme un exercice capable de contribuer à la santé.

LE VOLANT ET LES GRACES.

Ces deux jeux, et le second surtout, sont plutôt du domaine des jeunes filles que de celui des garçons. Cependant, comme ceux-ci en font quelquefois leur amusement, non pas seulement quand ils sont enfants, mais encore quand ils sont arrivés à l'âge d'hommes, nous devons en dire quelques mots. Chacun sait que le *volant* est un petit jouet léger comme un oiseau et consistant en une rondelle de liége garnie d'une couronne de petites plumes. Chacun sait aussi que l'instrument qui sert à pousser ce jouet dans les airs s'appelle une *raquette*, et que cet instrument est formé d'un treillis de cordelettes à mailles serrées, enveloppé dans toute sa circonférence d'un cercle de bois qui s'allonge et se termine par une poignée. Deux joueurs, armés chacun d'une raquette, se renvoient de l'un à l'autre le volant, et toute la règle du jeu est de

Le Volant.

ne pas le laisser tomber à terre. Deux bons joueurs ne doivent ni s'agiter outre mesure ni courir de côté et d'autre, mais suivre attentivement de l'œil le volant qui traverse les airs, le guetter et se tenir prêts à le repousser : ils doivent aussi mesurer la force du coup de la raquette sur la distance qui les sépare l'un de l'autre, de telle sorte que deux bons joueurs gardent pour ainsi dire la même position pendant tout le cours d'une partie, qui ne finit que lorsque le volant tombe à terre. S'il y a plus de deux joueurs intéressés dans une partie, le rang de chacun est marqué d'avance, et celui qui, en jouant, fait une faute, cède la place à l'un de ceux qui attendent leur tour.

Le *Jeu des Grâces* est une sorte de jeu de Volant, dans lequel le volant est remplacé par un petit cerceau

Les Grâces.

aux brillantes couleurs. C'est à l'aide de deux bâtonnets aussi élégamment vêtus, et manœuvrés par chacun des deux joueurs, que ceux-ci se renvoient mutuellement le petit cerceau. Les joueurs habiles, au lieu d'un seul cerceau, en mettent deux en mouvement; les deux cerceaux voltigent ensemble et en sens contraire dans les airs, reçus et lancés tantôt d'un côté, tantôt de l'autre.

LE DIABLE.

Le *Diable*, qui a régné presque en souverain dans les premières années de ce siècle, n'a eu qu'une vogue éphémère; il ne reste plus aujourd'hui aucune trace de ce jouet, que tout le monde a fait tourner et qui a fait tourner toutes les têtes, il y a quarante ans, et il ne vit guère encore un peu que dans le souvenir de ceux qui ont pratiqué le jeu ou qui l'ont vu pratiquer. Le Diable est originaire de la Chine, où il est connu depuis un temps immémorial. Le diable chinois est d'une grosseur énorme : ce n'est pas seulement un jouet, mais il sert comme la crécelle à certains colporteurs ambulants, et surtout aux marchands de gâteaux et de sucreries, pour annoncer leur approche et attirer des pratiques. Ce hochet bruyant consiste en deux cylindres creux de métal, de bois ou de bambou, réunis au milieu par une courte traverse. Chacune des cavités est percée d'un trou dans des sens opposés. La corde fait un nœud coulant autour de la traverse. Lorsqu'on suspend en l'air ce hochet et qu'on l'agite avec vitesse, il s'établit dans chacune des portions de cylindre un courant d'air rapide, et l'on entend un ronflement semblable à celui que produit une toupie d'Allemagne.

Le Diable.

Le diable chinois, importé en France, reçut, en devenant diable français, les plus heureux perfectionnements. Il ne consista plus en deux cylindres réunis, mais en deux sphéroïdes ou deux boules allongées en forme d'œufs, taillées dans le même morceau de bois et creusées avec art. De plus, le diable français n'était pas serré par un nœud coulant, il roulait librement sur une corde faiblement tendue, et dont chaque extrémité, attachée à un bâtonnet, recevait un mouvement alternatif d'une intensité croissante par degrés. Lorsque le diable avait acquis, sous la main du joueur, un mouvement rapide de rotation et faisait entendre les ronflements les plus formidables, le joueur, écartant les bras, donnait à la corde une certaine tension et envoyait le diable dans les airs ; puis, le suivant des yeux dans sa course aérienne, il le recevait sur la corde au moment de sa chute, le lançait de nouveau et recommençait les mêmes exercices tant que le jeu lui plaisait. La mode s'en mêla bientôt ; il y eut des diables pour tous les goûts et pour toutes les fortunes ; on en fit avec les bois les plus précieux, on en fit même en cristal. On jouait dans les salons et dans les mansardes, on jouait sur les places publiques et dans les promenades, et ce ne fut pas un jeu seulement réservé à l'enfance, aux jeunes gens ; les dames et même les personnages les plus graves, tous y signalèrent à l'envi leur adresse, souvent au grand péril des glaces et des porcelaines d'un salon, souvent aussi au grand danger de la tête des promeneurs, lorsque le diable était lancé au loin par un joueur maladroit. Les inconvénients attachés à ce jeu sont peut-être le principal motif qui l'a fait abandonner et oublier si vite.

LE BILBOQUET.

Le *Bilboquet* est aussi tranquille, aussi doux, aussi innocent que le Diable, dont il a été question ci-dessus, était turbulent, tapageur et emporté. Aussi ce qui est violent dure peu, et c'est ce qui fait que le Diable est à peine connu de nom aujourd'hui, tandis que le Bilboquet, après avoir eu aussi ses beaux jours, tient encore une place assez honorable parmi les jouets destinés à faire l'amusement de la jeunesse. Il n'est personne qui ne sache qu'un bilboquet est composé de deux parties : d'abord d'une boule plus ou moins grosse, percée d'un trou conique qui la traverse de part en part; ensuite d'un bâtonnet façonné, pointu d'un côté, plat ou concave de l'autre, et dont la force est proportionnée à la grosseur de la boule. Ces deux parties ne forment qu'un tout, réunies qu'elles sont au moyen d'un cordonnet souple et solide, qui est attaché d'un côté au milieu du bâtonnet, et qui, de l'autre côté, passant par le trou de la boule, s'y arrête à l'aide d'un gros nœud. L'adresse du joueur consiste à tenir le bâtonnet d'une main, à placer avec l'autre main la boule dans une position bien perpendiculaire, puis à mettre la boule en mouvement et à lui donner une impulsion telle et si bien calculée qu'elle vienne tomber et se fixer soit sur la pointe, soit sur la partie concave du bâtonnet, suivant le côté que présente le joueur. Quelquefois les joueurs tordent le cordonnet en imprimant à la boule avec les doigts un vif mouvement de rotation, et, au moment où la boule tourne et où elle est ainsi moins sujette à se déranger de la direction perpendiculaire, ils la font sauter en ligne droite et la reçoivent sur le bâtonnet. Mais il n'y a que les commençants qui jouent

Le Bilboquet.

ainsi ; les bons, les vrais joueurs n'usent pas de cet artifice, et laissent la boule libre et immobile avant de lui faire décrire la ligne courbe qui doit l'amener sur le petit bâton.

Le vieil historien L'Estoile nous dit, dans son *Journal d'Henri III*, que ce roi de France avait un goût décidé pour le Bilboquet, et qu'il avait souvent un jouet de cette sorte à la main. Les courtisans s'empressèrent à l'envi d'imiter le prince ; la ville suivit l'exemple de la cour, et le Bilboquet jouit alors d'une grande vogue. Mais son règne ne fut guère plus long que celui du prince qui le protégeait, et, après avoir été longtemps délaissé et oublié, il reprit une nouvelle faveur sous Louis XV, à tel point que les seigneurs les plus élégants se montraient partout armés de bilboquets en ivoire, et même que les acteurs et les actrices paraissaient sur la scène en agitant avec grâce le jouet généralement adopté par la mode. Il devait être assez plaisant d'entendre un Oreste ou une Phèdre exhaler tragiquement ses fureurs, un bilboquet à la main. Au commencement de la Révolution française, le Bilboquet avait encore un certain crédit, lorsqu'il céda la place à un nouveau jouet connu sous le nom de l'Émigrant et dont nous allons dire quelques mots.

L'ÉMIGRANT.

L'*Émigrant* doit son origine et son nom à des circonstances politiques. Il est né avec l'émigration, à cette époque où tant de familles s'exilèrent de la France, et, s'il lui a survécu, il n'a pas pour cela conservé longtemps la faveur avec laquelle il fut d'abord accueilli. Qu'est-ce donc que ce jouet ? Deux disques en bois de buis ou d'ébène, quelquefois en métal, plus souvent en ivoire, réunis au centre par un petit boulon, et ne formant ainsi qu'une seule pièce, composent l'émigrant. Le boulon est percé d'un trou dans lequel passe un cordonnet assez long, qui y est fixé par un de ses bouts au moyen d'un nœud. Le joueur, après avoir roulé le cordonnet autour du boulon, dans la rainure profonde et circulaire formée par la réunion des deux disques, saisit dans ses doigts le bout du cordonnet qui est libre et laisse aller le jouet. L'émigrant tombe de son propre poids tant que le cordonnet se déroule, pour remonter aussitôt en roulant ce cordonnet sur lui-même, et revenir au point d'où il est parti, en vertu de la force de rotation qu'il a acquise. Il descend de nouveau, monte encore, et il continuerait incessamment ce manége, si une partie de l'impulsion qu'il a d'abord reçue n'était à chaque instant détruite par le frottement du cordonnet et par la résistance de l'air. Aussi le joueur est-il obligé de seconder le mouvement du jouet par le jeu de la main, qui, en s'abaissant et en s'élevant tour à tour, communique à l'émigrant une force nouvelle. Ce jouet ne constitue pas un jeu à proprement parler, et il est tout au plus bon à charmer les loisirs d'un enfant qui s'amuse seul ; aussi ne faut-il pas s'étonner de le voir relégué avec le toton et d'autres jouets de cette nature au fond des boîtes qui renferment un assortiment complet de hochets.

L'Émigrant.

LE TOTON.

Puisque nous avons nommé le *Toton*, nous ne pouvons guère nous dispenser d'en dire un mot. Le toton consiste en un petit disque de bois percé à son centre d'un trou dans lequel est passé et fixé un morceau de bois ou de fer.

Le Toton.

C'est sur ce pivot qu'on fait tourner le toton, en prenant entre les doigts rapprochés le pivot par un de ses bouts, et en lui imprimant un mouvement de rotation. Il y a des totons qui ont quatre faces sur chacune desquelles sont marqués des chiffres différents. Les joueurs font tourner le toton à tour de rôle, et comptent le nombre de points que marque le jouet quand il s'arrête : on additionne les points à chaque tournée, et le gain de la partie appartient à celui qui le premier a réuni le nombre de points dont on est d'avance convenu.

LE BATONNET.

Voici un vrai jeu d'action, qui peut occuper en même temps deux joueurs, et les occuper dans une lutte qui ne manque ni de mouvement ni d'intérêt. On trace d'abord un cercle sur la terre, et celui des deux joueurs que le sort favorise se place au milieu de ce cercle et tient à la main une baguette, un bâton ayant à peu près 60 centimètres de longueur. Ce joueur est ce qu'on appelle le *maître du cercle*. Son adversaire, placé en face de lui à quelque distance, tient un bâtonnet long de 6 ou 8 centimètres, ayant à peu près la forme d'une petite navette de tisserand, c'est-à-dire aminci vers les deux bouts et renflé au milieu. Ce joueur, nommé *le servant*, jette le bâtonnet dans la direction du cercle et s'efforce de le faire entrer dans le cercle même. De son côté, le maître emploie toute son adresse à repousser le bâtonnet avec son bâton, et, s'il y réussit, il sort du cercle et il a le droit de jouer trois coups de suite, c'est-à-dire qu'il peut frapper jusqu'à trois fois le bâtonnet sur l'un des bouts, de manière à le faire sauter en l'air comme une sauterelle, et chaque fois il peut encore l'écarter par un second coup pendant qu'il est en l'air. Mais, après le troisième coup, il doit regagner promptement son cercle pour le défendre, comme aussi le servant doit s'empresser d'y jeter le bâtonnet avant que son adversaire y soit rentré et soit en mesure de repousser ledit bâtonnet. Si le servant réussit, il devient à son tour maître du cercle et se fait servir. Le Bâtonnet est un des jeux qui plaisent le mieux aux écoliers, et c'est avec raison, puisqu'ils y trouvent un exercice tout à la fois salutaire et amusant.

Le Bâtonnet.

LE CERF-VOLANT.

Voici encore un exercice qui plaît singulièrement à la jeunesse, un exercice qui a résisté à tous les caprices de la mode, enfin qui a eu l'heureux privilége d'échapper aux vicissitudes des choses humaines. Les écoliers de tous les temps, de tous les pays et de tous les âges, ont pris le Cerf-Volant sous leur protection, et on le voit tous les jours poursuivre sa brillante carrière, planant au haut des airs, affrontant les nuages qui portent la pluie, la grêle et la foudre.

Le jeu du Cerf-Volant ne se compose pas de mouvements réguliers, comme la plupart des jeux d'action que nous avons déjà décrits, mais il exige la promenade, la campagne et la course, et ce sont là des titres suffisants pour lui assurer une place distinguée parmi les exercices les plus agréables et les plus salutaires. Il n'est aucun de vous, amis lecteurs, qui ne sache en quoi consiste un cerf-volant : vous en voyez tous les jours quelques-uns, de toute grandeur, étalés dans les boutiques des marchands de jouets ; vous pouvez donc les acheter tout faits, tout préparés, et n'avoir d'autre peine que de les lancer. Mais vous trouverez profit et agrément en confectionnant vous-mêmes votre cerf-volant; ce n'est pas une opération difficile et ennuyeuse, au contraire, c'est déjà un amusement, et il y a double plaisir à se servir d'un instrument qu'on a construit de ses propres mains.

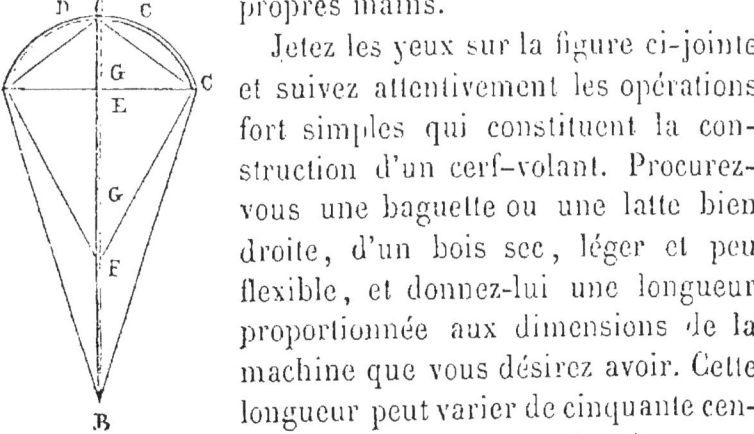

Jetez les yeux sur la figure ci-jointe et suivez attentivement les opérations fort simples qui constituent la construction d'un cerf-volant. Procurez-vous une baguette ou une latte bien droite, d'un bois sec, léger et peu flexible, et donnez-lui une longueur proportionnée aux dimensions de la machine que vous désirez avoir. Cette longueur peut varier de cinquante centimètres à un mètre, et pourrait même être beaucoup plus grande[1]. Vous avez déjà ce qu'on appelle *l'épine*

---

1. Voici du reste les dix grandeurs des cerfs-volants qui sont le

du cerf-volant, marquée AB sur la figure. Passons à l'arc, dont la forme et la position vous sont indiquées par la ligne courbe C*c*D*d*. Pour faire cet arc, prenez du bois à cerceau non courbé, une baguette de châtaignier sans nœuds, que vous amincirez un peu vers les extrémités, afin de pouvoir la courber plus facilement. Cherchez exactement le milieu du bois, et, quand vous l'aurez trouvé, fixez ce point avec de la ficelle un peu au-dessous de la partie supérieure A de la grande baguette ou de l'épine. Maintenant que le bois qui doit former l'arc est solidement assujetti par le milieu, creusez une petite coche à chaque bout C, D ; attachez une ficelle à l'extrémité C, faites passer cette ficelle autour d'une échancrure pratiquée au bas de l'épine, un peu au-dessus de B, et enfin rattachez-la au point D. C'est ainsi que vous donnerez à l'arc la courbe qu'il présente dans la figure.

Lorsque l'arc est assujetti à l'épine, il est important de vérifier si les deux ailes du cerf-volant sont en équilibre. A cet effet, on place la latte sur son doigt, et, en la soutenant ainsi en l'air quelques moments, on reconnaît que les deux ailes sont en équilibre, lorsque le plan reste horizontal. Maintenant, pour achever cette espèce de châssis, faites passer la ficelle de D en C en travers de l'épine, en ayant soin de lui faire faire, en passant, un tour sur la latte au point B. De C la ficelle passera au point A, où elle sera

plus habituellement construits et vendus par les marchands de jouets :

N°						
10,	1	mètre 30 cent.	de longueur sur	0	mètre 96	de largeur.
9,	1	20	—	0	87	—
8,	1	15	—	0	77	—
7,	0	95	—	0	70	—
6,	0	87	—	0	61	—
5,	0	75	—	0	57	—
4,	0	63	—	0	51	—
3,	0	53	—	0	44	—
2,	0	40	—	0	30	—
1	0	36	—	0	28	—

encore tournée sur la latte pour venir s'attacher au point D; enfin, de ce dernier point elle sera conduite au point F, où, après avoir été assujettie, elle remontera pour venir une dernière fois se rattacher au point C.

Voilà notre châssis achevé; mais ce n'est encore qu'une carcasse qu'il faut habiller; le vêtement ne coûte pas cher. Prenez un certain nombre de feuilles de papier, réunissez-les bout à bout au moyen de colle de pâte et de manière à avoir une surface suffisamment étendue; encollez cette surface et appliquez-y votre machine.

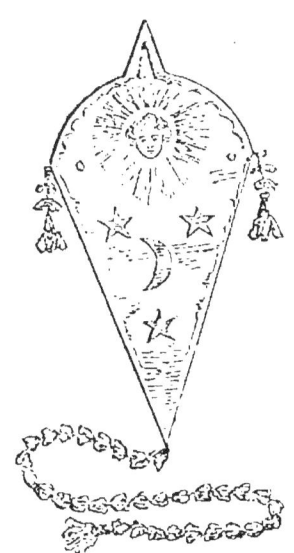

Maintenant, avec des ciseaux, coupez le papier parallèlement au contour de la machine, en ayant soin de réserver une marge assez large, qui sera repliée en dessus et fixée avec de la colle. Lorsque les deux côtés de la carcasse auront été ainsi recouverts, laissez sécher votre ouvrage, puis vous percerez deux trous dans l'épine pour y fixer l'attache: ces deux trous sont marqués dans la figure par G G. Il reste encore à pratiquer dans l'attache le nœud coulant par lequel doit passer la ficelle qui servira à élever le cerf-volant dans les airs. Si ce nœud était placé trop haut ou trop bas, le cerf-volant monterait mal ou ne monterait pas du tout; il *donnerait des têtes*, comme on dit. Afin de s'assurer que le nœud de l'attache a été convenablement placé, on suspend en l'air le cerf-volant en le tenant par cette partie de l'attache, et il faut alors que les côtés symétriques s'équilibrent parfaitement à droite et à gauche.

Complétons notre machine en lui donnant la queue qui lui manque encore, et qui sera attachée à la partie inférieure de la longue latte, au point B. La queue doit avoir au moins douze fois, et au plus vingt fois, la longueur du cerf-volant; cela dépend du poids de la ficelle qu'on emploie, de la longueur et de l'épaisseur des morceaux de papier qui forment cette queue. Celle-ci n'est autre chose, en effet, qu'une ficelle à laquelle on attache de distance en distance, soit des morceaux de papier ordinairement pliés en quatre dans le sens de la longueur, soit des cartes à jouer ou des moitiés de cartes pliées et aplaties. La queue se termine par une espèce de houppe ou de gros gland en papier découpé et frisé. Les oreilles, également en papier découpé, qu'on ajoute quelquefois aux deux points opposés de l'arc, sont des appendices tout à fait inutiles, et qui ne peuvent servir qu'à rétablir l'équilibre du cerf-volant, s'il a été mal construit. Il n'est peut-être pas inutile d'ajouter que le poids de la queue ajouté au poids des oreilles doit toujours être beaucoup moins considérable que celui du corps du cerf-volant.

Maintenant que votre machine est complète, vous pouvez, si bon vous semble, la décorer et l'embellir en appliquant à la suface des figures découpées, des fleurs, des animaux, des oiseaux, ou bien du papier doré et argenté que vous taillez de façon à représenter le soleil, la lune et les étoiles. Vous ne vous doutez pas du reste, quand vous fabriquez un cerf-volant, que vous résolvez un problème de mécanique assez compliqué, et dont l'étude a coûté de longs calculs à un célèbre géomètre de l'Allemagne, nommé Euler. Ce savant a reconnu que, pour que le cerf-volant s'élevât, il devait faire avec le vent un angle de 54 à 55 degrés.

Vous avez sans doute pratiqué trop souvent le moyen d'enlever un cerf-volant dans les airs, pour qu'il soit nécessaire d'entrer à ce sujet dans de longs détails. Vous avez un gros peleton de bonne ficelle dont vous passez un des bouts dans le nœud d'attache, où vous l'arrêtez solidement. Un camarade tient le cerf-volant debout sur sa pointe, après en avoir développé la queue en ligne droite sur la terre; vous vous placez à quelque distance en avant, tenant à la main la ficelle, dont vous dévidez une certaine longueur, et vous prenez rapidement votre course. Le cerf-volant semble d'abord faire quelques façons pour quitter la terre; mais bientôt il s'élève majestueusement dans les airs. Fournissez-lui de la ficelle tant qu'il la tirera avec force et la maintiendra bien tendue; vous la roulerez aussitôt que cette tension se relâchera. Quand l'ascension a réussi et que le cerf-volant est parvenu à une assez grande élévation, vous pouvez vous amuser à enfiler dans la ficelle des rondelles de cartes ou de papier, lesquelles, poussées par le vent, montent en tournoyant jusqu'au cerf-volant lui-même : on appelle cela *envoyer des courriers*.

Le Cerf-Volant.

Il vous suffit d'avoir le plaisir de lancer et de voir voguer au gré des vents le cerf-volant que vous avez confectionné, et vous ne vous inquiétez guère de savoir quelle est la cause qui l'a fait monter et le maintient en équilibre. Qui pourrait vous blâmer d'employer à votre amusement tout le temps destiné à vos jeux, au lieu de le consacrer à résoudre des problèmes? Permettez-nous donc de vous dire en deux mots que votre cerf-volant monte parce qu'il est tiré en deux sens à la fois : d'un côté par le vent, qui voudrait l'emporter bien loin en le tenant horizontal comme les nuages, et de l'autre par la corde, qui le tire pour le ramener à terre. La pauvre machine, ainsi tiraillée, ne va ni où le vent la pousse ni où la ficelle l'attire : elle suit un chemin qui se tient à égale distance des deux autres; elle monte en se penchant sur le vent, jusqu'à ce qu'elle se trouve en équilibre.

On ne connaît pas le nom de l'inventeur du cerf-volant; si ce nom était connu, il serait certainement en honneur auprès des écoliers de tous les pays. Il est aussi difficile de dire à quelle époque le Cerf-Volant a été introduit en Europe. On sait seulement qu'il est d'origine chinoise, et qu'il nous est venu de cette contrée lointaine de l'Asie, à laquelle nous sommes déjà redevables d'une foule d'inventions et de découvertes, telles que le papier, la poudre, la boussole, les vers à soie. Le Cerf-Volant n'a pas borné son rôle à être un simple jouet destiné à l'amusement de la jeunesse; il a des titres plus sérieux à nos sympathies et à notre reconnaissance par les services qu'il a rendus à la science. Tout le monde sait que, dans le siècle dernier, ce fut au moyen d'un cerf-volant lancé par Franklin vers un nuage orageux, que cet illustre savant parvint à soutirer de ce nuage des étincelles électriques et à constater l'identité de la foudre avec l'électricité. Cette belle découverte a donné naissance à l'invention des paratonnerres, destinés à protéger nos édifices contre les effets désastreux de la foudre.

TROISIÈME PARTIE.

JEUX PAISIBLES AVEC INSTRUMENTS.

Nous passons à une nouvelle série de jeux dont les uns, tels que les Osselets et les Jonchets, semblent uniquement destinés à amuser les enfants, petits ou grands, tandis que les autres, tels que les Échecs et le Trictrac, ne paraissent convenir qu'à des esprits sérieux, qu'à de graves personnages. Il est vrai, cependant, que les hommes arrivés à un âge mûr ne dédaignent pas de manier quelquefois des jonchets, comme aussi les jeunes gens se plaisent assez souvent à lutter contre un adversaire dans une partie de Trictrac ou d'Échecs. Les jeux de Dominos et de Dames sont aussi bien faits pour servir de récréation aux écoliers que pour charmer les loisirs des gens d'affaires, et le Billard est un jeu universel, qui a le privilége de plaire et de convenir à tous les âges. Commençons par les jeux les plus simples.

LES OSSELETS.

Les petits jouets ou petites pièces qu'on appelle *osselets*, et dont on fait usage dans le jeu qui porte le même nom, ne sont autre chose que les petits os provenant de l'articulation des gigots de mouton. Ces osselets, bien lavés, bien nettoyés, suffisent aux joueurs qui ne recherchent pas le luxe et la délicatesse ; du reste, on trouve chez les marchands de jouets, chez les tabletiers, des osselets pour tous les goûts et pour toutes les bourses. Il y en a qui sont faits d'ivoire sculpté, d'autres qui sont façonnés en bois de diverses couleurs ; on n'a que l'embarras du choix. Une partie d'Osselets se joue le plus ordinairement entre deux personnes ; toutefois, elle peut admettre un ou deux joueurs de plus, mais pas au delà, parce qu'alors il y aurait des joueurs qui passeraient tout leur temps à regarder jouer les autres : c'est là un genre de passe-temps qui convient peu généralement aux écoliers. La partie consiste à exécuter avec les osselets une suite de tours d'adresse dont les difficultés deviennent de plus en plus grandes.

Remarquons d'abord que l'osselet présente quatre faces, deux larges, dont l'une, convexe et arrondie, s'appelle le *dos*, et l'autre, rentrante et concave, se nomme *creux*; les deux faces plus étroites sont appelées *plats*. Le nombre des osselets qu'on emploie

Les Osselets.

dans une partie est de quatre au moins et de six ou huit au plus. Une table est le meuble le plus commode pour y établir le jeu ; mais, à la rigueur, ce n'est pas un meuble indispensable, et les écoliers savent fort bien s'en passer : ils s'asseyent par terre, vis-à-vis l'un de l'autre, en ayant d'abord soin de rendre bien nette la place qu'ils ont choisie. Les joueurs, après être convenus du nombre d'osselets qu'ils auront à manier, et même des divers exercices qu'ils devront successivement exécuter, tirent au sort pour savoir quel est celui d'entre eux qui aura le droit de commencer. Le joueur favorisé par le sort prend tous les osselets dans sa main droite, les jette en l'air et les reçoit sur le dos de la main, mettant toute son adresse à en retenir le plus grand nombre possible : alors il fait passer dans la main gauche les osselets qu'il a ainsi retenus, à l'exception d'un seul qu'il jette en l'air et qu'il reçoit de la main droite, pendant qu'il ramasse un à un, et de la main gauche, les osselets qui, au premier coup, se sont éparpillés sur le sol. Quand ceux-ci ont tous passé successivement dans la main gauche, le joueur les dépose à terre, et il doit les ramasser d'un seul coup, toujours de la main gauche et dans le temps que la main droite exécute toujours le même exercice, c'est-à-dire jette en l'air un osselet et le reçoit.

Ce premier exercice terminé, on passe à l'exercice des dos. Le joueur jette en l'air un osselet pour le recevoir de la main droite, et pendant ce temps il répand sur la terre ou sur la table (s'il y a une table) tous les autres osselets qu'il tenait dans la main gauche, et qui prennent en tombant des positions différentes ; ensuite il lance de nouveau le même osselet, et de la main gauche il prend un des osselets étalés et le place de manière qu'il présente le dos. A chaque coup c'est le même manége : lancer le même osselet de la main droite et le recevoir, et retourner successivement avec la main gauche les osselets qui présentent une face autre que le dos ; on continue ainsi jusqu'à ce que tous les osselets soient dans la position voulue. Les mêmes exercices sont renouvelés pour les *creux* et pour les *plats*.

Passons au *puits*, avec lequel commencent de plus grandes difficultés. Le joueur, comme nous l'avons déjà vu faire au début de chaque exercice, jette en l'air un osselet pendant qu'il laisse tomber tous les autres osselets ; il place sur la table, ou sur le sol qui en tient lieu, la main gauche, non pas à plat, mais arrondie, le bout des doigts étant appuyé, et de telle façon que l'index et le doigt majeur se touchent par le bout et laissent entre eux, dans le milieu et dans le haut, un espace vide qui forme l'ouverture du puits. Cela fait, et la main gauche restant toujours immobile, la main droite, qui cette fois est chargée d'une besogne très-active, jette en l'air son osselet, prend rapidement un des osselets étendus sur le jeu, le fait entrer dans le puits, et doit revenir à temps pour recevoir l'osselet qui est en l'air ; elle lance de nouveau cet osselet, en prend un autre sur le jeu, et l'envoie dans le puits rejoindre son compagnon. Quand tous les osselets ont été ainsi l'un après l'autre jetés dans le puits, le joueur éloigne sa main gauche, qui doit ramasser d'un seul coup tous les osselets réunis, pendant que la main droite jette et rattrape son osselet.

La *passe*, qui vient après le puits, est un exercice du même genre; seulement, les deux doigts de la main gauche qui se touchent par le bout, sont le pouce et l'index, et c'est par l'ouverture que ces deux doigts laissent entre eux que le joueur fait passer un à un les osselets de la manière qui a été décrite ci-dessus.

Enfin, il y a deux exercices plus difficiles que les autres, et qui sont connus sous le nom de *rafles* et de *fricassée*. Occupons-nous d'abord des rafles, qui se composent de deux, de trois ou de quatre coups, suivant le nombre des osselets et les conventions des joueurs. Au premier coup, le joueur jette en l'air un osselet, et doit pendant ce temps-là tourner du côté du plat un des osselets du jeu. Au second coup, il faut relever deux osselets l'un après l'autre dans le même espace de temps, c'est-à-dire pendant que l'osselet lancé par la main droite est en l'air. Au troisième coup, toujours dans le même espace de temps, la main gauche est tenue de mettre à plat trois osselets, ce qui demande une activité et une adresse peu communes. Quant à la fricassée, qui exige peut-être un coup d'œil encore plus sûr et une main plus habile, voici comment elle se pratique. Tous les osselets sont sur le jeu ; le joueur en prend un de la main droite, le jette en l'air et le rattrape, pendant que de la main gauche il ramasse d'un seul coup tous les osselets du jeu. Jusqu'ici la main gauche a plus à faire que la main droite ; mais les choses vont changer : aux coups suivants, en effet, la main droite jette en l'air à la fois deux, trois, quatre, cinq osselets, qu'elle doit recevoir sans en laisser échapper un seul, tandis que de son côté la main gauche ramasse ceux qui restent sur le jeu, et dont le nombre diminue à chaque coup.

Nous n'avons pas expliqué, mais on a dû comprendre sans explications que le joueur qui commet une faute, qui exécute mal un tour d'adresse, un exercice, qui laisse tomber à terre l'osselet lancé par la main droite, est obligé de céder la place à un autre joueur. De plus, une partie ne comprend pas nécessairement tous les exercices que nous avons décrits ; les joueurs peuvent la limiter comme ils l'entendent, laisser de côté tels exercices qui ne leur plaisent pas, et ne prendre que ceux qui sont à leur convenance : tout dépend des conventions qu'ils établissent d'avance d'un commun accord.

Le jeu des Osselets remonte à la plus haute antiquité. Il était connu à l'époque du siége de Troie ; et une expression employée par Homère donne à penser que les prétendants qui aspiraient à la main de Pénélope et qui, dans leurs festins de chaque jour, dévoraient le bien d'Ulysse absent, ne trouvaient rien de mieux que les osselets pour charmer leurs loisirs. L'historien Suétone nous dit, dans la vie d'Auguste, que ce prince s'amusait volontiers à jouer aux noix et aux osselets avec de jeunes enfants. Le grand nombre d'osselets qui ont été trouvés dans les ruines d'Herculanum semblerait prouver que ce jeu était communément usité chez les Romains, ou du moins en Italie. Il y avait deux manières d'y jouer. La première, et la plus ordinaire, avait beaucoup d'analogie avec celle qui se pratique encore aujourd'hui. Elle consistait à jeter en l'air des osselets, et à en ramasser pendant cet intervalle un ou plusieurs autres posés à terre ou sur une table, pour les y replacer ensuite tous dans la même position. La seconde manière de jouer avec les osselets consistait à les jeter, comme on a coutume de jeter les dés, avec la main ou avec un cornet ; et, comme chaque côté de l'osselet portait un nombre différent, il survenait au joueur une chance plus ou moins favorable.

LES JONCHETS.

Les *Jonchets*, qu'on nomme aussi *Honchets*, sont des brins de bois, des bâtons très-menus faits en os ou en ivoire, ayant à peu près une longueur de sept à huit centimètres. Un jeu de jonchets comprend quarante, cinquante, soixante de ces petits bâtons, plus ou moins, trois ou quatre pièces particulières appelées

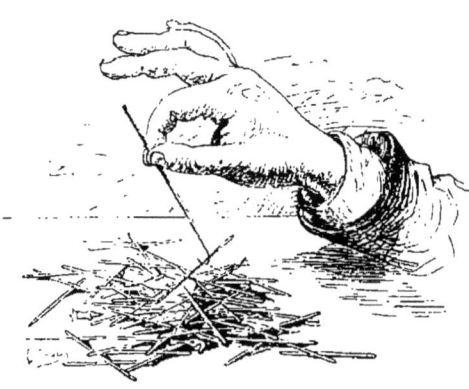
Les Jonchets.

le *roi*, la *reine*, le *cavalier*, et distinguées des autres jonchets par une petite tête ; il y a en outre deux jonchets recourbés, destinés aux joueurs, et dont nous dirons tout à l'heure l'usage. Deux joueurs sont placés en face l'un de l'autre auprès d'une table ; ils sont armés chacun du jonchet recourbé que nous venons de nommer. Celui des deux que le sort a désigné pour commencer le jeu prend dans la main le paquet entier des jonchets, l'élève à une faible hauteur et le laisse tomber sur la table. Les jonchets s'éparpillent, les uns se séparant de la masse, les autres, en plus grand nombre, se croisant dans tous les sens. Alors le joueur, faisant usage de son arme crochue, va à la pêche. Il commence par capturer les jonchets isolés, ce qui n'est pas difficile; puis il attaque ceux qui sont le moins embarrassés dans le jeu, qui sont moins enchevêtrés dans les autres, tantôt dégageant peu à peu le jonchet et le tirant avec une prudence et une lenteur calculées; tantôt faisant passer habilement le crochet sous le jonchet, qu'il fait alors sauter en l'air d'un seul coup, par un mouvement rapide de la main. Les pièces particulières désignées sous les noms de roi, de reine, de cavalier, sont plus difficiles à retirer du jeu, à cause de leur forme et de leur pesanteur comparée à celle des autres jonchets; mais le désir de les posséder fait qu'on redouble d'attention et d'adresse. Dans tous les mouvements, dans tous les efforts que fait le joueur pour s'emparer d'une pièce, quelle qu'elle soit, la seule chose qu'il doit éviter, c'est de faire remuer, même très-légèrement, toute autre pièce du jeu que celle qu'il veut en retirer, et cela sous peine de céder la place à son adversaire. Celui-ci, à son tour, fait agir son crochet; il cherche à dégager et à s'approprier le plus de pièces possible, et il joue jusqu'à ce qu'une faute vienne donner encore au premier joueur le droit de puiser dans le tas. Lorsqu'il ne reste plus rien sur la table, la partie est finie; chacun compte ses pièces et ses points; chaque jonchet ordinaire vaut un point; les pièces particulières valent : le roi vingt points, la reine dix points, le cavalier cinq points. Ceci, du reste, dépend des conventions. L'honneur de la partie appartient au joueur qui a le plus grand nombre de points.

LE LOTO.

Nous craignons, à vrai dire, que le nom seul de ce jeu ne suffise, comme celui du jeu de l'Oie, pour provoquer chez nos jeunes lecteurs un sourire de dédain ou un bâillement d'ennui. Mais cette crainte ne doit pas nous empêcher de dire quelques mots d'un jeu qui sert encore à l'amusement des familles dans les longues soirées d'hiver, et que les écoliers eux-mêmes ne dédaignent pas toujours lorsqu'une pluie incessante ne permet ni la promenade au dehors dans les champs, ni le jeu de balle dans la cour. Le Loto n'est pas très-ancien, car il ne remonte pas plus haut que l'édit qui créa la loterie en 1776; cependant il a prodigieusement vieilli, et si bien vieilli que le poëte Delille l'appelait déjà, il y a cinquante ans, le *Loto du grand-oncle.*

Un jeu de Loto se compose de vingt-quatre cartons bariolés de diverses couleurs ; ils contiennent chacun trois rangées transversales de neuf compartiments, quatre coloriés et cinq à fond blanc : c'est sur ce fond blanc que sont inscrits les numéros dans l'ordre des unités, des dizaines, des vingtaines, etc., jusques et y compris le numéro 90, qui est placé sur la même ligne verticale que la série de 80 à 89 : ainsi, chaque carton présente quinze numéros, et chacun des nombres se reproduit quatre fois sur la totalité. Tous les joueurs sont assis autour d'une table, et l'un d'eux, après avoir mêlé les cartons à peu près comme on mêle un jeu de cartes, les distribue à la ronde un à un. Si les joueurs

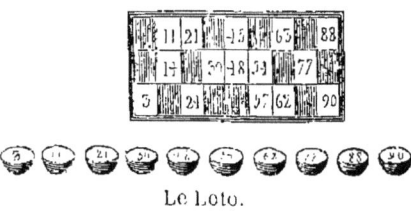
Le Loto.

sont très-nombreux, c'est-à-dire plus de douze, on ne donne qu'un carton à chacun d'eux; moins nombreux, ils reçoivent deux cartons. De plus, chaque joueur a devant lui, à la portée de la main, un certain nombre de jetons d'os colorié, ou plutôt de verre transparent. Au milieu de la table est une petite corbeille qui contient les enjeux ou la *poule;* c'est ordinairement une collection de sous, résultat de l'offrande déposée par chacun des joueurs; ou bien la dame du logis, qui préside au jeu,

Le Loto.

veut en faire tous les frais et met dans la corbeille un petit assortiment des plus jolis bonbons. Lorsque des écoliers jouent entre eux, ils se contentent de déposer comme enjeu un certain nombre de billes.

Toutes ces dispositions prises, le jeu commence et l'attention devient générale. Tous les joueurs ont les yeux fixés sur leurs cartons. L'un d'eux tire successivement d'un sac de peau des boules hémisphériques, qui sont au nombre de 90, et dont chacune porte un nombre différent, depuis 1 jusqu'à 90. A l'appel de chaque numéro, les joueurs qui trouvent ce numéro sur un ou plusieurs de leurs cartons le marquent avec un jeton, et celui qui tire les boules marque les numéros de ses cartons avec les boules elles-mêmes. Un seul numéro sur la même ligne fait un extrait ; deux numéros, toujours sur la même ligne, font un ambe ; trois, un terne ; quatre, un quaterne ; cinq, un quine. On convient quelquefois que pour ces chances diverses, c'est-à-dire pour le premier ambe, le premier terne, le premier quaterne, les joueurs auront le droit de prendre au panier une quantité déterminée des enjeux qui y sont déposés, le reste appartenant à celui qui a le quine. Mais, le plus communément, les ambes, les ternes, les quaternes n'ont aucun avantage particulier, et c'est au premier quine qu'est adjugée la totalité de la poule. On fait alors une nouvelle distribution des cartons, on remet dans le sac toutes les boules qui en sont sorties, on les agite pour bien les mêler, et l'on commence une autre poule.

Il y a de beaux esprits, ou soi-disant tels, qui ont imaginé de rompre la monotonie du jeu en donnant à certains nombres, et particulièrement aux nombres formés de deux chiffres semblables, des dénominations bizarres, que la tradition a conservées. Ainsi, le 4 s'appelle le *chapeau du commissaire ;* le 11, les *deux jambes ;* le 22, les *deux cocottes,* ou les *deux poulettes ;* le 33, les *deux bossus ;* le 44, les *deux potences ;* le 77, les *deux béquilles ;* le 86, les *départements ;* enfin, le 69, l'*infaillible.* On peut penser tout ce qu'on voudra de ces niaiseries, que nous nous gardons bien de prendre sous notre protection : quant au dernier terme, il a le mérite d'être vrai. En effet, de quelque manière qu'on tourne le numéro 69, il a toujours la même valeur, c'est toujours le même nombre, bien que le 6 se soit transformé en 9, et le 9 en 6. Il n'en serait pas de même des nombres isolés 6 et 9, que rien ne pourrait faire distinguer l'un de l'autre, comme aussi des nombres 16 et 19, qui seraient confondus, le premier avec 91 et le second avec 61. Pour empêcher les méprises, un gros point noir ou une ligne tracée au-dessous des chiffres sur les boules fait connaître dans quel sens il faut les lire.

LES DOMINOS.

Les auteurs qui ont consacré leurs veilles à chercher la véritable origine des Dominos ne sont pas d'accord sur cette grave question. Les uns attribuent aux anciens Grecs l'invention de ce jeu, les autres en font honneur aux Chinois, qui, les premiers, l'auraient mis en usage ; enfin, il y en a qui prétendent que les combinaisons des dominos ont été trouvées par un moine qui vivait au moyen âge, on ne sait pas précisément à quelle époque.

Grammatici certant, et adhuc sub judice lis est [1].

Ce qui est certain, c'est que l'importation des Dominos en Europe n'est pas très-ancienne, que ce jeu y jouit aujourd'hui d'une assez grande faveur, et qu'il offre une agréable distraction à toutes les classes de la société, aux grands et aux petits, aux jeunes gens et aux vieillards, aux écoliers et aux étudiants en droit ou en médecine,

Tout le monde connaît ces dés qu'on appelle *dominos*,

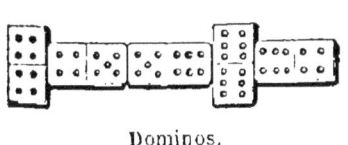
Dominos.

taillés en forme de carré long aplati, ayant deux faces de couleur différente, l'une blanche, l'autre noire, et fabriqués soit en os, soit en ivoire. Un jeu ordinaire se compose de vingt-huit dominos, sur chacun desquels figure une combinaison de deux nombres, exprimés par autant

---

1. Les savants ne sont pas d'accord et le procès reste encore à juger.

de gros points que l'on y compte d'unités. Chacun de ces nombres, depuis le 6 jusqu'à l'1, nommé *as*, s'y trouve en outre réuni, tantôt à un nombre pareil, ce qui forme les *doubles*, tantôt à un *blanc*, absence de chiffre quelconque. Il y a aussi le double blanc.

Les règles du jeu de Dominos ne sont pas établies d'une manière exacte, précise, régulière ; elles varient beaucoup, et l'on pourrait dire que chaque pays, chaque localité, a sa méthode particulière. Toutefois, il y a certaines règles qui sont généralement adoptées, et ce sont celles-là que nous nous bornerons à faire connaître. Une partie de dominos se joue à deux joueurs, tête à tête ; à quatre joueurs, soit chacun pour soi, soit deux contre deux ; enfin, à la poule, c'est-à-dire avec un nombre indéterminé de joueurs. Occupons-nous d'abord de la partie à deux.

Les dominos, après avoir été étalés sur la table, la surface noire en dessus, sont mêlés par quelques tours de main, et chacun des deux joueurs prend un dé au hasard dans le jeu pour savoir à qui appartiendra l'avantage de la *main* ou de la *pose* : le droit de placer le premier domino appartient au joueur qui a le dé le plus chargé de points. Cette question une fois décidée, on remet les deux dés dans le jeu, on le mêle de nouveau, et alors les deux joueurs prennent chacun sept dominos qu'ils rangent en ligne devant eux, ou qu'ils tiennent dans leur main et sous leurs yeux, sans qu'ils puissent voir le jeu de leur adversaire. Sur les vingt-huit dés dont se compose un jeu de dominos, les joueurs en ont pris quatorze ; les quatorze autres doivent rester non retournés sur la table, et former ce qu'on appelle la *réserve* ou le *talon*. Le joueur qui a l'avantage de la pose place donc sur la table le dé dont il lui convient le mieux de se défaire, et nous donnerons tout à l'heure quelques conseils à ce sujet : l'adversaire pose à son tour, à la suite du domino qui vient d'être placé, un des dés offrant dans 'une de ses moitiés l'un des deux nombres que porte le précédent. Ensuite l'autre joueur fait de même, et le coup peut se continuer ainsi régulièrement jusqu'à ce que celui des deux adversaires qui a eu l'avantage de la pose ait placé tous ses dés. Dans ce cas il resterait nécessairement un domino entre les mains du second joueur, et le premier joueur compterait à son profit autant de points qu'il y en aurait de marqués sur ce domino.

Mais le plus ordinairement les choses ne se passent

Les Dominos.

pas d'une manière aussi régulière. Il arrive le plus souvent qu'après deux, trois, quatre dominos, plus ou moins, posés de part et d'autre, l'un des joueurs n'a plus dans son jeu un dé remplissant les conditions exigées pour qu'il puisse être placé. Dans ce cas l'autre joueur continue de jouer, jusqu'à ce qu'une nouvelle combinaison permette à son adversaire de faire usage de ses dés, et, si les deux joueurs *boudent*, c'est-à-dire s'ils n'ont ni l'un ni l'autre aucun des deux nombres que présente le domino posé en dernier, ils abattent leur jeu, et celui qui a le moins de points dans les dés qui lui restent compte à son avantage autant de points qu'il y en a dans les dés de son adversaire. La partie se joue d'ordinaire en cent ou cent cinquante points, et elle est gagnée par celui qui atteint le premier le nombre de points dont on est convenu d'avance. Après le premier coup, la pose appartient à tour de rôle à chaque joueur; celui qui a posé doit, après le coup, *faire le ménage*, c'est-à-dire mêler les dominos, et il est d'usage qu'il ne se serve qu'après que son adversaire a pris ses dés.

Lorsque vous posez le premier, vous jouez bien en avançant le dé dont vous avez le plus dans votre jeu, à moins que vous ne cherchiez à faire ce qu'on appelle le *coup de culotte*, c'est-à-dire à fermer le jeu d'un seul et même coup en posant un dé dont vous n'avez plus et dont vous supposez que votre adversaire n'a pas plus que vous. Si vous ne posez pas le premier, gardez-vous d'avancer un dé dont vous avez le double sans en posséder aucun autre de la même espèce; car, en avançant un tel dé, vous courez grand risque de ne pas trouver l'occasion de placer votre double dé de la même espèce, et il vous restera dans la main, chance défavorable que vous devez éviter autant que possible.

Ce n'est pas chose facile que de donner des conseils profitables sur la meilleure marche à suivre pour poser tel dé plutôt que tel autre; les conseils ne peuvent jamais suppléer à la pratique et à l'expérience. Et puis, il faut bien le dire, le hasard entre pour beaucoup dans une partie de dominos, où toute l'habileté la plus consommée luttera toujours avec peine contre une heureuse prise de dés. Les combinaisons y sont toutefois assez variées pour que quelques chances restent encore au joueur habile contre le joueur inexpérimenté.

La partie à deux peut se jouer d'une autre manière, par une méthode qu'on appelle *la pêche;* pour parler plus exactement, cette seconde édition de la partie à jeux ne diffère de la première qu'en un seul point. Voici en quoi consiste cette différence. Lorsque l'un des deux joueurs ne possède pas dans son jeu un dé qui puisse être placé, soit d'un côté, soit de l'autre, à la suite des dominos déjà placés, au lieu de dire *je boude*, comme dans la partie précédente et de voir son adversaire continuer le jeu, *il pêche*, c'est-à-dire qu'il est tenu de puiser dans les dominos qui sont restés en réserve et de les prendre un à un, jusqu'à ce qu'il ait trouvé un dé qu'il puisse placer. S'il lui arrive (et cela se voit quelquefois) d'épuiser la réserve ou le talon sans avoir eu la chance de pêcher un dé qui lui permette de jouer, alors il *boude* et l'adversaire continue le jeu.

Une partie de dominos, nous l'avons déjà dit, se joue habituellement entre deux personnes ; toutefois, on peut, par suite de conventions spéciales arrêtées à l'avance, la jouer à trois, à quatre, à cinq et même à six personnes. Mais ce sont là des exceptions qui ne changent rien au fond du jeu et qui peuvent toujours être ramenées à la règle générale.

Il y a une partie qu'on désigne sous le nom de *Domino voleur*, et sur laquelle nous devons donner quelques explications particulières. Cette partie se joue à quatre, deux associés contre deux autres associés. Les partenaires sont désignés par la voie du sort, au moyen de quatre dés mêlés et choisis successivement par les quatre joueurs : les deux joueurs qui amènent les deux plus forts dés sont ensemble ; ceux à qui sont échus les deux dés les plus faibles sont également associés. Les partenaires se placent vis-à-vis l'un de l'autre ; le choix des places ainsi que la pose appartient au joueur qui possède le dé le plus élevé. La partie se joue avec les vingt-huit dés, chaque joueur en prend six, et quatre dés restent au talon, qui doit toujours être placé à la droite de celui qui pose. Une fois le premier dé posé, la main passe au joueur qui se trouve à la droite du poseur, et ainsi successivement de gauche à droite, jusqu'à la fin du coup. Quand un des joueurs se trouve dans l'impossibilité de poser sur le dé de l'une ou de l'autre extrémité de la ligne, il annonce qu'il boude, et c'est alors son voisin de droite qui joue. Chaque coup se termine de l'une des manières suivantes : ou bien l'un des joueurs fait domino, c'est-à-dire place son dernier dé, et alors il marque avec son partenaire autant de points qu'il y en a sur les dés qui restent entre les mains des adversaires; ou bien le jeu se trouve fermé, parce que tous les joueurs boudent, et alors, chacun ayant abattu son jeu, les deux partenaires qui ont le moins de points marquent à leur profit les points réunis de leurs adversaires. S'il arrive que les points soient égaux des deux côtés, le coup est nul et la main passe, c'est-à-dire que le joueur qui devait poser, si le coup eût été bon, ne perd pas ce droit. La partie se joue en cent points, et elle est gagnée par les deux associés qui les premiers atteignent ce nombre.

Il y a quelques règles et certaines pratiques qui sont applicables aux diverses parties de dominos, et qu'il est bon de connaître.

Nous avons déjà dit que le joueur qui vient d'avoir la pose mêle les dominos, et que chacun des joueurs prend le nombre de dominos qui a été convenu avant de commencer la partie. Les dominos doivent être pris en une seule fois, et non pas un à un.

Celui qui a la pose le premier pose un dé à son choix : son but doit être de gagner le plus de points possible, soit en fermant le jeu, soit en faisant domino.

La règle, sauf quelques rares exceptions, veut qu'il commence par poser le plus gros des doubles qui peuvent se trouver dans son jeu. Supposons qu'il ait le double six, que son adversaire pose le six-cinq sur lequel il posera lui-même le cinq-quatre, et qu'enfin l'adversaire pose à la suite le double quatre; si le poseur possède alors le six-quatre dans son jeu, il peut à son gré faire six partout ou quatre partout, en posant son six-quatre à l'un ou à l'autre bout. Le poseur examinera donc d'après ses dés de quel côté le jeu devra être fermé, et se décidera à le fermer s'il y a probabilité qu'il reste moins de points dans son jeu que dans celui de son adversaire.

En conséquence, pour fermer le jeu, il doit faire six partout, s'il ne lui reste plus de six, et quatre partout, s'il ne lui reste plus de quatre et qu'il lui reste un six. Supposons, dans le premier cas, que son adversaire n'ait plus de six dans son jeu, le jeu sera fermé au six partout, et, dans le second cas, que son adversaire n'ait plus de quatre dans son jeu, le jeu sera fermé au quatre partout. Mais il peut arriver que le six partout ou le quatre partout ne ferme pas le jeu au gré du poseur, et que l'adversaire ait encore un six ou un quatre. Ce serait une tentative inutile, mais sans préjudice pour les intérêts du joueur, qui a encore la chance de gagner le coup en faisant domino.

Lorsqu'en prenant les dés quelque joueur en laisse voir un, on doit remêler; mais si c'est en retournant ses dés qu'un joueur en retourne un, on ne refait pas. Quand un joueur, en prenant les dés, en laisse voir un ou plusieurs, même par mégarde, ses adversaires peuvent exiger que le jeu soit mêlé de nouveau.

Si le poseur, avant de jouer, s'aperçoit que le talon est faux, c'est-à-dire qu'il n'a pas le nombre de dés voulu, qu'il a un dé de trop ou un dé de moins, voici ce qui a lieu : le joueur qui a un dé de moins se complète par un des dés laissés au talon; mais si c'est un des joueurs qui a un dé en trop, un des adversaires tire au hasard dans le jeu de celui-ci un dé qu'il remet au talon sans le retourner, lorsque ce dé n'a été vu par personne, en le retournant dans le cas contraire.

Tout dé qui a été vu doit être placé sur la ligne du jeu, s'il peut aller à l'un ou à l'autre bout. Un dé placé à un bout ne peut être repris pour être placé à l'autre.

Un dé placé, quoiqu'il soit placé à faux, est reconnu bon dès qu'il a été recouvert par un autre dé. Seulement, si l'on découvre par qui la faute a été commise, le coupable dans la partie à deux, ou le coupable et son partenaire dans la partie à quatre, ne peuvent pas marquer les points qu'ils font sur le coup.

Nous avons dit que, lorsque le jeu se trouve fermé, le joueur qui a le moins de points gagne, et que, s'il y a égalité de points entre tous les joueurs, le coup est nul. Dans la partie à trois, s'il y a égalité entre deux joueurs, le coup se partage. Ainsi, en supposant que, le jeu une fois fermé, il reste onze points à deux joueurs et vingt-quatre à un troisième, les deux premiers marqueront chacun à leur profit douze points.

Si un joueur demande qui a posé le premier ou quel est le dé qui a été posé le premier, on n'est pas obligé de le lui dire. Enfin, les spectateurs, à moins de conventions contraires, doivent s'interdire toute espèce de conseils et de remarques ; leur rôle se borne à donner un avis sur les coups qui sont sujets à contestation.

LES DAMES.

L'origine du jeu de Dames n'est pas exactement connue, non plus que celle de sa dénomination. Aussi, sans autre préambule, nous dirons tout de suite que, dans le jeu de Dames, toutes les pièces sont de même valeur, et par conséquent de même forme : ce sont de petits disques de bois ou d'ivoire, les uns blancs, les autres noirs, et qu'on nomme *dames* ou *pions*. Le champ d'exercice ou de bataille s'appelle *damier* : c'est une surface carrée dont chaque côté est divisé en huit ou dix parties égales, ce qui forme sur la surface soixante-quatre ou cent carreaux qui sont alternativement blancs et noirs. Le damier de soixante-quatre carreaux ou *cases* est destiné au jeu de *Dames françaises*; celui de cent cases est le *Damier polonais*. Sur l'un comme sur l'autre les dames ou pions ne sont placés que sur une couleur, et on laisse deux rangs de cases d'intervalle entre les deux jeux.

Dames françaises. Le jeu de *Dames à la française* a eu longtemps la vogue, mais aujourd'hui il est à peu près complètement abandonné.

Dames françaises.

Cette manière de jouer n'emploie que vingt-quatre pions, douze de part et d'autre; les pions prennent en avant et en arrière et sautent plusieurs cases en marchant, ce qui n'a pas lieu dans le jeu de dames à la polonaise. Il suit de là que les combinaisons de ce dernier jeu sont plus multipliées, plus variées; aussi a-t-il généralement prévalu, et il n'a pas de concurrence à redouter. Du reste, sauf les différences que nous avons déjà notées, les règles que nous donnerons pour les Dames polonaises peuvent également s'appliquer aux Dames françaises.

Dames polonaises. Le jeu de *Dames à la polonaise* se joue à deux sur un damier composé de cent cases, cinquante noires et cinquante blanches. Chacun des deux joueurs a vingt pions de couleur différente; l'un a vingt pions blancs, et l'autre vingt pions noirs. On pourrait indifféremment placer les pions sur les cases noires ou sur les cases blanches, mais l'usage a prévalu de les placer sur les blanches. Le damier se trouve naturellement divisé en deux parties : les pions noirs occupent les vingt cases depuis le n° 1 jusqu'au n° 20 inclusivement, et les pions blancs sont rangés sur un pareil nombre de cases, depuis le n° 31 jusqu'au n° 50; d'où il suit qu'il reste entre les pions de chaque joueur deux rangs de cases vides sur lesquelles se jouent les premiers pions. L'habileté des joueurs consiste à diriger leur petite troupe de manière à tenir les rangs bien serrés : car tout soldat qui n'est pas soutenu par derrière peut être fait prisonnier; malheur au chef qui disperse sa troupe et laisse entre chaque pion une case d'intervalle! Les règles de ce jeu sont très-simples et devaient l'être : comme toutes les pièces sont parfaitement équivalentes et en assez grand nombre, si leurs mouvements avaient été plus variés, il en serait résulté une confusion très-difficile à débrouiller, des combinaisons si multipliées, que le jeu serait devenu une pénible étude plutôt qu'une agréable distraction. Tel qu'il est, le jeu dit polonais paraît avoir atteint les limites qui conviennent à sa destination.

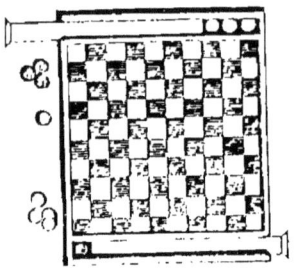

Dames polonaises.

La marche du pion se fait toujours en avant, à droite ou à gauche, du blanc sur le blanc, en ne faisant qu'un pas à la fois, c'est-à-dire en ne touchant qu'une case; mais, quand il a à prendre, il fait deux, trois, quatre pas et même davantage; il peut même alors marcher en arrière. Lorsqu'un pion, un pion blanc par exemple, a devant lui un pion de la couleur opposée, c'est-à-dire un pion noir, et que derrière celui-ci il se trouve une case blanche vide, le pion blanc passe par-dessus le pion noir, l'enlève, et se place à cette case vide. S'il y a plusieurs pions de l'adversaire derrière chacun desquels se trouve une case vide, le pion qui prend continue de passer par-dessus, se place à la dernière case vide et enlève tous les pions par-dessus lesquels il a passé. Il faut remarquer que, lorsqu'il y a plusieurs pions à prendre, on ne doit en enlever aucun avant que le pion qui prend soit arrivé sur la case où il doit s'arrêter.

On appelle *dame damée*, ou simplement *dame*, le pion de l'un des joueurs qui est parvenu à se fixer sur la première ligne horizontale du jeu de l'adversaire. Pour dis-

Jeu de Dames.

tinguer la dame du pion, on couvre le pion d'un autre pion de même couleur. Les pions blancs se dament sur les cases une, deux, trois, quatre et cinq, et les pions noirs sur les cases quarante-six, quarante-sept, quarante-huit, quarante-neuf et cinquante. Il ne suffit pas qu'un pion passe sur une des cases désignées pour être damé, il faut qu'il y reste placé par un coup qui s'y termine : ainsi un pion qui serait arrivé sur une des cases à damer, mais qui aurait encore à prendre, serait obligé de continuer son chemin et de rester pion.

Une dame a de grandes prérogatives et contribue beau

coup au gain de la partie. Elle diffère d'un pion, non-seulement par la valeur, mais encore par la marche et par la manière de prendre. Ainsi le pion, dans sa marche, ne fait qu'un pas en avant, à moins qu'il ne prenne, et il ne prend que de case en case, tandis que la dame est libre d'aller d'une extrémité du damier à l'autre extrémité, si le passage est libre, c'est-à-dire si, dans cet espace, il ne se trouve ni pions de la couleur de cette dame, ni pions de la couleur opposée qui ne soient pas en prise. En outre la dame, lorsqu'elle a à prendre des pions ou des dames, peut traverser plusieurs cases à la fois, pourvu qu'elles soient vides ou qu'il s'y trouve des pions de la couleur opposée qui soient en prise, de sorte que, dans la liberté de ses mouvements, elle peut tourner à droite, à gauche, et faire quelquefois le tour du damier.

Dès qu'un joueur a touché un pion ou une dame, il est obligé de jouer ce pion ou cette dame, quand aucun obstacle ne s'y oppose; c'est de là que vient l'axiome : *Dame touchée, dame jouée.* Tant qu'on tient le pion ou la dame, les eût-on posés sur une case vide, si on ne les a pas lâchés, on a le droit de les poser ailleurs; mais, dès qu'on les a lâchés, ils sont joués irrévocablement. Lorsqu'un joueur veut toucher un ou plusieurs pions pour les arranger, il doit dire : *j'adoube;* faute de cette précaution, son adversaire peut le forcer à jouer celui des pions qu'il jugera à propos de faire avancer, pourvu, toutefois, qu'il n'y ait point d'obstacle.

Toute faute est faute, de quelque nature qu'elle soit. Si donc un joueur fait une fausse marche, c'est-à-dire place son pion ou sa dame sur une case autre que celle sur laquelle ce pion ou cette dame devrait être placé, l'adversaire peut à son gré faire redresser l'erreur, ou la laisser subsister, s'il juge qu'elle lui est avantageuse. De même, si un joueur, en prenant, lève par erreur son propre pion ou sa dame, il ne peut plus les replacer. Enfin, s'il n'enlève point tous les pions ou toutes les dames qu'il avait à prendre, quand bien même il aurait figuré qu'il avait à les prendre, il est tenu de les laisser sur le damier.

Souffler n'est pas jouer, est un axiome qui demande quelques explications. *Souffler*, c'est s'emparer du pion ou de la dame qui n'a pas pris lorsqu'il avait à prendre ou qui n'a pas pris tout ce qu'il avait à prendre; mais, après avoir soufflé, le joueur joue son coup comme à l'ordinaire. Le joueur qui a le droit de souffler est libre d'user de ce droit ou de s'en abstenir : il peut donc, à son gré, ou enlever le pion qui n'a pas pris tout ce qu'il avait à prendre et ensuite jouer, ou ne pas l'enlever et jouer, ou enfin forcer le joueur à prendre avec son pion tout ce qu'il devait prendre. Mais si celui qui est en droit de souffler a touché le pion à souffler, il n'est plus libre de faire prendre, il est obligé de souffler, d'après la règle déjà connue que *dame touchée* est *dame jouée*. Enfin celui qui refuse de prendre, lorsque son adversaire a le droit de l'y obliger, perd la partie, en vertu de cette autre règle générale, ainsi formulée : *Qui quitte la partie la perd*.

Celui qui a à prendre de plusieurs côtés doit prendre du côté le plus fort, c'est-à-dire du côté où il y a un plus grand nombre de pions ou du côté où se trouvent des dames, tandis que de l'autre côté il n'y a que des pions. S'il n'agit pas ainsi, il s'expose à être soufflé. Lorsque, vers la fin d'une partie, deux joueurs égaux en force restent l'un avec une dame et deux pions ou deux dames et un pion ou même trois dames, et l'autre avec une dame seulement, mais sur la ligne du milieu, cette partie est nécessairement remise. Si la dame unique n'a pas la ligne du milieu, il y a plusieurs coups à gagner; mais, comme ils ne sont pas forcés et qu'il faut que la partie ait une fin, il est de règle que le joueur qui a trois dames ne puisse obliger son adversaire à jouer plus de quinze coups.

Nous avons dit du jeu de dames tout ce qu'il est utile d'en savoir pour être initié à la marche de ce jeu et à ses règles les plus essentielles. L'usage, l'expérience et l'aptitude peuvent seuls apprendre à préparer et à prévoir les coups, à combiner la position des pions et des dames de manière à se ménager les chances les plus favorables.

LES ÉCHECS.

Nous ferons pour les Échecs ce que nous avons fait pour les Dominos et les Dames. Nous ne dirons absolument que ce qu'il est utile d'indiquer pour donner une idée de la marche générale des pièces et des règles les plus importantes. Il n'y a pas de description qui puisse faire comprendre les combinaisons variées de ces jeux et principalement du jeu d'Échecs; il faut voir jouer, il faut pratiquer soi-même le jeu, pour s'initier à toutes ces combinaisons.

L'origine du jeu d'Échecs a donné lieu à de nombreuses controverses. Les uns ont prétendu que les Égyptiens avaient les premiers connu ce jeu; les autres en font remonter l'invention à Palamède, qui aurait enseigné ce jeu, image de la guerre, à ses compagnons, pour charmer les longs ennuis du siége de Troie. Delille semble adopter cette opinion classique, d'après ces deux vers de son poëme de l'*Homme des champs* :

> Un couple sérieux, qu'avec fureur possède
> L'amour du jeu rêveur qu'inventa Palamède.

Enfin il y en a qui attribuent la gloire de cette invention au brahmine Sissa, favori d'un monarque des Indes, au IVe ou Ve siècle de l'ère chrétienne. Cette opinion est combattue par ceux qui prétendent que, d'après les annales de la Chine, le jeu d'Échecs était connu dans ce pays cent cinquante ans environ avant J. C. A défaut de preuves suffisantes pour établir d'une manière positive l'époque de l'invention de ce jeu, on doit s'en rapporter aux probabilités, et croire, avec un écrivain moderne, que le mot *échecs* est dérivé du sanscrit et du persan *schah*, qui veut dire *roi*.

Les échecs se jouent sur une table ou surface carrée que l'on nomme *échiquier*, et qui est divisée en soixante-quatre cases alternativement blanches et noires : il y a donc trente-deux cases blanches et trente-deux cases noires. Les pièces, nommées *échecs*, sont au nombre de trente-deux, seize blanches et seize noires. Ces seize pièces en forment huit grandes et huit petites. Les huit petites, toutes de la même forme et d'une valeur égale, s'appellent *pions*. Les grandes, inégales en valeur et différentes de formes, sont le *roi*, la *reine* ou la *dame*, les deux *fous*, les deux *cavaliers*, les deux *tours*.

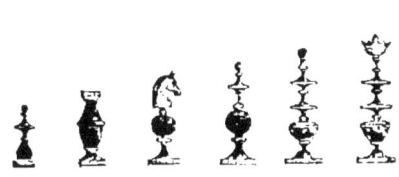

Jeu d'Échecs.

Deux joueurs se placent en face l'un de l'autre de chaque côté de l'échiquier, de manière que chacun d'eux ait à sa droite la case blanche angulaire, c'est-à-dire qui forme angle. L'un prend les pièces noires, l'autre les pièces blanches, et chacun d'eux s'occupe de l'arrangement de ses pièces, qui doivent être placées dans l'ordre suivant sur la première ligne ou bande, qu'on appelle *base* de l'échiquier : les deux tours dans les cases angulaires, l'une à droite, l'autre à gauche; les cavaliers à côté des tours, et les fous à côté des cavaliers. Il reste donc deux cases sur cette ligne : le joueur qui a les pièces noires met le roi sur la case blanche et la reine sur la case noire; celui qui a les pièces blanches fait le contraire, c'est-à-dire qu'il donne au roi la case noire et à la reine la case blanche. Les huit pions se placent sur la seconde ligne ou bande de l'échiquier, un par case. Ils prennent le nom de la pièce devant laquelle ils se trouvent placés. Ainsi on appelle pion du roi celui qui est devant le roi; pion de la reine celui qui est devant la reine; pion du fou du roi, celui qui est devant le fou du roi; pion du cavalier du roi, celui qui est devant le cavalier du roi; enfin pion de la tour du roi, celui qui est devant la tour voisine du roi. On applique de semblables dénominations aux pions qui sont placés devant les mêmes pièces correspondantes de la reine. De plus chaque case, en ligne droite, prend le nom de la pièce qui se trouve sur la première ligne. Ainsi la case où l'on place le roi s'appelle première case du roi; celle du pion placé devant le roi est la seconde case du roi; celle qui se trouve immédiatement devant ce pion, troisième case du roi; et celle qui est au-dessus de cette dernière, quatrième case du roi. Il en est de même des autres cases placées en ligne directe devant chaque pièce.

Les pions marchent suivant les bandes perpendiculaires aux bases de l'échiquier; ils avancent toujours vers ou dans le jeu de l'adversaire, et ne reculent jamais. Au premier coup, c'est-à-dire la première fois qu'on joue un pion, celui-ci peut faire un ou deux pas, avancer d'une ou de deux cases, selon que le joueur le juge à propos; mais après le premier coup et pendant tout le reste de la partie, il ne peut avancer que d'une case à l'autre. Quand un pion arrive à la limite extrême de l'échiquier, où étaient placées au début les grandes pièces de l'adversaire, il est damé, c'est-à-dire qu'il acquiert la valeur d'une dame, et dès lors il peut parcourir l'échiquier en ligne droite et en diagonale, soit en ne faisant qu'un pas à la fois, soit en en faisant plusieurs et même en parcourant la ligne entière d'un seul coup.

Les tours marchent en ligne droite ou carrément, de droite à gauche, de gauche à droite et de haut en bas ; elles peuvent faire un ou plusieurs pas à la fois, et aller d'un seul coup d'une extrémité à l'autre de l'échiquier, si le chemin est libre. La tour est, après la dame, la pièce la plus importante du jeu.

Les cavaliers marchent obliquement, de trois cases en trois cases, de telle sorte qu'ils quittent une case blanche pour se placer sur une case noire, une case noire pour se

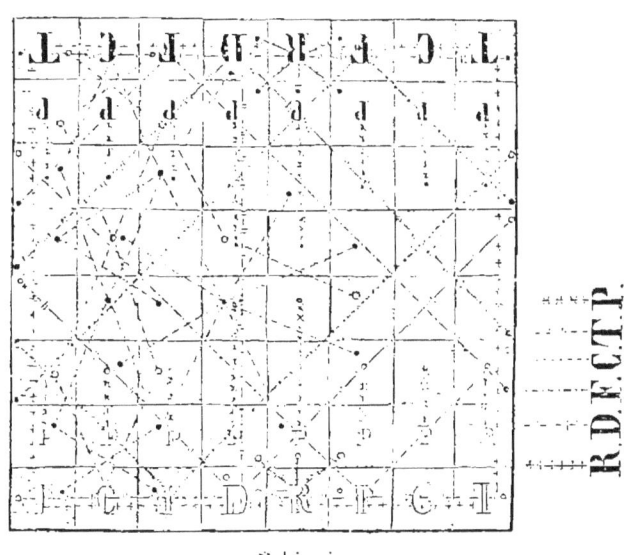

Échiquier.

placer sur une case blanche. Ils ne marchent jamais autrement, et ne peuvent faire ni plus ni moins de chemin d'un seul coup ; mais ils ont le privilége de sauter par-dessus les pièces qui se trouvent sur leur passage.

Les fous avancent obliquement et peuvent s'arrêter dans chaque case des diagonales de la ligne qu'ils occupent, quand aucune pièce du jeu ne s'y oppose. Ils avancent et reculent à volonté.

La reine ou la dame a une marche semblable à celle des tours et des fous. Elle se meut dans tous les sens, sans pouvoir toutefois imiter la marche des cavaliers; elle va en ligne droite, obliquement; elle avance et recule, franchit toute la longueur des lignes, lorsque rien ne s'y oppose. C'est la pièce la plus importante du jeu.

Le roi marche comme la reine, en ligne droite, obliquement; comme elle, il avance, il recule; mais avec cette différence qu'il ne peut faire qu'un seul pas à la fois. Cependant il y a une circonstance dans laquelle le roi peut faire deux pas : c'est quand l'espace entre lui et une tour est libre, et que ni lui ni cette tour n'ont pas encore été joués : cela s'appelle *rocquer*, et voici comment cela se pratique. Si l'on rocque du côté des pièces du roi, on avance la tour à la case du fou du roi, et celui-ci (le roi) saute par-dessus la tour pour se placer à la case de son cavalier; si l'on rocque du côté de la reine, le roi saute également et va se placer à la case du fou de la reine.

Telle est la marche générale des pièces dont se compose le jeu d'Échecs. Les traités les plus savants ou les plus développés n'apprendraient rien de plus aux joueurs qui ne joindraient pas la pratique à la théorie. Nous l'avons déjà dit, dans les jeux de combinaisons, comme du reste dans tous les exercices du corps ou de l'esprit, il faut pratiquer pour devenir habile. Les règles seules doivent être bien connues, parce qu'elles forment un code qui est généralement admis et qui fait loi partout. Voyons donc quelles sont les principales règles du jeu d'Échecs.

Pour engager la partie, on *tire le trait*, c'est-à-dire que l'un des joueurs prend un pion blanc dans une main, un pion noir dans l'autre, et donne la couleur à deviner. Si l'adversaire, en frappant sur l'une des deux mains, devine la couleur du pion qui y est renfermé, il a le droit de jouer le premier. Dans le cas contraire, c'est l'autre joueur qui a ce droit. La marche commence nécessairement par les pions, puisqu'ils sont en avant. Si un pion blanc est poussé de deux pas à son premier coup et qu'un pion noir soit assez avancé pour prendre le pion blanc, dans le cas où l'on ne l'eût poussé qu'un pas, le pion noir peut le prendre ; c'est ce qu'on appelle prendre en passant. Ce pion noir doit se mettre, non sur la case où se trouve le pion blanc, mais sur celle où il aurait été si on ne l'eût poussé que d'un pas. Nous avons dit que lorsqu'un pion arrive à la base de l'échiquier, où les grandes pièces sont placées au début de la partie, il est damé ; il

Partie d'Échecs.

faut entendre par là qu'il devient une dame ou toute autre pièce (le roi excepté), au gré du joueur à qui il appartient, et il a pour la suite de la partie la valeur et la marche de la pièce que le joueur a voulu qu'il fût.

Si une pièce de l'adversaire est placée sur une case contiguë de la même espèce à celle qui est occupée par le pion, et contiguë de l'autre espèce à celle où ce pion pourrait aller le coup suivant, alors le pion peut prendre la pièce ; ce qui se fait en enlevant la pièce de dessus l'échiquier, et en mettant le pion à la place de la pièce enlevée. C'est alors le tour de l'adversaire ; car, aux Échecs on ne joue pas, comme aux Dames, autant de coups de suite qu'il y a de pièces à prendre. Cette règle est applicable aux prises faites avec toute autre pièce qu'avec un pion. On n'est pas forcé de prendre comme aux Dames.

Enfin, la partie ne se gagne pas, comme aux Dames, en prenant toutes les pièces de l'adversaire, mais en lui prenant son roi seulement, quand même toutes les autres pièces lui resteraient. Aussi les joueurs doivent faire marcher les pièces de leur jeu de manière à défendre leur roi et à attaquer celui de l'adversaire. Il est de règle que le roi ne peut se prendre par surprise. Ainsi, quand on l'attaque, c'est-à-dire quand on joue une pièce qui le mettrait dans le cas d'être pris au coup suivant, s'il n'y était pourvu, le joueur doit avertir l'adversaire de retirer son roi, ou plus généralement de le garantir contre l'attaque. Cet avertissement se donne en disant : *échec au roi*, ou simplement : *au roi*. Si le joueur dont le roi est en échec, n'ayant pas été averti, joue tout autre coup que celui qui défendrait son roi de l'échec, et que l'adversaire veuille, sur le coup, prendre ou attaquer une pièce, en disant : *échec au roi*, alors celui dont le roi est en échec aura le droit de jouer autrement son coup pour se garantir de l'échec. Mais si ce roi attaqué ne peut se retirer sans être pris par quelque pièce de l'adversaire, et s'il ne peut se couvrir d'aucune pièce pour conjurer l'attaque, alors il se trouve réellement pris ; la partie est gagnée par ce coup, et le vainqueur annonce sa victoire en disant : *échec et mat*, ou simplement *mat*.

Outre ces règles principales, qui sont le fondement du jeu d'Échecs, il y a quelques règles particulières qu'il est utile de connaître.

Quand on a touché une pièce, on est obligé de la jouer, à moins qu'on n'ait dit préalablement : *J'adoube*. Il faut même avoir dit ce mot pour replacer une pièce qui se serait dérangée sur l'échiquier. Dès qu'on a abandonné la pièce qu'on veut jouer, on ne peut plus la reprendre pour la jouer ailleurs; mais, tant qu'elle n'est pas abandonnée, on est maître de la placer où l'on veut.

Lorsque vous avez touché une des pièces de votre adversaire sans dire : *J'adoube*, il peut vous obliger à la prendre, si c'est à vous de jouer. Dans le cas où la pièce ne pourrait pas être prise, celui qui l'aura touchée jouera son roi, si cela peut se faire. Mais si le roi ne peut être joué, la faute sera sans conséquence. Si, par erreur, vous avez joué une des pièces de votre adversaire, au lieu de jouer l'une des vôtres, vous pouvez être forcé, au gré de votre adversaire, soit de prendre la pièce si elle peut être prise, soit de la remettre à sa place et de jouer votre roi, soit enfin de la laisser dans la case où vous l'avez jouée par inadvertance. En ceci, comme en tout autre cas, si le roi ne peut pas jouer sans se mettre en échec, cette partie de la peine ne sera pas applicable. Dans le cas où, par suite d'une faute, un joueur est tenu de jouer son roi, il n'a pas la faculté de roquer. Lorsque vous avez pris à votre adversaire une de ses pièces avec une pièce qui n'était pas en position de la prendre, vous êtes tenu de la prendre avec une autre pièce ou de jouer la pièce touchée, au choix de votre adversaire. Enfin, si vous faites une fausse marche, l'adversaire peut, à son gré, faire laisser la pièce à la case où vous l'avez mise, ou la laisser jouer régulièrement, ou la faire remettre en place en vous obligeant à jouer le roi.

Le jeu d'Échecs, regardé comme le plus noble et le plus ingénieux de tous les jeux sédentaires, est universellement répandu; on le joue dans toutes les parties du monde. Il s'est même formé, dans les principales capitales de l'Europe, des sociétés d'amateurs qui s'envoient réciproquement des défis. Avant l'invention des télégraphes électriques, on profitait des relations journalières pour s'annoncer mutuellement la marche de tel pion, de telle pièce, l'échec donné au roi, la capture d'un cavalier, d'une tour. Une partie ainsi jouée peut durer des semaines, des mois et même des années entières. Afin de faciliter la correspondance, les cases de l'échiquier sont numérotées, non pas de 1 à 64, mais par les petites lettres a, b, c, d, e, f, g, h pour les bandes transversales, et par les chiffres 1, 2, 3, 4, 5, 6, 7, 8 pour les bandes verticales. Les grandes lettres R, D, F, C, T, P, désignent les pièces (roi, dame, fou, cavalier, tour et pions), et on les figure en lettres creuses pour la couleur blanche. Des signes de convention servent à désigner les divers incidents de la partie : ce sont, par exemple, une croix (+) pour l'échec au roi, deux points (:) pour la prise de la pièce opposée, etc. Aujourd'hui, grâce au télégraphe électrique, deux joueurs qui, sans se connaître, désirent lutter d'habileté et de savoir, et qui résident l'un à Paris, l'autre à Vienne, en Autriche, peuvent engager une partie et la jouer presque aussi vite que s'ils étaient assis à la même table en face l'un de l'autre.

LE TRICTRAC.

Nous ferons encore pour le jeu de Trictrac ce que nous avons fait pour les autres jeux de combinaisons : nous nous bornerons à faire connaître le nom et l'usage des pièces ou des instruments dont il se compose, à indiquer la marche générale du jeu et les règles les plus importantes. Aller au delà et vouloir entrer dans tous les détails, expliquer tous les termes techniques, donner le secret de toutes les combinaisons, aussi variées que les coups eux-mêmes, serait une chose à peu près impossible et tout à fait inutile : nous ne serions pas compris de ceux qui n'auraient point pratiqué le jeu ou qui ne l'auraient pas vu jouer au moins pendant un temps suffisant pour les initier à une connaissance que la théorie, sans la pratique, ne peut pas communiquer.

Le Trictrac, connu des Grecs et des Romains, et universellement adopté par tous les peuples modernes, tire son nom d'une figure de rhétorique qu'on appelle *onomatopée*. Le mot *trictrac* rend assez bien le bruit que font

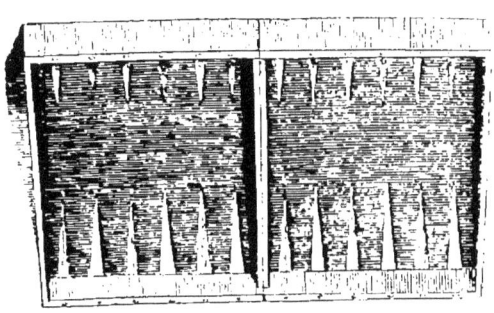

Trictrac.

les deux dés agités dans un cornet. La table sur laquelle on joue porte le même nom que le jeu et s'appelle trictrac. Cette table, dont les parois sont élevés de 30 centimètres environ au-dessus du fond, forme une sorte de carré long, divisé en deux compartiments égaux qui sont séparés par une cloison moins haute que les parois ou les bords de la table. De chaque côté des bords sont douze petits trous garnis d'ivoire, destinés à marquer le gain de douze points successifs. Vingt-quatre flèches de deux couleurs, par exemple, blanches et vertes, sont incrustées sur le fond noir de la table; elles sont opposées pointe à pointe. C'est en face des flèches que sont percés les petits trous dont nous venons de parler. Quinze dames blanches sont destinées à l'un des joueurs, et quinze dames noires à l'autre. Chacun des joueurs est muni d'un cornet dans lequel, à tour de rôle, il agite deux dés et les lance dans la boîte appelée trictrac. Enfin il faut à chaque joueur trois jetons pour marquer les points, et deux fiches pour marquer les parties.

Lorsque les joueurs ont pris place vis-à-vis l'un de l'autre, chacun d'eux empile les dames dans la première

Trictrac.

flèche placée à sa gauche et qu'on appelle *talon*. Puis le joueur qui a le droit de jouer le premier lance les deux dés après les avoir agités dans le cornet, et il annonce les chiffres qu'il amène, par exemple six et trois, cinq et deux, etc., en commençant toujours par nommer le chiffre le plus élevé. Alors il joue selon les indications données par ces chiffres, c'est-à-dire qu'il prend une ou deux dames et les place sur une flèche éloignée du talon d'autant de flèches que chacun

Jeu de Trictrac.

des dés annonce de points. Mais il a aussi la faculté de ne jouer qu'une dame pour la totalité de ses points. Ainsi, en supposant que les dés aient amené six et cinq, il peut placer une dame sur la flèche correspondant au numéro six et une dame sur la flèche représentant le numéro cinq, ou bien abattre une seule dame sur la flèche correspondant au numéro onze. Il en est de même pour les coups suivants; et tant que le joueur a des dames empilées, il peut y recourir ou faire manœuvrer celles qui sont déjà en campagne. Prendre de nouvelles dames à la pile, quand on en a déjà joué, cela s'appelle *abattre du bois*. Ainsi, chaque flèche où se trouve une dame est considérée comme talon, et on peut partir de ce point comme du talon primitif. La flèche où il y a deux dames au moins se nomme *case*. On peut, dans certains cas, empiéter sur le jeu de son adversaire, ou, lorsque le jeu est plein, revenir entièrement sur ses pas : c'est ce qu'on appelle *s'en aller*. Si les deux dés présentent le même chiffre, c'est un doublet. Les doublets jouent un grand rôle au Trictrac : à l'exception du double deux qui est resté innommé, on a attaché aux doublets des dénominations plus ou moins bizarres. Le double as (double un) se nomme *bezet*, le double trois *terne*, le double quatre *carme*, le double cinq *quine*, le double six *sonnez*.

Bien que les deux dés ne puissent produire que les nombres de un à douze, on compte trente-six chances diverses, parce que la sortie de chacun de ces nombres n'offre pas, à beaucoup près, le même degré de probabilité. Ainsi 1 peut se faire par chacun des as, et par conséquent de deux manières; 2 ne peut arriver que d'une seule façon, par le beset ou double as : 3 se fait de cinq manières, par chacun des trois pris isolément, par 1 et 2, par 2 et 1 ; 4 est amené de cinq manières, par chacun des quatre séparément, par double 2, par 1 et 3, par 3 et 1 ; 5 se produit de six façons, d'abord chaque cinq, puis 1 et 4, 4 et 1, 3 et 2, 2 et 3 ; 6 arrive de sept manières, savoir chacun des six, terne ou double trois, 2 et 4, 4 et 2, 1 et 5, 5 et 1. Au delà de six, les chances diminuent, parce qu'il faut compter les deux dés ensemble : la progression est décroissante ; ainsi 7 peut arriver de six façons différentes, 1 et 6, 6 et 1, 2 et 5, 5 et 2, 3 et 4, 4 et 3 ; 8 n'est obtenu que de cinq manières, carme ou double quatre,

2 et 6, 6 et 2, 3 et 5, 5 et 3 ; 9 est amené par les quatre combinaisons de 3 et 6, de 6 et 3, de 4 et 5, de 5 et 4 ; 10 est le résultat des trois combinaisons suivantes, quine ou double cinq, 4 et 6, 6 et 4 ; 11 se fait seulement de deux façons, 5 et 6, 6 et 5 ; enfin, le nombre 12 ne peut se former que d'une seule manière, par sonnez ou double six, et ne doit arriver, selon les probabilités, qu'une seule fois sur trente-six coups.

Les dames, d'abord empilées à la gauche du joueur, comme on l'a déjà dit, descendent une à une ou deux à deux à chaque coup de dés, et selon des règles combinées de telle sorte que, tout en obéissant à la loi inflexible du hasard, le joueur trouve encore un assez vaste champ laissé à son libre arbitre. Il doit, en remplissant ses flèches, s'arranger de manière à se rendre favorables les chances de probabilités, afin de pouvoir au coup suivant battre les cases mi-pleines de son adversaire, et éviter d'être battu sur les siennes.

Le Trictrac est peut-être de tous les jeux celui qui est le plus fécond en termes techniques. Les noms de *grand jan*, de *petit jan*, de *contre-jan*, de *jan de retour*, de *jan de mézéas*, etc., donnés aux coups principaux qu'on ne peut guère comprendre qu'en les jouant ou en les voyant jouer, semblent indiquer que les Romains avaient placé ce jeu sous la protection de Janus : peut-être aussi convient-il mieux de faire dériver le mot *jan* du mot latin *janua*, *porte*, à cause des deux battants dont se composait le trictrac avant que l'on eût songé à en faire un meuble et à lui donner la forme qu'il a aujourd'hui.

Indiquons en peu de mots la manière de marquer, et les principales règles du jeu.

Deux points se marquent à la pointe de la flèche de l'as, c'est-à-dire à la flèche qui se trouve en face du premier trou, les flèches se comptant par le nombre des trous; quatre points se marquent devant la flèche du trois ou entre les flèches du trois et du quatre; six points, devant la flèche du cinq ou contre la bande de séparation; huit points, au delà de la bande de séparation, devant la flèche du six; dix points se marquent devant les flèches du huit, ou du neuf, ou du dix; enfin douze points, qui font partie, se marquent avec un fichet que l'on met dans le premier trou, c'est-à-dire dans le trou qui se trouve le plus rapproché de la pile des dames.

Le joueur qui gagne douze points de suite sans que son adversaire en prenne un seul marque deux trous; on marque également deux trous pour douze points ou plus pris d'un seul coup; c'est ce qu'on appelle partie *bredouille* ou partie *double*. Quand on marque en bredouille, on se sert de deux jetons, et d'un seul, si l'on marque simple. Ainsi, le joueur qui gagne des points le premier marque avec un seul jeton; son adversaire, gagnant des points immédiatement après, marque avec deux jetons, et il continue à marquer de cette manière jusqu'à douze points, s'il n'est pas interrompu dans ses succès, c'est-à-dire si le premier joueur ne prend aucun point dans cet intervalle : dans ce cas il marque deux trous. Mais si, lorsqu'il a déjà commencé à marquer en bredouille, le premier prend des points avant que la marque en bredouille soit arrivée à douze, celui qui marquait en bredouille est débredouillé; il est tenu d'enlever un de ses jetons pour indiquer qu'il marque simple, et, s'il arrive à douze points, après avoir été débredouillé, il ne marque qu'un trou. Outre la petite bredouille, qui est celle dont nous venons de parler, il y a encore la grande bredouille, qui consiste à prendre douze trous sans interruption, et qui se marque avec un pavillon ajouté au fichet.

On a donné le nom d'*écoles* à toute espèce de fautes commises au jeu du Trictrac, et particulièrement à l'oubli que fait un joueur de marquer, avant de jouer, tous les points qu'il aurait dû gagner ou qu'il gagne réellement : c'est alors l'adversaire qui les compte, et on dit qu'il envoie à l'école l'autre joueur.

Une des premières règles à observer, c'est, après avoir agité les dés dans le cornet, de les lancer également et avec assez de force pour qu'ils aillent toucher la bande du trictrac placée du côté de l'adversaire : il n'est pas permis de les poser doucement en les faisant glisser peu à peu le long du cornet. En outre on ne doit relever les dés que lorsque celui qui les a jetés a vu, nommé et joué les nombres qu'il a amenés.

Celui qui abat son bois ou qui joue ses dames avant de marquer les points qu'il a gagnés ne peut plus les marquer après, et il est envoyé à l'école, c'est-à-dire qu'il perd autant de points qu'il aurait dû en marquer. On ne peut pas être forcé d'envoyer à l'école, ou, en d'autres termes, on ne peut pas marquer pour son propre compte les points que l'adversaire a oublié de marquer pour le sien ; mais celui qui est envoyé à l'école a le droit d'obliger son adversaire à marquer l'école tout entière, attendu qu'il ne saurait être permis de n'y envoyer que pour une partie, afin de mieux faire son jeu.

Le joueur qui marque le trou double ou simple efface tous les points de l'adversaire ; celui qui achève le trou par son dé peut s'en aller sans crainte d'être envoyé à l'école faute d'avoir démarqué ses points et enlevé son jeu. Quand on veut s'en aller, on ne doit ni marquer les points qu'on a de reste, ni toucher à ses dames et encore moins les jouer. Tant qu'on tient son jeton et qu'on n'a pas touché son bois, on peut s'en aller ; mais on ne le peut plus dès qu'on a marqué ou qu'on a touché son bois ; celui qui s'en va perd les points qu'il a de reste, mais le dé lui demeure.

Le joueur qui jette les dés marque toujours ce qu'il gagne avant que l'adversaire puisse marquer ce que ce joueur perd dans ce même coup. Lorsqu'un joueur marque moins de points qu'il n'en gagne, il est envoyé à l'école de tous les points qu'il a marqués en moins, s'il ne rectifie pas sa marque avant de toucher à ses dames. Enfin le joueur qui marque plus de points qu'il n'en fait est obligé de rectifier sa marque, et il est envoyé à l'école de tous les points qu'il a marqués en plus.

LE BILLARD.

Voici encore un jeu dont nous nous croyons obligé de parler, parce que nous ne devons omettre aucune des récréations honnêtes qui conviennent à la jeunesse; mais nous n'avons pas besoin de répéter ce que nous avons dit plusieurs fois, qu'il n'est pas possible pour certains jeux d'apprendre à jouer dans un livre et à l'aide d'une description plus ou moins étendue. Pour apprendre le billard, il faut voir jouer, il faut pratiquer, et recevoir des conseils autour du billard lui-même. Nous procéderons donc comme nous avons déjà fait, en nous bornant aux détails les plus simples, à la description sommaire des parties qui se jouent le plus ordinairement, avec l'indication des principales règles qui leur sont applicables.

Commençons par le Billard anglais, destiné au jeune âge.

On a inventé à l'usage des enfants un petit billard dit *billard anglais*, dont les combinaisons, quoique fort simples, offrent cependant assez de variété et d'intérêt pour que les grandes personnes ne dédaignent pas quelquefois de s'associer à une partie qui vient de s'organiser. Ce billard consiste en une sorte de table dont la surface, légèrement inclinée, est garnie, à partir d'une certaine distance des bandes, de gros fils de fer ayant la forme de fers à cheval et formant une série de petits ponts disséminés çà et là, sous lesquels la bille doit passer, tout en heurtant soit à droite, soit à gauche, les tiges qui représentent les côtés des arches. Le joueur se place devant la petite bande d'en bas, c'est-à-dire celle vers laquelle la table s'incline le plus, et il pousse la bille avec une queue dans l'espace qui se trouve entre les ponts de fil de fer et

Le Petit billard.

la grande bande de droite. Il faut bien calculer la force d'impulsion qu'on donne à la bille au moyen du coup de queue. Si le coup est trop faible, la bille ne fait en montant le long du billard qu'une partie du chemin qu'elle devrait faire, et descendant par son propre poids, elle revient par le même chemin et sans résultat à la place d'où elle est partie. Si le coup est trop fort, la bille, remontant toute la longueur du billard à droite, traverse l'espace qui se trouve entre les ponts et la petite bande d'en haut, et redescend par le côté gauche du billard, sans résultat comme dans le cas précédent. Il faut donc que le coup soit donné de telle sorte que la bille, ayant reçu l'impulsion nécessaire pour monter tout le long du billard à droite, arrive au milieu de la petite bande du haut, et que, descendant aussitôt, elle passe sous les petits ponts, allant tantôt à celui-ci, tantôt à celui-là; repoussée d'un côté, repoussée de l'autre, elle parvient enfin au dernier rang de ces ponts qui portent des numéros différents, plus ou moins élevés, et le joueur tient note du numéro du pont sous lequel sa bille a passé à la fin de son voyage. Le joueur suivant fait de même, et celui des joueurs qui atteint le plus tôt le nombre de points dont on est convenu d'avance gagne la partie.

Passons maintenant au grand Billard, au véritable jeu de Billard, et, si nous parlons ici de ce jeu, ce n'est que comme d'un exercice salutaire, d'un agréable passe-temps, surtout à la campagne, lorsque la pluie ne permet pas la promenade ou les jeux du dehors. Un jeune homme bien né, qui se respecte, qui sait ce qu'il doit à ses parents et ce qu'il se doit à lui-même, ne se permettra jamais d'aller jouer au billard dans les cafés et les estaminets.

La forme du meuble qu'on appelle billard est assez connue pour que nous soyons dispensés du soin de la décrire. Tout le monde sait que le billard se compose d'une table ayant en largeur la moitié de sa longueur, et portée sur des pieds de forte dimension. Le dessus de cette table dont la forme est un carré long, présente une surface parfaitement horizontale recouverte d'un drap vert qui y est exactement appliqué. Les rebords élevés qui règnent tout autour de la table s'appellent les *bandes;* les unes, celles du haut et du bas sont dites petites bandes; les autres, celles de côté, sont nommées grandes bandes. Il y a six trous appelés *blouses*, et qui sont placés quatre aux quatre coins de la table, et les deux autres au milieu des deux grandes bandes. Les instruments dont on se sert pour jouer sont aussi bien connus que la pièce principale du jeu : ce sont des billes d'ivoire et des espèces de bâtons, appelés *queues*, avec lesquels on frappe ou on pousse les billes.

Nous ne nous amuserons pas, non plus, à décrire et à expliquer en détail les diverses parties qui peuvent se jouer au Billard, ni tous les procédés qu'on peut employer pour produire des effets plus ou moins singuliers. Nous voulons simplement donner aux jeunes gens quel-

Le Billard.

ques notions sur un jeu qui peut être pour eux l'occasion d'un exercice salutaire, et ils n'ont pas besoin pour cela d'être initiés à toutes les finesses et aux tours de force qu'il faut laisser aux joueurs de profession. Nous nous bornerons à mentionner quelques-unes des parties qui se jouent le plus ordinairement.

La partie la plus simple, celle qu'on a toujours le plus ordinairement pratiquée, est désignée sous le nom de *même*. Elle se joue avec deux billes blanches et une bille rouge. La bille rouge se place sur ce qu'on appelle la *mouche* du haut : c'est une petite marque ronde très-visible, et il y en a une autre semblable au milieu du billard sur la même ligne que les blouses du milieu, et une troisième vers le bas du billard où se trouve aussi une ligne tracée d'une bande à l'autre dans toute la largeur du billard. Cette ligne, nommée *corde*, forme la limite du quartier d'en bas, et c'est de cette ligne ou même de tout l'espace compris entre la mouche et la bande du bas que les joueurs sont obligés de jouer, soit lorsqu'ils débutent, soit toutes les fois qu'ils sont envoyés au but. Dans certaines parties le but est l'espace renfermé par un demi-cercle et la ligne qui sert de limite au quartier.

La bille rouge ayant été placée, comme nous l'avons dit, sur la mouche du haut, les deux joueurs qui vont lutter ensemble prennent chacun une des deux billes blanches, et commencent par donner l'*acquit*, pour savoir à qui appartiendra le droit de commander. Donner l'acquit, c'est pousser la bille d'un seul coup de queue vers le haut du billard en jouant du but. La bille, après avoir touché la petite bande du haut, redescend vers la partie inférieure, et le joueur dont la bille s'arrête le plus près de la petite bande du bas a le droit de jouer le premier ou de faire jouer son adversaire. Pour que l'acquit soit bon, il faut que la bille dépasse les blouses du milieu. Au premier coup, après le début, on joue sur la rouge; ensuite on joue comme on veut, sur la rouge ou sur la blanche, selon les chances de gain que présente chaque coup. On appelle *faite au même* toute bille, blanche ou rouge, qui étant choquée par l'autre bille blanche, est poussée directement dans une des blouses. Toute bille blanche, envoyée dans la blouse, est comptée pour deux points, perte ou gain; la rouge vaut trois points. Le coup de quatre est celui où il y a *carambolage* et bille blanche faite en même temps; un point de plus est compté si c'est la bille rouge ; enfin le coup de sept s'exécute par un carambolage et les deux billes, rouge et blanche, faites en même temps. On appelle carambolage l'action de toucher successivement deux billes avec celle dont on joue. Lorsqu'un joueur a réussi a ramener sa bille et la rouge dans le quartier, l'adversaire ne peut toucher l'une ou l'autre qu'en frappant d'abord la petite bande du haut, c'est ce qu'on appelle *coup de bas*.

Lorsque, la rouge étant faite, une bille blanche en occupe la place sur la mouche, la rouge se met entre les deux blouses du milieu ; et si la place de la rouge devient vacante avant que cette dernière ait été dérangée, on la replace sur la mouche d'en haut. Tout manque de touche est compté pour un point. La partie se joue en vingt ou vingt-quatre points, et il n'est pas besoin de dire qu'elle est gagnée par le joueur qui a le premier atteint le chiffre convenu.

Cette partie se joue aussi à quatre, deux joueurs associés contre les deux autres également associés, chacun jouant alternativement son coup ou seulement après bille faite. Elle peut également se jouer à trois, chacun pour soi. Le premier gagnant est celui qui est plus tôt arrivé à seize ou à vingt points : les deux autres joueurs continuent la partie jusqu'à ce que l'un des deux ait fait vingt ou vingt-quatre points, selon les conventions.

Il y a encore deux autres parties qu'on joue communément, et dans lesquelles les coups sont plus difficiles : ces deux parties sont le *doublé* et le *carambolage*.

Au doublé, les billes faites au même ne comptent pas. Il faut que la bille poussée soit frappée deux fois, c'est-à-dire qu'elle ait reçu, après le coup de queue qui la pousse, un contre-coup de la bande ou d'une bille qu'elle rencontre en son chemin, pour être comptée au profit du joueur lorsqu'elle tombe dans la blouse. La plupart des règles indiquées dans la partie précédente sont applicables au doublé.

Dans la partie spécialement désignée sous le nom de carambolage, on ne compte, comme gain, que les carambolages. Les manques de touche et les pertes ne comptent pas. Le même joueur continue de jouer tant qu'il réussit à caramboler. Il doit calculer ses coups de manière à se ménager, autant que possible, un nouveau carambolage après celui qu'il vient de faire, mais de manière aussi à

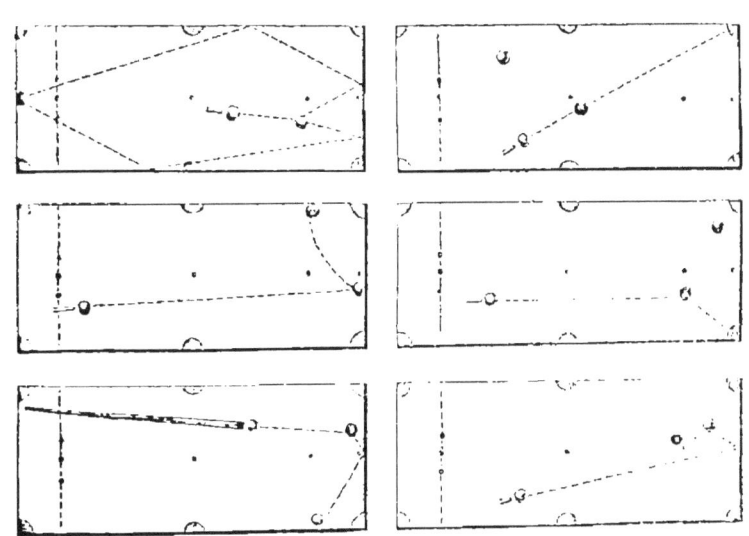

Exemples de coups.

ne pas laisser de trop belles chances à son adversaire dans le cas où il ne réussirait pas.

Nous ne pouvons pas passer sous silence la partie *russe* qui offre une agréable variété dans le jeu de billard. Cette partie se joue avec cinq billes, deux blanches pour les joueurs, une rouge, une bleue et une jaune. La bille rouge se place sur la mouche du haut, la jaune au milieu du billard et la bleue sur la mouche qui est le plus près de la bande d'où les joueurs commencent à jouer au début de la partie. Toute bille blanche faite vaut deux points et peut se faire dans toutes les blouses; la rouge et la bleue ne peuvent être faites que dans les blouses des quatre coins et valent quatre points chacune; la jaune seule vaut six points, mais elle ne compte que lorsqu'elle est faite dans les blouses du milieu. Il est bien entendu que le joueur qui fait entrer les billes rouge, bleue ou jaune dans les blouses qui ne leur sont pas spécialement destinées perd le nombre de points indiqué par chacune de ces billes. Celui qui a la main, c'est-à-dire qui joue le premier, se place autour de la bille bleue, pour donner l'acquit, et il pousse sa bille blanche de manière à la cacher derrière la bille rouge qui se trouve à l'autre extrémité du billard; mais en donnant l'acquit, il ne doit toucher aucune des billes placées, sous peine de perdre un point. Le carambolage compte pour deux points, sur quelques billes qu'il soit fait. La partie russe se joue ordinairement en trente-six points.

Nous devons enfin mentionner une partie très-intéressante à laquelle prennent part avec plaisir, surtout à la campagne, jeunes gens et jeunes personnes, dames et messieurs. Cette partie se nomme la *poule*. Lorsque le nombre des joueurs a été déterminé, on met dans un panier fait en forme de grande bouteille des petites billes de bois numérotées en nombre égal à celui des joueurs. On les agite dans le panier pour les mêler et on les distribue à la ronde une par une : c'est par ce moyen qu'on fixe l'ordre dans lequel les joueurs devront se succéder pour jouer chacun à son tour. Celui qui a le numéro 1 joue le premier, et ainsi de suite. Il ne faut à cette partie que deux billes blanches. C'est le joueur auquel est échu le numéro 1 qui doit donner l'*acquit* avec une de ces billes. L'acquit est bon, donné d'un seul coup de queue, pourvu que la bille dépasse les blouses du milieu. Le joueur peut, tant que sa bille roule, préférer la *pénitence* à son acquit; mais il ne peut plus exercer ce droit dès qu'il a laissé sa bille s'arrêter. Mettre une bille à la pénitence, c'est la placer sur la mouche la plus rapprochée de la petite bande du haut.

Lorsque le premier joueur ou le numéro 1 a donné son acquit, le numéro 2 joue sur l'acquit avec l'autre bille, le numéro 3 avec la bille de l'acquit, le numéro 4

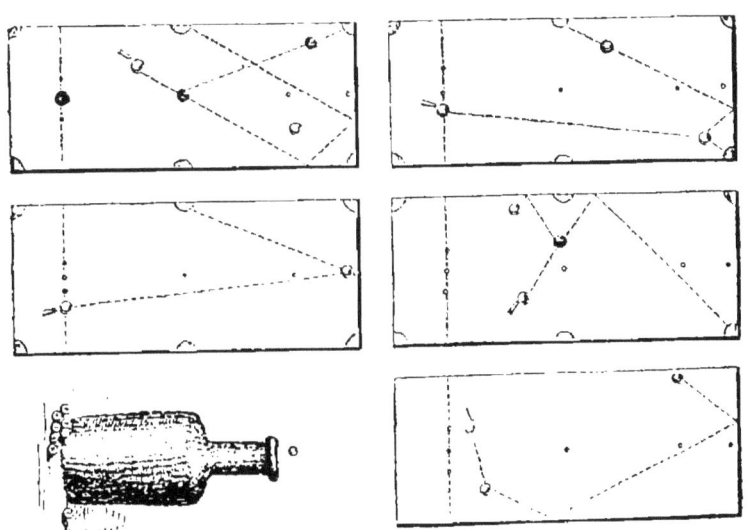

Exemples de coups.

avec la bille du numéro 2, et ainsi de suite jusqu'à ce qu'il y ait une bille faite. Après chaque bille faite par l'un des joueurs, c'est le numéro suivant qui donne l'acquit. Tout joueur dont la bille est faite ou qui manque de touche est marqué d'un point. Tout joueur qui a pris deux, trois ou quatre marques, selon les conventions établies d'avance, est par ce fait hors de jeu, il ne compte plus dans la partie; on dit alors qu'il est *mort*. Quand la plupart des joueurs ont ainsi succombé sur le champ de bataille, et qu'il n'en reste plus que deux, c'est celui qui fait bille qui doit donner l'acquit. Le dernier survivant gagne la partie ou la poule. Quelquefois on joue pour l'honneur; plus souvent on intéresse le jeu par une petite mise que chacun dépose, et la réunion de ces mises forme la poule dont le vainqueur s'empare par droit de conquête.

JEUX DE CARTES.

Il n'y a peut-être pas de question qui ait soulevé plus de controverses parmi les savants que l'origine des cartes. Toutes ces discussions intéresseraient fort peu nos jeunes lecteurs, et nous nous garderons bien d'en reproduire même la substance. Toutefois, comme il y a au fond de cette question certains détails qui méritent d'être mentionnés, et que nous cherchons toujours à nous conformer au précepte qui veut qu'on instruise en amusant, nous donnerons sur l'origine des cartes à jouer quelques courtes notions.

Les cartes à jouer sont venues de l'Orient avec les échecs. Apportées à Venise ou à Florence par les Grecs de Constantinople, elles furent introduites en France entre les années 1369 et 1397. Le premier monument écrit qui fasse mention des cartes comme existant chez nous, est un article d'un compte de Charles Poupart, argentier du roi pour l'année 1392, lequel article est ainsi conçu : « Donné à Jacquemin Gringonneur, peintre, pour trois jeux de cartes à or et à diverses couleurs, ornés de plusieurs devises, pour porter devers le seigneur roi (Charles VI) pour son esbattement (amusement), cinquante-six sols parisis. » Ce passage a donné lieu de penser que les cartes avaient été inventées pour distraire le malheureux roi Charles VI, atteint de démence. C'est une erreur. Les cartes dont il est fait ici mention ne sont point celles qui sont en usage aujourd'hui. Dessinées et peintes à la main, elles étaient semblables à celles que les

Italiens avaient imaginées pour l'amusement et l'instruction des enfants, et qu'ils appelaient *naibi*. En effet, ces cartes uniquement composées de figures représentant les divers états de la vie, les muses, les vertus, les sciences, les planètes, étaient beaucoup plus propres à distraire un esprit malade que le sept de trèfle ou le neuf de carreau, qui ne portent aucune instruction avec eux. Charles VI était comme un enfant que l'on amusait avec des images. Quelques-unes de ces anciennes cartes, parvenues jusqu'à nous, ont une longueur de 18 à 20 centimètres. Elles sont peintes avec grand soin sur un fond d'or rempli d'ornements. Quelques parties de broderies sur les vêtements sont rehaussées d'or, tandis que les armes et les armures sont couvertes d'argent. Ces cartes, qui devaient être comme les *tarots* italiens, au nombre de cinquante, étaient divisées en cinq séries ou couleurs, de dix cartes chacune. Aucune inscription, aucune lettre, aucun numéro n'indique la manière de les arranger, et il est probable qu'on les distribuait comme elles se présentaient, et qu'on laissait au hasard le soin d'amener des combinaisons plus ou moins amusantes ou instructives.

C'est au règne de Charles VII, qui monta sur le trône en 1422, qu'on rapporte généralement l'invention des

Cartes.

cartes françaises, ou du moins tout indique que c'est du temps de ce prince que les cartes à jouer sont devenues insensiblement ce qu'elles sont encore, s'il est vrai que certaines figures soient bien l'emblème des personnages historiques qu'elles sont supposées représenter. Suivant une explication assez ingénieuse, si elle n'est pas rigoureu-

sement exacte, le jeu de cartes serait l'image d'un jeu plus terrible, celui de la guerre. Les cœurs figureraient la bra-

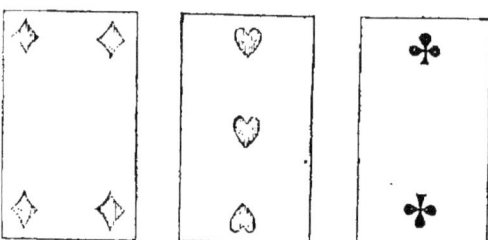

voure militaire; les piques et les carreaux, les armes dont un roi prévoyant doit tenir ses arsenaux toujours rem-

plis; les trèfles, les approvisionnements de fourrage et de vivres; enfin, les as, nom d'une monnaie romaine, les finances, qui sont le nerf de la guerre. Quant aux figures, trois des rois sont censés représenter Alexandre, César et

Charlemagne, mais le roi de pique, appelé David, serait l'emblème de Charles VII, qui fut errant et persécuté comme l'avait d'abord été le roi d'Israël. La dame de trèfle, nommée *Argine*, lequel nom est l'anagramme de *Regina* (reine), serait Marie d'Anjou, la douce et pieuse femme de Charles VII; la dame de carreau, *Rachel*, Agnès Sorel; la dame de pique, *Pallas*, l'héroïque Jeanne d'Arc; la dame de cœur, *Judith*, Isabeau de Bavière, l'indigne épouse de Charles VI. Des quatre valets ou varlets, Ogier et Lancelot sont deux preux du temps de Charlemagne, Hector de Galand et Lahire sont deux capitaines de Charles VII.

On donne une autre explication au sujet de quelques-unes de ces figures. Les quatre rois représenteraient les quatre grandes monarchies, juive, grecque, romaine et française; car Charles VII, comme successeur de Charlemagne, pouvait prétendre à l'empire d'Occident; David, Alexandre et César portaient aussi le manteau d'hermine et le sceptre fleurdelisé. Quant au valet Hector ce serait Hector de Troie, père de ce fabuleux Francus, qui passait pour le premier roi franc.

La gravure sur bois n'ayant été découverte qu'en 1423, les cartes, avant cette époque, étaient enluminées de même que les manuscrits, et elles coûtaient fort cher. Mais aussitôt que la gravure permit de reproduire à l'infini une empreinte grossière, qui créa l'imprimerie quelques années plus tard, les graveurs d'Allemagne répandirent dans toute l'Europe leurs jeux de cartes qui devinrent populaires en se vendant à bas prix. La ville d'Ulm faisait un tel commerce de cartes, qu'on les envoyait par ballots en Italie et en Sicile pour les échanger contre des épices et d'autres marchandises.

Les cartes à jouer ont eu leurs révolutions, comme toutes les choses humaines, et ont subi plusieurs transformations à différentes époques. Ainsi, le règne de Charles IX amena les valets de *chasse*, de *noblesse*, de *cour* et de *pied* pour accompagner les rois *Auguste*, *Constantin*, *Salomon* et *Clovis* et les reines ou dames *Clotilde*, *Élisabeth*, *Penthésilée* et *Didon*. Le règne de Louis XIV ne se contenta pas de ces illustrations royales, et choisit de préférence *César*, *Ninus*, *Alexandre* et *Cyrus le Grand*; *Pompéia*, *Sémiramis*, *Roxane* et *Hélène*; *Roger*, *Renaud* et *Rolland*; quant au valet de trèfle, il n'avait pas d'autre nom que celui du cartier ou fabricant des cartes. Mais la plus singulière de ces transformations date de la République française, ou les quatre dames furent supplantées par quatre vertus républicaines, les quatre valets chassés par quatre réquisitionnaires républicains, et les quatre rois détrônés par quatre figures représentant le génie de la guerre, le génie de la paix, le génie du commerce et le génie des arts. Cette réforme dans les cartes en amena une forcément dans le vocabulaire des joueurs. Ainsi, au jeu de piquet, au lieu de quinte au roi, on dut dire quinte au génie; au lieu de quatorze de dames, il fallut compter quatorze de liberté. Ce bizarre langage était peu fait pour assurer le succès des cartes nouvelles qui tombèrent bientôt avec la forme de gouvernement qui leur avait donné naissance, et les vieilles, les anciennes cartes reprirent leur place et la faveur publique qu'elles ont toujours conservée depuis et qu'elles conserveront sans doute longtemps.

Nous n'avons pas l'intention de décrire ici les jeux de cartes sérieux, qui exigent une attention soutenue et parfois même un silence absolu. Les règles du piquet et du wist intéresseraient fort peu nos jeunes lecteurs qui veulent avoir dans leurs amusements la faculté de parler et de rire tout à leur aise. Nous choisirons donc les jeux qui peuvent être pour eux un véritable passe-temps, et nous nous en tiendrons à ceux-là.

La Bataille. Commençons par le plus simple, qui est *la Bataille*. Deux joueurs sont assis en face l'un de l'autre : ils ont un jeu complet de cinquante-deux cartes. L'un d'eux prend le jeu, le mêle, et, après avoir fait couper par son camarade qui est son adversaire, il donne les cartes une à une, la première au camarade, la seconde à lui-même, la troisième au camarade, la quatrième à lui-même et ainsi de suite jusqu'à la dernière. La distribution finie, chacun prend son paquet sans déranger l'ordre des

La Bataille.

cartes, sans les regarder et les tient de la main gauche la partie blanche tournée en dessus. Alors celui qui doit jouer le premier (c'est celui qui n'a pas donné), tire de la main droite la carte de dessus et la retourne sur la table. L'autre joueur en fait autant, et la carte la plus forte emporte la plus faible : l'as est plus fort que le roi, le roi plus fort que la dame, la dame plus forte que le valet, le valet plus fort que le dix, et ainsi de suite jusqu'au deux qui est la carte la plus faible. Quand les deux joueurs retournent en même temps et placent sur la table deux cartes de même valeur, deux sept, deux dix, deux rois, deux as, il y a bataille; alors chacun d'eux retourne encore une carte, et la plus forte emporte le tout. Il arrive assez souvent que les deux joueurs retournent plusieurs fois de suite la même carte (non pas de même couleur, entendons-nous bien, mais de même valeur; la couleur ne fait rien à la chose), alors il y a deux, trois, quatre batailles consécutives, alors aussi les cœurs (ce sont les cœurs des joueurs, ne vous y trompez pas) palpitent de crainte et d'espérance; la carte se tire lentement, comme si l'on craignait de lire trop tôt son sort, car le vainqueur va faire un beau coup en enrichissant son jeu des grandes dépouilles du vaincu. La partie se continue ainsi avec des chances diverses, avec une alternative de succès et de revers, et se termine lorsque toutes les cartes du jeu de l'un des joueurs ont passé par droit de conquête dans les mains de l'adversaire.

La Loterie. Que les pères et les mères de famille se rassurent en lisant ce mot qui pourrait les effrayer! Nous savons trop bien ce que nous devons à l'enfance, à la jeunesse, pour donner dans notre livre la moindre place aux jeux de hasard. Ces jeux, nous les proscrivons tous sans pitié, et qu'il nous soit permis de dire avec un écrivain moderne : « Les jouets des enfants ne doivent donner que des plaisirs, tout au plus des leçons; ceux qui donnent des passions, il faut les laisser aux hommes. » Dieu merci! les passions n'ont rien à faire avec notre loterie, qui est fort innocente, comme on peut s'en convaincre, mais qui a le don d'amuser, et c'est là un mérite que nous recherchons. Voyons donc ce qu'elle est.

Parmi les jeux de cartes inventés pour l'amusement de la jeunesse, la Loterie a toujours et aura longtemps le privilége d'intéresser les enfants. Elle a, en outre, l'avantage de réunir autour d'une même table la famille entière, père, mère, frères et sœurs, cousins et cousines. C'est ordinairement la mère de famille qui fait les frais des enjeux ou des mises, enjeux qui jouissent d'une singulière estime auprès de nos jeunes joueurs : ce sont de bonnes et charmantes sucreries habillées de papiers aux riches couleurs, des macarons appétissants, des petits-fours aux formes variées et tous d'un goût exquis. Comprenez-vous maintenant l'intérêt que va prendre à ce jeu notre jeune et joyeuse société? Déjà chacun a pris place autour de la table. Sur la table sont deux jeux de cartes complets. Une personne de la société prend un de ces jeux, et le tenant des deux mains pour le développer en éventail, fait tirer cinq cartes l'une après l'autre et prises au hasard. Ces cinq cartes sont discrètement placées sur la table, la face blanche en dessus, quatre un peu espacées et formant un carré, la cinquième au milieu du carré. Alors la mère de famille prend dans une corbeille qu'elle tient en réserve un superbe bonbon qu'elle place sur la carte du milieu : c'est le gros lot. Trois autres cartes sont couvertes chacune d'un lot moins riche, et enfin la quatrième carte reçoit une mise de moindre valeur : c'est le petit lot.

Ces dispositions terminées, la même personne de tout à l'heure prend l'autre jeu complet et en distribue les cartes à la ronde, une par une, de manière que chaque joueur ait le même nombre. Quand, après le dernier tour, il y a de reste une, deux ou trois cartes, on peut les faire tirer au sort pour savoir à qui elles appartiendront, ou bien on les abandonne généreusement aux plus jeunes membres de la société. Chacun range ses cartes à découvert sur la table devant soi, et attend. Alors on reprend le premier jeu, celui dont on a déjà extrait les cinq cartes qui portent les lots, et on retourne successivement une à une les cartes de ce jeu, en les nommant à haute voix et en les plaçant sur la table où elles forment un seul tas. A mesure qu'une de ces cartes est retournée et nommée, le joueur qui a dans son jeu la carte pareille l'en retire et la place sur la table, et toutes les cartes ainsi retirées peu à peu forment un autre tas. Il arrive un moment, moment bien désiré, où, toutes les cartes du premier jeu étant épuisées, il reste encore nécessairement dans le jeu de quelques joueurs privilégiés cinq cartes qui doivent être pareilles à celles qu'on a couvertes avec les enjeux. Il faut maintenant les découvrir, mais non pas toutes à la fois. Commençons par une, celle du petit lot, par exemple : ce sera, je suppose, le dix de cœur; le joueur qui possède cette carte s'empare du petit lot, qui n'est pas à dédaigner, tout petit qu'il est, car il n'y en a pas autant pour tout le monde. On retourne ensuite successivement, soit la carte du milieu qui porte le gros lot, soit les trois autres cartes qui doivent indiquer à qui appartiendront les lots moyens, et les heureux possesseurs des cartes pareilles croquent le lot qui leur revient.

Eh bien! enfants, dit le papa, êtes-vous disposés à faire une seconde partie ? — Très-volontiers, répondent les enfants d'une voix unanime. La partie est bientôt organisée; de nouveaux enjeux, aussi beaux, aussi intéressants que les premiers, sont placés sur la table; on distribue les cartes à la ronde, et chacun, en les recevant, espère bien avoir le gros lot en partage.

Le Vingt-et-un ou la Banque. Qu'on ne prenne pas le Vingt-et-un en plus mauvaise part que la Loterie. Ce n'est pas ici un jeu de cartes particulier avec ses règles et ses combinaisons; c'est un simple passe-temps de famille, dans lequel les cartes jouent un rôle aussi innocent que dans la loterie, et si nous parlons du vingt-et-un transformé en jeu de banque, c'est parce qu'il a le don d'amuser les enfants à peu de frais, et qu'il permet à un assez grand nombre d'acteurs de tout âge de prendre part à cet amusement.

Tous les joueurs se placent autour d'une table ; sur la table est un seul jeu de cartes complet, et une corbeille ou boîte qui contient bon nombre de jetons et un nombre de fiches moins considérable. On donne une certaine valeur à ces jetons et à ces fiches ; on convient, par exemple, que chaque jeton vaudra un demi-centime et que chaque fiche vaudra dix jetons. La distribution commence. Chacun des joueurs recevra, je suppose, dix jetons et une fiche, et déposera dans une petite corbeille destinée à cet usage sa mise, qui sera conséquemment de dix centimes ou deux sous. Cela fait, on tire au sort pour savoir quel est celui qui sera banquier au premier tour. Ensuite chaque joueur, le banquier excepté, place devant soi et en évidence ce qu'il veut hasarder, son enjeu, un, deux, trois jetons, plus ou moins. Le banquier prend le jeu, mêle, fait couper par son voisin de gauche, et distribue les cartes une à une en commençant par son voisin de droite. Il fait ainsi deux tours, c'est-à-dire que chaque joueur reçoit deux cartes. Toutes les cartes, à l'exception de l'as, ont leur valeur nominale : ainsi le roi, la dame et le valet valent dix ; l'as vaut un point ou onze points au choix du joueur.

C'est le joueur qui est placé immédiatement à la droite du banquier qui a le premier la parole. S'il est content de son jeu, parce que les points réunis de ses deux cartes se rapprochent assez du point de vingt et un, il dit : *Je m'y tiens*, et alors c'est au joueur qui vient après à prendre la parole. Dans le cas contraire, c'est-à-dire si le premier joueur n'est pas content de son jeu, il *demande carte*. Le banquier lui donne une carte à découvert. Le joueur peut encore s'y tenir ou bien demander carte une ou plusieurs fois de suite, suivant qu'il juge cela nécessaire pour arriver au point de vingt et un, comptant à chaque fois, suivant son intérêt, les as qu'il a dans son jeu, pour un point ou pour onze points. Si la dernière carte qu'il a demandée fait qu'il y a dans son jeu un nombre de points plus élevé que vingt et un, il dit : *Je crève*, et il donne au banquier l'enjeu qu'il a devant lui. Alors le joueur suivant parle à son tour, et ce sont toujours les mêmes demandes et les mêmes réponses. Le banquier parle le dernier ; il est, comme les autres, libre de s'y tenir ou de se donner une ou plusieurs cartes successivement. S'il crève, il paye à chaque joueur qui n'a pas crevé, le nombre de jetons que ce joueur a mis devant lui. S'il s'y tient, il abat son jeu, et tous les joueurs qui n'ont pas crevé, abattent le leur : alors il paye à chaque joueur qui a un point supérieur au sien un nombre de jetons proportionné à la mise de chacun, et il reçoit au contraire la mise de tous ceux qui ont un point inférieur au sien. A égalité de points, le coup est nul entre le banquier et le joueur ou les joueurs qui ont le même point : dans ce cas on se *paye* mutuellement en *cartes*, c'est-à-dire qu'on ne se donne rien.

Quand un joueur a vingt et un du premier coup, c'est-à-dire quand les deux cartes qu'il reçoit dans la distribution générale sont un *as* et un *dix*, ou un *as* et une figure (roi, dame ou valet), c'est ce qu'on appelle *vingt et un d'emblée* : il abat aussitôt son jeu, et le banquier lui paye sur-le-champ le double de la mise que ce joueur avait placée devant lui. Il en est de même à l'égard du banquier : s'il a vingt et un d'emblée, tous les joueurs lui payent le double de leur mise. Toutefois, il reste bien entendu que dans le cas où le banquier et un ou plusieurs joueurs auraient en même temps vingt et un d'emblée, ils se payeraient réciproquement en cartes. Le même joueur continue de tenir la banque jusqu'à ce qu'il ait épuisé les cinquante-deux cartes du jeu qu'il distribue. Lorsqu'il ne lui reste plus assez de cartes dans les mains pour faire un tour complet, il distribue d'abord celles qu'il a ; ensuite il prend une poignée de celles qui ont été déjà données dans les coups précédents, mêle, fait couper et achève la tournée. Au coup suivant, c'est le premier joueur placé à droite qui sera banquier, et qui procédera de la même manière que son prédécesseur.

Lorsqu'un joueur a perdu tout ce qu'il avait devant lui, jetons et fiches, il peut ne plus jouer et rester simple spectateur, ou bien rentrer immédiatement dans le jeu en prenant une nouvelle mise de dix centimes, ou en achetant seulement pour cinq centimes de jetons chez un voisin heureux et riche. Souvent ainsi on relève ses affaires et on regagne ce qu'on a perdu ; mais il y a le revers de la médaille, on s'expose également et aussi souvent à perdre double mise.

La partie peut se prolonger jusqu'à ce que chaque joueur ait été banquier à son tour, ou finir plus tôt si c'est le vœu exprimé par la majorité des joueurs. La partie terminée, il faut procéder au partage de l'argent mis en réserve, et c'est ordinairement le personnage le plus raisonnable de la société qui est chargé de faire cette distribution. Chacun compte ses richesses, c'est-à-dire ses jetons et ses fiches, et doit recevoir, d'après les conventions établies, cinq centimes pour chaque fiche et autant de fois cinq centimes qu'il a de fois dix jetons. S'il y a quelques difficultés, les comptes se règlent toujours à l'amiable. Ainsi, lorsqu'un joueur ne possède que huit ou neuf jetons, et qu'un autre joueur en a onze ou douze, ils recevront chacun cinq centimes, sans qu'on fasse attention à cette petite différence. Mais si ces deux mêmes joueurs possèdent chacun cinq jetons, comme il est assez difficile de partager un sou en deux, et qu'il est assez rare d'avoir à sa disposition assez de centimes pour faire les appoints, on laisse aux cartes le soin de décider à qui le sou reviendra, et on convient qu'il appartiendra à celui qui aura la plus belle carte ou qui, avec deux cartes données, approchera le plus du point de vingt et un.

Il y a encore une espèce de vingt-et-un, qu'on appelle le *vingt-et-un en poste*, et qui se joue de deux manières : 1° le banquier au lieu de donner à chaque joueur deux cartes à couvert, les donne à découvert ; 2° le banquier ne donne à chaque joueur qu'une carte à découvert, et le tapis compte toujours pour dix ; de sorte que le joueur qui reçoit un as a vingt et un d'emblée. Dans ces deux manières de jouer, on ne demande point carte. Celui qui a vingt et un ou le point le plus près de vingt et un gagne.

Le Trente-et-un n'est qu'une variété du Vingt-et-un, et se joue de la même manière ; seulement au lieu de deux cartes on en donne trois à chaque joueur.

QUATRIÈME PARTIE.

Avec cette quatrième partie nous passons à des jeux ou, pour mieux dire, à des exercices dont les uns, tels que la gymnastique et la natation conviennent généralement à tous les âges, aux enfants comme aux jeunes gens; tandis que d'autres, tels que l'équitation et l'escrime, qui ne sont pas d'un usage aussi général, sont plutôt destinés à la jeunesse qu'à l'enfance. Pour ne pas dépasser les limites que nous nous sommes imposées, nous ne prendrons de chacun de ces exercices que ce qui peut convenablement entrer dans le cadre de notre livre; on ne doit pas s'attendre à y trouver des traités spéciaux. Après la gymnastique, la natation, l'équitation et l'escrime dont nous parlerons successivement, en donnant à chacun de ces parties une place proportionnée à l'importance que nous lui accordons, nous dirons quelques mots de l'arc, de l'arbalète, de la fronde, du patin et du bâton.

GYMNASTIQUE.

La gymnastique était regardée par les anciens comme si importante, que cette branche de l'éducation de la jeunesse occupait à elle seule plus de temps et recevait plus de soins que toutes les autres ensemble; et tandis que celles-ci finissaient nécessairement par ne plus être cultivées, la gymnastique n'était jamais abandonnée : elle appartenait à tous les âges, et on se contentait seulement, à mesure que l'on avançait dans la vie, de choisir des exercices plus calmes et moins fatigants, en laissant à l'enfance et à la jeunesse ceux qui demandaient le plus de force et d'agilité. Les anciens, et plus particulièrement les Grecs, semblent avoir été pénétrés de cette idée, que la santé de l'esprit ne va pas sans la santé du corps, et que pour conserver celle-ci dans un état parfaitement satisfaisant, nul moyen n'est plus efficace qu'un exercice sagement réglé.

Les exercices gymnastiques avaient lieu dans des établissements publics appelés *gymnases*, et placés sous la surveillance et la direction de maîtres et d'officiers particuliers dont le premier en dignité portait le titre de gymnasiarque ou chef du gymnase. Ces exercices étaient de deux sortes : de simples jeux, tels que la balle, la paume et la toupie ou des luttes pareilles à celles qu'on donnait en spectacle dans les solennités publiques, c'est-à-dire la course, le jet du disque ou du palet, le saut qui s'exécutait les mains tantôt libres tantôt chargées de poids plus ou moins considérables ; la lutte corps à corps ; enfin le pugilat, dans lequel les adversaires avaient les mains armées de gantelets de cuir.

Rome continua les traditions gymnastiques de la Grèce, sans adopter toutefois l'organisation de ses gymnases, la méthode régulière et les procédés systématiques de ses exercices. Les Romains mettaient, il est vrai, un soin considérable à développer et à fortifier le corps ; mais tous leurs exercices avaient pour but de former des hommes propres à la guerre. Tarquin l'Ancien fit construire le premier cirque où la jeunesse romaine se livra aux travaux de la gymnastique. Avant ce roi, les exercices avaient lieu dans une vaste enceinte fermée d'un côté par le Tibre et de l'autre par une palissade. C'est à l'habitude de la gymnastique et des fatigues de chaque jour renouvelées, que le soldat romain dut les grandes qualités qui le rendirent si longtemps victorieux.

Les exercices du corps conservèrent toute leur importance jusqu'à l'invention de la poudre à canon. Dans le moyen âge, les joutes, les tournois, les carrousels étaient de vrais jeux gymnastiques ; mais, lorsque la poudre à canon eut été découverte, les armes pesantes et compliquées devenant inutiles, les exercices du corps furent abandonnés, du moins en très-grande partie. Aujourd'hui la gymnastique a pris, dans l'éducation de la jeunesse, la place qui lui est due, et on a réuni dans un corps d'enseignement pratique les exercices propres à développer la force et la souplesse. Outre les heureux effets que ces exercices produisent sur la santé des jeunes gens, ils leur inspirent de la confiance dans certaines positions difficiles, et, en leur donnant la conscience de leurs propres forces, les aident à se tirer d'un danger ou à porter secours à leurs semblables.

La gymnastique, telle qu'elle est pratiquée aujourd'hui dans les établissements publics, dans les lycées, dans les colléges, ne se propose pas de faire des athlètes ou d'enseigner aux jeunes gens à exécuter des tours de force. Nous ne pouvons mieux faire que de citer à ce sujet quelques passages du remarquable rapport de M. Bérard[1]. « Quelques personnes disent : « Nous ne voulons pas « faire de notre fils un athlète. » Que ces personnes se rassurent, ce n'est pas la gymnastique athlétique qu'il s'agit d'inaugurer dans les lycées. Il n'a pas fallu venir jusqu'à notre temps pour voir critiquer cette pratique vicieuse. Elle était déjà condamnée à une époque où l'on décernait des couronnes à ceux qui avaient terrassé leurs

1. Président de la Commission chargée de faire un rapport au Ministre de l'instruction publique sur l'enseignement de la gymnastique dans les lycées.

adversaires dans les jeux publics. Les hommes les plus éminents de l'antiquité avaient compris qu'un développement excessif des forces corporelles n'était pas le cachet d'une constitution vigoureuse, et qu'il ne s'obtenait qu'aux dépens des facultés de l'âme. L'illustre Platon disait de ceux qui s'adonnaient à la pratique exclusive des exercices corporels, qu'ils vivaient dans l'ignorance et la grossièreté, sans grâce et sans politesse.

« Tous les exercices qui ressemblent à des tours de force doivent être sérieusement proscrits. Pour beaucoup de gens le mot *gymnastique* éveille l'idée de pratiques difficiles et dangereuses, d'accidents de toutes sortes, de contusions, de chutes, de membres foulés ou luxés, etc. Rien de tout cela n'est à craindre avec le soin qu'on a pris de faire un choix d'exercices bien appropriés à l'âge et à la force des enfants, et d'éliminer tous ceux qui pouvaient être inutiles ou dangereux. C'est ainsi qu'on ne permet pas cet exercice trop scabreux, qui consiste à marcher sur des piquets plantés dans le sol ; c'est ainsi qu'on ne veut pas que des élèves, montés sur des poutres, simulent des chutes ; il serait à craindre que l'imitation ne devînt quelquefois trop parfaite. On n'enseigne pas, non plus, aux élèves à escalader des murailles, soit en s'accrochant à leurs inégalités, soit en dressant près d'elles une sorte de pyramide vivante, composée de plusieurs étages d'hommes se tenant debout sur les épaules les uns des autres. Outre qu'un pareil exercice expose aux chutes, et à des chutes graves, l'art de l'escalade, pratiqué dans les lycées et les écoles, pourrait peut-être recevoir des applications prématurées. Enfin quelques autres exercices, tels que les rencontres de deux élèves sur une poutre, les différentes espèces de luttes, deux à deux, doivent être bannis de l'enseignement donné à la jeunesse, parce que dans ces rencontres les élèves pourraient s'entraîner dans une chute commune et que les luttes finiraient peut-être par tourner au sérieux. »

Les exercices gymnastiques peuvent être rangés dans trois catégories distinctes : 1° les exercices qui sont faits sans le secours d'aucun instrument, d'aucune machine ; 2° les exercices qui se font à l'aide d'instruments portatifs ; 3° les exercices qui ne sont exécutables qu'avec des machines fixes. Nous donnerons quelques détails sur chacun de ces trois genres d'exercices.

Exercices faits sans le secours d'aucun instrument. Avant tout, il importe, dans les exercices gymnastiques, de donner aux enfants de bonnes habitudes. Ils doivent donc apprendre dès le principe à bien tenir le corps et à s'affermir dans ce qu'on appelle la *première position :* les talons sur la même ligne et rapprochés autant que possible, les pieds un peu ouverts, les jambes tendues sans roideur, le corps d'aplomb sur les hanches, les épaules effacées et tombantes,

Première position.

les bras allongés près du corps, les poings fermés sans contraction, les ongles tournés en avant, la tête droite, les yeux fixés devant soi. Lorsqu'ils sont bien affermis dans cette position, on leur fait exécuter quelques mouvements élémentaires, tels que le mouvement de tête à droite ou à gauche, le mouvement alternatif de la tête à droite et à gauche, le renversement de la tête en avant et en arrière, qui habituent peu à peu le cerveau à supporter de petites secousses sans qu'il en soit péniblement affecté.

Il y a un grand nombre d'exercices qui s'exécutent sur place, et qui ont pour but d'assouplir les jambes et les bras. Il suffira d'en citer quelques-uns. Ainsi, pour les mouvements des jambes ou des extrémités inférieures exécutés au moyen du pas ordinaire gymnastique sur place, partez du pied gauche, levez le genou le plus haut possible; pendant le mouvement, la partie de la jambe comprise entre le genou et le cou-de-pied est verticalement placée, la pointe du pied baissée; reposez le pied à terre à la position que vous venez de quitter; exécutez avec la jambe droite le même mouvement que celui qui a été décrit pour la jambe gauche. Cet exercice s'exécute alternativement des deux jambes, d'abord lentement, puis avec des vitesses graduées et plus ou moins prolongées. Pendant cet exercice, la tête reste droite, le corps un peu penché en avant, les bras pendants, les poings fermés.

Mouvement des extrémités inférieures.

Pour les mouvements des bras ou des extrémités supérieures, portez le plus haut possible les poignets fermés au-dessus de la tête, les doigts se faisant face; ensuite baissez-les vivement en les pliant à l'articulation du coude et en leur donnant une impulsion qui s'arrête sur le côté de la cuisse, et continuez ainsi les mêmes mouvements. Pour faire mouvoir horizontalement les bras, placez les poignets, les ongles en dessus, à la hauteur des coudes, en fléchissant le bras à la saignée, et conservez entre les poignets la distance de la largeur des épaules. Alors lancez avec force les poignets en avant, puis reportez les coudes en arrière, et continuez ainsi ce mouvement.

Enfin le mouvement alternatif et continu des bras allongés s'exécute de la manière suivante : portez d'abord le bras droit tendu en arrière du corps, le poing fermé ; levez alors en avant, et avec force, le bras tendu, et faites-le tourner parallèlement au corps, en décrivant le plus grand cercle possible avec le poignet, sans jamais plier le bras et en allant le plus vite possible. Après avoir exécuté ce mouvement un certain nombre de fois de suite, en commençant à lancer le bras en avant, répétez-le autant de fois en lançant les bras en arrière. C'est absolument le même mouvement fait dans le sens contraire. Le bras gauche exécutera à son tour les mêmes exercices.

Les exercices pyrrhiques ont encore pour but d'assouplir et de fortifier les jambes et les bras. S'il s'agit de porter les extrémités droites en avant, il faut se fendre droit, devant soi, de la jambe droite en avant, en allongeant vigoureusement le bras droit du même côté, les poings fermés, la jambe droite pliée, la jambe gauche tendue, ainsi que le bras gauche, le poignet gauche détaché de la cuisse, le pouce en l'air, la tête bien droite. Alors on ramène les extrémités droites en arrière, de manière que le talon droit se reporte près du milieu du pied gauche, et que l'avant-bras droit soit près des fausses côtes, le plus en arrière possible. Mais comme on ne ramène pas entièrement le corps en équilibre sur la jambe gauche, on se fend encore tout de suite en avant, comme il a été déjà dit, en lançant vigoureusement le poignet et la jambe droite en avant. Cet exercice se fait, d'après les mêmes principes, avec les extrémités gauches en avant.

La flexion des extrémités inférieures est un exercice très-utile. Pour vous mettre en position, rapprochez la pointe des pieds à 5 ou 6 centimètres d'écartement et placez en même temps les mains sur les hanches, les quatre doigts en avant, le pouce en arrière. Ensuite abaissez le corps, en fléchissant sur les jarrets, les genoux réunis. Le premier mouvement de flexion doit être peu prononcé, le deuxième un peu plus ample, et enfin le troisième et le quatrième auront le plus d'extension possible et de manière à faire toucher le haut des cuisses sur les talons. Ce mouvement est suivi d'un mouvement d'extension et se continue de la même manière. Pendant cet exercice, le corps reste, autant que possible, verticalement placé, la tête droite.

Flexion des extrémités.

Les Sauts. On peut sauter de bien des manières : nous n'indiquerons que les plus importantes, c'est-à-dire celles qui sont le plus habituellement pratiquées dans les exercices gymnastiques et dont on trouve si souvent l'application dans les diverses circonstances de la vie. Tels sont le saut en largeur ou horizontal, le saut en profondeur ou vertical, enfin le saut en hauteur.

Saut en largeur.

Saut en largeur. Pour le saut en largeur, à pieds joints et sans élan, l'élève rapproche d'abord les pointes des pieds; puis il fait une légère flexion des extrémités inférieures et jette les poignets en avant, à la hauteur et à la largeur des épaules, dans la direction que le corps doit parcourir, et il se redresse. Il répète une seconde et une troisième fois le même mouvement, mais la dernière fois, il appuie fortement sur la pointe des pieds, et, par un mouvement subit et vigoureux d'extension des bras et des jambes, il franchit l'espace, et tombe le plus loin possible sur la pointe des pieds. Il importe beaucoup de fléchir les jambes au moment où les pieds commencent à toucher terre, afin d'amortir la secousse produite par le poids du corps retombant sur lui-même. Cela fait, l'élève se redresse sans effort et replace les bras à leur position naturelle. Dans cet exercice, les élèves doivent s'habituer dans le principe à franchir des espaces peu considérables, afin de conserver l'équilibre du corps et d'acquérir peu à peu la souplesse. Des efforts exagérés n'auraient que de mauvais résultats.

Saut en profondeur. Le saut en profondeur est un des exercices les plus utiles et en même temps les plus difficiles, et qui ne serait pas sans danger s'il était fait sans précaution. Il doit être d'abord exécuté à des hauteurs peu élevées, très-rapprochées et très-graduées. En principe général, on ne doit sauter d'une plus grande hauteur que quand on a sauté d'une manière parfaite la distance inférieure. Voici comment cet exercice s'exécute : une fois placé à la hauteur d'où vous devez sauter, fermez les poignets, rapprochez les pointes des pieds et

Saut en profondeur.

mettez-les en saillie à quelques centimètres. Ensuite fléchissez sur les extrémités inférieures en portant en même temps les poignets le plus haut possible. Exécutez encore deux fois le même mouvement. A la troisième fois, les pieds, en glissant, quittent le point d'appui : vous parcourez l'espace en élevant les poignets en raison inverse de la descente du corps; pendant le trajet, les jambes sont en ligne droite avec le corps pour exécuter un mouvement de flexion au moment même où les pointes des pieds touchent le sol. A ce moment, l'élévation des poignets est arrivée à sa plus grande hauteur; vous fléchissez sur toutes les articulations des membres inférieurs, pour vous redresser sans secousse.

Saut en hauteur. Pour le saut en hauteur, il faut fermer les poignets et rapprocher les pointes des pieds; puis fléchir sur les extrémités inférieures et jeter les poignets à la largeur des épaules dans la direction du trajet qu'on doit parcourir. Après avoir fait deux ou trois fois ce mouvement, on exécute ce qui a été déjà indiqué pour le saut en largeur. La force du mouvement d'extension des jambes sera toujours vive et subite et proportionnée à la hauteur qui doit être franchie.

Saut en hauteur.

La Marche et la Course. La marche est le plus simple et le plus naturel des exercices du corps. Marcher, c'est déterminer une succession alternative des mouvements des extrémités inférieures : la pointe du pied est légèrement baissée et un peu tournée en dehors, les jarrets sont tendus sans roideur ; le corps est immobile et la partie supérieure un peu penchée en avant; les bras tombent naturellement sans contraction des muscles ; le bras droit se porte en avant avec la jambe gauche, et il en est de même du bras gauche par rapport à la jambe droite. Dans la marche régulière les pas doivent être égaux en longueur et en vitesse : quant à la vitesse, elle peut être portée graduellement de soixante-dix ou quatre-vingts pas à cent dix ou cent vingt pas par minute. Pour marcher en arrière, il faut incliner un peu en arrière la partie supérieure du corps, en conservant l'immobilité des épaules et de la tête. Le corps doit se porter sur la jambe droite; le pied gauche se lève, et, se portant en arrière, arrive à terre la pointe en bas. On doit éviter de croiser les jambes.

Le pas gymnastique exige beaucoup plus de force et de souplesse que le pas ordinaire simple. Il s'exécute en levant la jambe et la cuisse de manière que la cuisse soit tout à fait horizontale et la jambe verticale, la pointe du pied tenue très-basse. Le pas gymnastique est difficile et pénible dans les commencements, mais bientôt, avec l'habitude, il ne fatigue pas plus que le pas ordinaire, et il exerce plus complétement les muscles.

Exécutée sur des plans inclinés, la marche exige une action musculaire plus considérable que lorsqu'elle a lieu sur un sol horizontal. Si l'on monte, l'effort s'opère dans un sens directement opposé à la tendance générale des corps graves; le corps est fortement courbé, le haut du tronc porté en avant; l'action des muscles de la jambe et de la cuisse est considérable; la circulation du sang et la respiration sont bientôt accélérées par la violence des contractions musculaires. Si l'on descend, au contraire, l'effort consiste à retenir le corps qui tend à tomber en avant; et c'est pour modérer la propension qu'il éprouve à projeter en avant son centre de gravité que le corps est porté en arrière, les genoux un peu fléchis, les talons appuyant sur la terre et les pas beaucoup plus courts; il faut, en un mot, contracter tous les muscles des extrémités inférieures, et assimiler, pour ainsi dire, les jambes à ces bâtons dont les voyageurs font usage pour parcourir les pays montagneux. La marche n'agit pas seulement par les contractions qu'elle imprime à un grand nombre de muscles, elle exerce encore la plus douce influence sur tous les organes et sur les fonctions qu'ils exécutent.

« La course est un exercice très-important, et un des plus difficiles à soutenir s'il s'agit de franchir rapidement une grande distance. Elle n'est cependant qu'un mouvement très-naturel appliqué aux jambes et aidé d'une volonté ferme qui puisse le maintenir durant plus ou moins de temps[1]. »

Aussi ce qui fatigue le plus dans la course, ce n'est pas précisément le mouvement des jambes. Une fois qu'on est lancé, le corps, se trouvant porté en avant en vertu de la force acquise par la course, les jambes n'ont, pour ainsi dire, pas autre chose à faire qu'à maintenir l'équilibre et à empêcher le corps de tomber, comme cela arrive assez ordinairement si le pied ou la jambe se heurte contre quelque objet. La plus grande difficulté à vaincre, dans les mouvements précipités et longtemps soutenus d'une course, c'est d'habituer la poitrine à supporter l'exercice violent auquel elle est soumise. Quand on court, un air toujours nouveau afflue dans les poumons, le sang circule plus vite, la respiration devient plus fréquente, la chaleur augmente rapidement, la sueur ne tarde pas à couvrir le corps et annonce la fatigue et l'épuisement. Mais, en s'exerçant par degrés, on ne tarde pas à s'accoutumer à cette surabondance d'air : au bout de peu de temps, les serrements de poitrine et d'estomac disparaissent presque toujours, et si l'on a su ménager ses forces en commençant, si l'on s'est habitué à faire des pas bien réguliers, on arrive très-promptement à franchir à la course des distances considérables.

Voici quelques principes qui peuvent être facilement mis en pratique dans l'exercice de la course. Les avant-

---

[1]. M. Laisné, *Gymnastique pratique*.

bras, et plus encore les poignets, se portent légèrement et alternativement en avant, de manière que le bras gauche accomplisse son mouvement avec le pied droit, et le bras droit avec le pied gauche. Le talon ne doit pas ou doit à peine toucher le sol, afin de donner au pas la légèreté et l'élasticité nécessaires; le corps, incliné en avant, progresse sans faire aucun mouvement; la tête est droite. Enfin les rapports les plus parfaits doivent exister dans les mouvements des extrémités supérieures et inférieures.

Les courses, et surtout les courses dites *de vélocité*,

La Course.

dans lesquelles il s'agit de parcourir avec la vitesse la plus accélérée une distance déterminée, sont des exercices qui exigent qu'on y procède d'une manière très-progressive et très-sage, tant pour la durée que pour la vitesse. Elles demandent aussi certaines précautions qui ne doivent jamais être négligées. « Je recommande expressément, dit un habile professeur de gymnastique[1], de ne jamais entreprendre de ces longues courses, si l'on ne doit pas, immédiatement après, rentrer dans une chambre ou un appartement bien fermé, à l'abri des courants d'air. Il faut pouvoir changer de chemise et remplacer, au besoin, tous les vêtements, afin d'éviter une foule de petites indispositions qui se produisent généralement quand on garde du linge mouillé sur soi. Les élèves qui se livreront à ces courses devront être

---

1. M. Laisné.

habillés légèrement. Ils auront une chaussure qui n'ait rien de gênant. Ils devront, en outre, être munis d'une ceinture qui soutiendra les reins et le bas-ventre. Ils auront soin de ne pas trop se serrer, afin d'être complétement libres de tous leurs mouvements. Enfin, les longues courses ne devront avoir lieu que trois ou quatre heures au moins après le repas et par une bonne température. »

Nous avons déjà vu de quelle manière s'exécutent les sauts sans élan : mais on peut sauter aussi en courant, et voici comment se fait cet exercice. L'élève prend la position préparatoire à la course, telle qu'elle a été indiquée, part vivement au pas de course, et arrive au point qu'il doit franchir : alors il quitte le sol en le pressant vigoureusement avec le pied qui, au point de départ, se trouve en avant ; il jette en même temps les poignets à la hauteur des épaules et dans la direction du trajet à parcourir, franchit l'espace, arrive sur le sol en fléchissant les membres inférieurs, et se redresse. Ces principes, posés pour le saut en largeur, s'appliquent également au saut en hauteur, avec cette différence que, dans le second cas, l'impulsion des poignets doit être donnée dans le sens que le corps doit parcourir pour franchir l'obstacle.

Il y a deux règles essentielles à observer dans le saut avec élan. Lorsqu'on s'élance, il faut employer toute sa vigueur pour faire un bond aussi grand que possible; lorsqu'on s'est élancé, il faut employer toute sa vigueur pour tomber aussi doucement que possible. Si l'on se laisse retomber sur les talons, tout le corps reçoit une secousse souvent très-pénible; le cerveau va choquer contre les os qui l'environnent, et il peut en résulter des maux de tête prolongés. Si l'on se laisse retomber sur le bout du pied et que la chaussure soit un peu courte ou trop flexible, on peut se fouler les orteils d'une façon fort douloureuse. Il faut donc s'arranger de manière à retomber sur la plante des pieds voisine des orteils, et ne laisser toucher le talon qu'après. Quand on saute en largeur seulement, on tombe quelquefois en avant, surtout si le terrain est inégal. C'est qu'alors on n'a pas sauté assez haut. Il faut toujours s'élancer de manière qu'au moment où on retombe, le pied puisse poser carrément sur le sol. Si l'on ne saute pas assez haut, on se trouve dans le cas de ces pierres qu'on s'amuse quelquefois à lancer en effleurant l'eau, et qui s'en vont faisant des ricochets. Mais les ricochets n'ont rien d'agréable pour celui qui saute, et on risque fort de se relever avec une bosse au front ou des écorchures aux mains.

EXERCICES FAITS A L'AIDE D'INSTRUMENTS PORTATIFS.

Parmi les exercices gymnastiques qu'on peut exécuter au moyen d'instruments portatifs, nous choisirons ceux qui nous paraissent les plus propres à donner au corps de la souplesse et de la vigueur : tels sont les sauts à la perche, le maniement des haltères et des mils, le jet de la barre de fer.

Sauts à la perche. La perche dont on se sert pour sauter doit être en bois de frêne bien sain ; elle sera arrondie, et sa longueur sera proportionnée à la taille de l'élève et à l'espace qu'il doit franchir.

Il convient de s'exercer d'abord à sauter sans élan. A cet effet on fixe le bout inférieur de la perche devant soi, sur le sol, à une distance qui sera graduellement augmentée comme les efforts qu'on a à faire. Puis on saisit la perche avec les deux mains placées l'une auprès de l'autre, un peu au-dessus de la tête ; on s'enlève bien également sur les deux pieds, en tirant sur les bras de manière qu'ils soient raccourcis quand le corps arrive de l'autre côté de la perche ; on se pousse le plus loin possible en avant en appuyant sur la perche, qu'on lâche aussitôt, et on tombe à terre d'après les principes déjà indiqués.

Pour sauter en largeur, avec élan, on se place à une certaine distance de l'espace qui doit être franchi, et, après avoir saisi la perche de la main droite au-dessus de la tête, le pouce en l'air, et de la main gauche à peu près à hauteur de la cuisse, le pouce en bas, on s'élance en courant et en tenant en avant l'extrémité inférieure de la perche. Arrivé à la limite du fossé ou de l'espace quelconque qu'on doit franchir, on pique la perche en avant ; puis, par un mouvement de flexion et d'extension subit et violent des extrémités inférieures, on doit élever le corps en faisant effort avec les mains sur la perche, tourner par la droite vers la gauche, franchir l'espace, le corps étant à peu près dans une position horizontale, et arriver à terre en fléchissant sur les articulations des extrémités inférieures. Plus la distance à franchir est grande, plus il faut prendre de longueur de perche, en sorte que le rayon de la perche soit en raison de la largeur qu'il y a à franchir. On doit faire cet exercice en sautant d'abord une petite distance, qui sera augmentée graduellement.

Le Saut à la perche.

Les Haltères. Les Haltères ont été employés dès les

premiers temps de la gymnastique chez les peuples de l'antiquité. Deux masses de fer, ordinairement sphériques, réunies par une partie étranglée que la main embrasse facilement, constituent les haltères, au moyen desquels on peut exécuter une foule d'exercices très-variés.

Le plus simple de ces exercices consiste à élever alternativement les haltères en avant jusqu'à hauteur des épaules. A cet effet, on tient d'abord les haltères dans les mains près des cuisses, en restant un moment dans cette position. Ensuite on lève l'haltère devant soi sans secousse, en pliant le bras droit, jusqu'à ce qu'il soit arrivé à hauteur de l'épaule droite, et on le ramène aussitôt sans secousse à la première position. On fait le même exercice, d'après les mêmes principes, avec le bras gauche.

Les Haltères.

Pour élever simultanément les haltères en avant jusqu'à hauteur des épaules, on tient ces instruments comme il a été dit ci-dessus, c'est-à-dire dans les mains, près des cuisses. On les lève alors en avant en faisant effort des deux bras à la fois, jusqu'à ce que les haltères soient à hauteur des épaules ; puis on les laisse aussitôt redescendre sans secousse à leur première position.

Voici encore quelques exercices qui ont une analogie marquée avec ceux qui viennent d'être décrits. Élever alternativement et simultanément les haltères vers la droite et vers la gauche jusqu'à la hauteur des épaules ; élever alternativement et simultanément les haltères à la hauteur des épaules, et tendre les bras devant soi en les dirigeant en haut; enfin, tenir les haltères à bras tendus le plus horizontalement possible.

Les Mils. Les exercices des Mils sont d'une date plus récente que les haltères, du moins en Europe, où ils ont été importés par un colonel anglais, qui les avait vu pratiquer dans les gymnases militaires de Perse.

« Ces exercices s'exécutent des deux mains alternativement, et parfois simultanément, avec deux instruments qui ont toute la forme d'une massue conique, et qu'en persan on appelle *mil*. Ils développent surtout la force musculaire des bras et des épaules, font saillir la poitrine en avant et fortifient tout particulièrement la main et le poignet. Ils ont, de plus, l'avantage inappréciable, lorsqu'on les pratique longtemps, de rendre ambidextre, c'est-à-dire de rendre la main gauche aussi vigoureuse, aussi habile, aussi apte à tous les mouvements que la main droite. Du reste, ils conviennent à toutes les professions, aux hommes comme aux femmes, aux jeunes garçons comme aux jeunes filles. Rien n'est plus gracieux lorsqu'ils sont bien exécutés; ils font contracter un maintien régulier, une station que ne donnent souvent pas d'autres exercices spécialement destinés à procurer, dit-on, de la grâce et de la tournure [1]. »

Avant de se livrer à l'exercice des mils, il est bon d'exécuter quelques mouvements sans instruments, afin que les muscles ne soient pas trop péniblement affectés des secousses qu'ils auront à recevoir. On devra en outre se débarrasser d'une partie de ses vêtements, ôter sa cravate, ses bretelles, son gilet, et mettre une ceinture pour être complétement libre de ses mouvements.

Les exercices les plus simples consistent à porter le mil à l'épaule, tantôt avec le bras droit, tantôt avec le

---

1. M. d'Argy.

bras gauche; à porter le mil en arrière et en avant; à le porter en dehors à droite, et en dedans à gauche. Puis viennent des exercices plus difficiles. Ainsi on fait mouvoir alternativement les mils autour du corps, en les saisissant d'abord par la poignée, et en les plaçant sans secousse parallèlement aux jambes, les bras bien allongés sans roideur, les mils ne faisant qu'une ligne droite avec eux. Ensuite on enlève le mil droit, sans secousse, devant et près du corps, en le dirigeant vers l'épaule gauche, jusqu'à ce que l'avant-bras droit passe par-dessus la tête, le mil restant toujours dans une position verticale; on continue de faire passer le mil derrière le corps, en le ramenant vers l'épaule droite et en le laissant descendre progressivement vers la terre. On répète le même mouvement avec le mil gauche, en commençant à l'enlever vers la droite, bien entendu. Dans les commencements, on doit faire tous les mouvements avec lenteur; mais, une fois qu'on sera bien familiarisé avec cet exercice, on l'exécutera sans interruption et sans secousse, aussi vite qu'on le pourra, en ayant soin toutefois qu'il y ait toujours un mil qui descende pendant que l'autre monte.

Les Mils.

Enfin, deux autres exercices qui, comme ce dernier, ont pour objet d'exercer non-seulement les bras mais aussi la poitrine, consistent, l'un à élever les mils verticalement en l'air par un jet alternatif, l'autre à les porter à bras tendus.

La Barre de fer. Voici encore un exercice qui se prête au développement de toutes les parties du corps, et que les Basques pratiquent, dit-on, avec une adresse et une force merveilleuses. Cet exercice consiste à lancer la barre les bras ouverts, et plusieurs concurrents peuvent se réunir pour lutter ensemble et savoir à qui appartiendra le prix de la victoire. Il est bien entendu que le poids de la barre sera toujours proportionné à la force de ceux qui doivent la manier : de plus, comme la prudence le commande, chaque concurrent viendra à son tour accomplir les mouvements et les exercices convenus, et, surtout, il ne doit y avoir personne devant lui, de peur d'accident.

Voici donc ce que chacun des concurrents aura à faire, en suivant les conseils que nous empruntons au traité de gymnastique pratique de M. Laisné. Il saisira la barre de fer par le milieu avec la main droite; il se fendra du pied gauche en avant, de manière à être solidement posé sur la jambe gauche; il tendra le bras droit de toute sa longueur en arrière, la barre restant dans une position verticale, le bras gauche un peu porté en avant et également tendu. De cette position, il portera, avec un peu de force, en avant, la barre droite devant lui, en lui faisant parcourir un demi-cercle horizontal et la maintenant toujours verticalement. Il reportera ensuite, sans mouvements brusques, la barre en arrière à la première position, et de là, une seconde fois en avant. Enfin, il la reportera une dernière fois en arrière, et il la lancera, cette fois, de toute sa force, en la lâchant au moment

La Barre de fer.

où elle arrive devant lui, de manière à ce qu'elle parcoure la distance en conservant une position verticale, et qu'elle tombe debout à terre. La plus grande difficulté de ce mouvement consiste à maintenir la barre dans une position verticale, lorsqu'elle est lancée, tout en cherchant à lui faire franchir le plus grand espace possible.

EXERCICES FAITS A L'AIDE DE MACHINES FIXES.

Les exercices gymnastiques qu'on peut exécuter avec les machines fixes sont aussi nombreux que variés. La description détaillée de tous ces exercices appartient aux traités spéciaux. Quant à nous, il nous suffira de choisir ceux qui sont le plus habituellement pratiqués avec les barres de suspension, les échelles, les cordes, les barres parallèles et les trapèzes.

Les Barres de suspension. Les exercices des barres de suspension sont très-utiles, à cause du développement considérable qu'ils donnent aux forces musculaires de la poitrine. Avec de la persévérance et une sage gradation, ils produisent toujours les meilleurs résultats. L'exercice le plus simple consiste à se suspendre par les mains simultanément et alternativement, c'est-à-dire d'abord par les deux mains en même temps, ensuite par la main droite seule et par la main

Les Barres de suspension.

gauche seule, les bras et le corps étant toujours bien

allongés, les pieds réunis, les jambes pendantes et la tête droite.

Voici l'énumération de quelques autres exercices qui s'exécutent au moyen des barres de suspension : Élever la tête au-dessus de la barre, en employant la force des bras; se suspendre par le pli du bras et par les plis du bras et de la jambe; se suspendre par les mains et marcher vers la gauche ou vers la droite, une main après l'autre; se suspendre par les mains et marcher à droite et à gauche par saccades; se suspendre par les mains et avancer par brassées; se rétablir sur la barre en s'y accrochant, soit par une jambe et par les deux bras, soit par une jambe et par les avant-bras, soit enfin par la force des avant-bras seulement, simultanément d'abord, alternativement ensuite.

Les Échelles. Les premiers exercices qu'on fait au moyen des échelles de bois n'offrent pas de difficultés sérieuses, et consistent à monter et à descendre à l'aide des pieds et des mains, en faisant face à l'échelle; à monter et à descendre à l'aide des pieds et des mains, en tournant le dos à l'échelle. Puis viennent des exercices un peu plus difficiles : il s'agit, par exemple, de monter par devant à l'aide des pieds seulement, et de descendre en se laissant glisser le long des montants. Pour exécuter cet exercice, il faut, après s'être placé devant l'échelle en y faisant face, poser le pied gauche sur le premier échelon, sans mettre les mains à l'échelle; pencher un peu le haut du corps en avant, et élever les bras en les pliant, pour protéger l'équilibre du corps. Cette position une fois prise, on élève le corps en redressant la jambe gauche; on porte vivement le pied droit sur l'échelon supérieur, et on continue ainsi jusqu'au haut de l'échelle. Une fois arrivé là, il faut saisir fortement les montants avec les mains, en pliant un peu les bras, et porter la face intérieure du pied droit en dehors et contre le montant droit, et celle du pied gauche contre le montant gauche. Dès que les pieds sont placés de cette manière, on les laisse glisser le long des montants, en résistant de la main et du bras gauche. On descend en même temps la main droite d'une distance moyenne, et on la fixe aussitôt au montant pour qu'elle résiste à son tour, pendant que la gauche descend et va se fixer un peu plus bas. On continue ainsi jusqu'au bas de l'échelle, en laissant continuellement glisser les pieds le long des montants, et en serrant l'échelle entre les pieds le plus qu'on peut, afin de soulager les bras.

L'Échelle.

Les principaux et les meilleurs exercices qui peuvent encore être exécutés progressivement sont les suivants : Monter aux échelons et les descendre, en plaçant les mains l'une après l'autre sur le même échelon ; monter aux échelons et les descendre, en plaçant les mains l'une après l'autre sur un échelon différent ; monter aux échelons et les descendre par saccades ; monter et descendre par les deux montants par saccades ; enfin passer du devant de l'échelle par derrière, et réciproquement.

Les Cordes et les Perches ou petits Mâts. Indiquons d'abord la manière de grimper à une corde à nœuds et d'en descendre. Il faut saisir la corde le plus haut possible, les mains l'une au-dessous de l'autre et réunies ; on élève le corps en faisant effort sur les bras, les talons réunis et les jambes pendantes ; les pointes des pieds s'ouvrent à la rencontre de chacun des nœuds, sur lesquels on prend, avec les pieds, un point d'appui ; on saisit ensuite la corde avec les mains à un point plus élevé. Ces mouvements alternatifs des pieds et des mains déterminent l'ascension du corps jusqu'à l'extrémité de la corde. Pendant cet exercice, on doit éviter les secousses et les saccades. On descend de la corde à nœuds d'après les principes inverses.

Monter à la corde.

La corde lisse, soit pour monter soit pour descendre, offre un peu plus de difficultés que la corde à nœuds. Il faut enlacer la corde avec la jambe droite en la faisant passer en dehors et de droite à gauche, et de manière que la corde, en contournant la jambe, presse le mollet et s'appuie sur le cou-de-pied ; on serre fortement la corde en plaçant la plante du pied gauche sur le cou-de-pied droit, pour prendre un point d'appui au moyen duquel on puisse saisir avec les mains la corde à un point plus haut ; on élève de nouveau le corps en faisant effort sur les bras et en laissant glisser la corde entre les jambes, et enfin on serre de nouveau la corde avec les pieds. Ces mouvements alternatifs des pieds et des mains déterminent l'ascension du corps jusqu'à l'extrémité de la corde. Pour descendre on laisse glisser la corde entre les pieds, en portant alternativement les mains l'une au-dessous de l'autre.

Pour monter au mât, on doit le saisir, le plus haut

possible, des mains, les bras tendus, le corps bien droit ; raccourcir la jambe droite devant le mât en le serrant avec les genoux en dedans et le pied en dehors ; placer la jambe gauche en raccourci derrière le mât en le serrant fortement, et monter en élevant le corps et en faisant effort des bras. Pour descendre, il faut placer les mains alternativement à la hauteur de la ceinture, et on se laisse glisser doucement jusqu'à terre.

On suivra les mêmes principes pour monter à une perche vacillante et en descendre. On montera par deux perches à la fois en s'aidant alternativement de chaque bras et en tirant sur chacun d'eux ; on tiendra les jambes jointes et le corps droit ; on aura soin d'avoir les pointes des pieds baissées, ce qui amortit la chute, si on se laisse tomber. On descendra par les mêmes principes.

Monter au mât.

Les Barres parallèles. L'emploi des Barres parallèles est un des principaux exercices de la gymnastique et l'un des plus féconds en bons résultats : il développe surtout la force des bras et de la poitrine. Dans un premier exercice, le plus simple de tous, on place les mains sur les barres, les pouces en dedans, les doigts réunis sur les faces extérieures, les pieds également bien réunis à terre. Alors on fait effort des bras, on appuie fortement sur les mains, et on s'enlève sur elles, en protégeant ce mouvement par un très-petit élan des pieds sur le sol. Une fois enlevé, on se tient fortement sur les bras, tout le corps bien droit et la pointe des pieds baissée, et l'on se maintient à cette position le plus de temps possible. Un second exercice consiste à prendre cette même position, à fléchir les bras, les jambes restant réunies et un peu pliées en arrière, sans que les pieds touchent le sol, à se relever par la force des bras, à fléchir de nouveau, à se relever encore, pour continuer les mêmes mouvements tant que les forces le permettent.

Les Barres parallèles.

Voici quelques autres exercices qu'il suffit d'indiquer : Se porter en avant ou en arrière sur les barres par un mouvement alternatif des mains ; se porter en avant ou en arrière par saccades; balancer les jambes en avant et en arrière; porter les jambes en avant ou en arrière, tantôt sur la barre droite, tantôt sur la barre gauche; se lancer

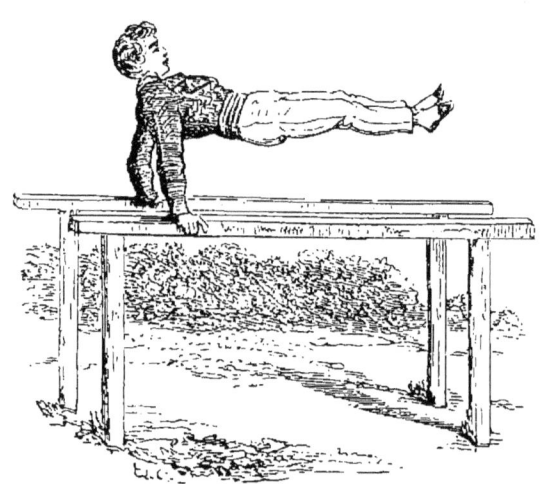

Franchir les barres parallèles.

à terre en avant ou en arrière, vers la droite ou vers la gauche.

Enfin il y a un exercice plus difficile, dans lequel il s'agit de franchir les barres en trois temps, par le mouvement des jambes. A cet effet, il faut placer les deux mains sur les barres, dresser la tête, lancer les jambes assemblées en avant, les lancer en arrière, les lancer encore en avant, les passer par-dessus la barre en remplaçant la main droite par la gauche, et tomber sur la pointe des pieds en faisant un mouvement de flexion. On répète le même exercice à gauche.

Le Trapèze. Le Trapèze est peut-être la plus simple et la plus utile des machines employées dans la gymnastique. « Les exercices qu'on y peut faire offrent une série de mouvements très-importants par l'influence considérable qu'ils ont sur le développement de tous les muscles de la poitrine. Ils contribuent en même temps à fortifier les poignets et les épaules; ils habituent à se tenir la tête en bas sans être incommodé ni éprouver aucun étourdissement. »

Exercice du Trapèze.

Nous nous bornerons à décrire les trois exercices suivants : 1° Se placer au-dessous du trapèze, les jambes bien assemblées; élever les deux mains, saisir le bâton à la largeur des épaules, s'enlever en raccourcissant les bras, et placer le menton à la hauteur du bâton en renversant la tête en arrière et en faisant faire une courbe au corps. L'estomac se trouve alors sur le bâton, les bras sont tendus : on renverse les mains l'une après l'autre, on baisse la tête, on fait un tour sur soi-même, et on retombe doucement sur les pieds.

2° Se placer au-dessous du trapèze, saisir le bâton, comme précédemment, en plaçant les mains à l'écartement des épaules; puis élever un peu le corps par la force des bras, de manière à faire quitter le sol aux pieds : de là, retirer fortement les épaules en arrière, et élever les jambes pliées en avant jusqu'à ce qu'elles viennent passer entre les bras et le bâton du trapèze, qui reste au-dessus, et en allongeant successivement les bras pour faciliter le passage; enfin, continuer de faire descendre les jambes, et les déployer en arrière autant qu'on le pourra. Après s'être maintenu un moment dans cette position, on lâchera simultanément les mains, et on tombera doucement à terre, en portant aussitôt les bras en avant.

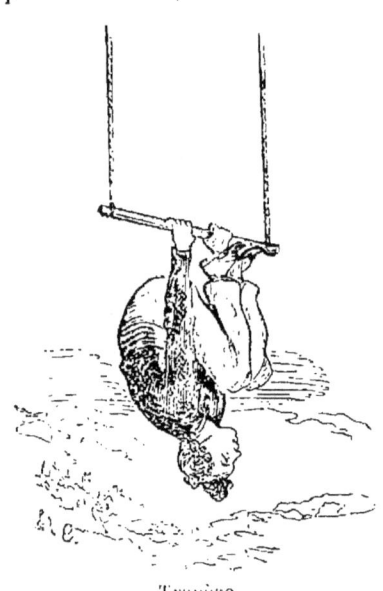

Trapèze.

3° Monter d'abord sur le trapèze comme il a été dit, et y prendre la position du premier exercice. Une fois placé sur l'estomac, tendre les bras dans toute leur longueur et saisir la corde avec la main droite; en tirant sur le bras droit, tourner le corps avec souplesse pour s'asseoir sur le bâton. Remplacer la main droite par la main gauche, en saisissant l'autre corde avec la main droite et en penchant le haut du corps en arrière; laisser glisser le bâton jusqu'aux jarrets, les mains glissant également le long des cordes jusqu'au bâton ; alors renverser le corps en arrière, en lui donnant le plus de développement possible, les pieds toujours réunis, et lâcher le bâton des deux mains. Quand cette position sera bien marquée, il faut résister des jarrets, relever le corps en avant, saisir le bâton et déployer tout le corps en arrière, jusqu'à ce qu'il se trouve à la position indiquée pour le second exercice. Là, on résiste fortement avec le poignet qui doit le retenir, et on lâche l'autre main. Alors le corps fait naturellement un demi-tour sur le poignet qui le retient suspendu, et l'autre main revient immédiatement se fixer à la même place où elle était avant de lâcher ; le corps se retrouve donc suspendu par les deux mains dans une position naturelle. Alors on fait de nouveaux efforts des bras ; on élève les jambes en avant pour repasser le corps par-dessus le bâton, et on descend de l'autre côté sans mouvements brusques, pour tomber à terre avec souplesse.

Le Trapèze.

La Course volante. Nous terminerons la description des exercices gymnastiques par quelques mots sur la Course volante, qui s'exécute au moyen d'une machine appelée *vindas*. Cette machine consiste en un grand mât au sommet duquel est adaptée une tête qui se meut dans une direction horizontale. Deux longues cordes partent de la tête ou de l'axe, et à leur extrémité inférieure est fixée une poignée en fer.

Deux enfants prennent chacun de la main droite une des poignées en fer, et s'éloignent vers leur gauche jusqu'à ce que les cordes soient tout à fait tendues ainsi que les bras, le corps étant bien droit, la jambe droite en avant et la gauche en arrière ainsi que le bras gauche. Les enfants étant diamétralement opposés l'un à l'autre, ils se concertent pour partir ensemble du pied gauche, et ils commencent à se lancer en augmentant successivement la vitesse. Ils doivent chercher à conserver toujours la même distance entre eux, en tirant fortement sur le bras droit, et en posant bien les pieds à terre successivement sans les frapper.

La Course volante.

La Course volante s'exécute de diverses manières : vers la gauche, en tenant la poignée dans la main droite et la corde dans la main gauche, les bras étant raccourcis; vers la droite, en tenant la poignée dans la main gauche et la corde dans la droite; vers la gauche ou vers la droite, en tenant la poignée d'une main, la corde de l'autre, et en faisant autant de tours qu'on le peut sans toucher la terre avec les pieds.

Règles à observer. Il y a quelques règles à observer et

certaines précautions à prendre dans l'emploi des exercices que la gymnastique enseigne. Les heures les plus convenables pour ces divers exercices sont celles de la première ou de la seconde partie de la journée. Immédiatement après les repas, ils pourraient troubler la digestion. Le soir, au moment où l'on va se coucher, ils pourraient avoir pour résultat de troubler le sommeil. On peut craindre quelquefois de prendre trop d'exercice ou de n'en prendre pas assez. Un signe infaillible et très-simple de la mesure exacte dans laquelle il faut donner l'exercice à chaque enfant, c'est l'appétit. Si l'appétit est bon, si les digestions se font bien, on ne fait pas trop d'exercice. Mais si l'appétit diminue, il faut se modérer; c'est une preuve que l'exercice s'est changé en fatigue.

Une autre règle non moins importante, et qui s'applique à chaque exercice en particulier et à tous les exercices d'une séance en général, c'est de ne jamais employer toute sa force en commençant et en finissant. On doit procéder comme le musicien qui exécute un point d'orgue : commencer faiblement, augmenter peu à peu l'action, de manière à produire le suprême effort; puis se modérer graduellement pour finir comme on a commencé. Cette précaution est également utile pour éviter les refroidissements subits. On ne doit pas craindre de se mettre en sueur vers le milieu de la séance, l'exercice que l'on fait empêchera tout fâcheux résultat; mais il faut éviter de se trouver en sueur vers la fin. Dans tous les cas, il convient de changer de vêtements, qu'on ait d'ailleurs agi en plein air ou à couvert.

Tous les vêtements que l'on porte, quand on s'exerce, doivent être larges et légers; il faut proscrire tous ceux qui pourraient, en quoi que ce soit, gêner les mouvements. On doit aussi avoir le soin de ne pas garder dans ses poches des couteaux, des canifs, des toupies ou autres objets qui pourraient causer quelque accident. Une ceinture est souvent utile; elle protège la partie du corps la moins osseuse, et la préserve contre les mouvements maladroits et les fausses positions qu'on est exposé à prendre.

Pendant ou après les exercices, on doit se garder de se coucher sur la terre, de se laver le visage et de boire, surtout de l'eau froide. Enfin il ne faut pas oublier qu'une fois les exercices finis, il est indispensable de se bien vêtir et de ne pas rester immobile, à moins que l'on ne se trouve dans un lieu chaud et bien fermé. L'oubli de ces précautions, l'infraction à ces règles de prudence, peut être la cause des plus graves accidents.

LA NATATION.

La Natation occupe une place importante parmi les exercices qui font partie de l'éducation; elle exerce une action bienfaisante sur le corps, dont elle entretient la force, la souplesse et la santé. La natation était tenue en singulière estime chez les anciens : les Romains jugeaient cet exercice si nécessaire, qu'ils le mettaient en parallèle avec les belles-lettres; et on disait proverbialement d'un homme dont l'éducation avait été négligée : *Neque litteras didicit neque natare*[1].

Les principes de la natation peuvent être démontrés et s'apprendre hors de l'eau comme tout autre exercice gymnastique. Voici ce que dit à ce sujet M. Bérard, dans le rapport que nous avons déjà cité : « Il paraîtra surprenant peut-être que la natation soit placée au nombre des exercices qui seront démontrés dans les lycées. On s'étonnera davantage en apprenant que la natation aura

---

1. Il n'a appris ni les belles-lettres ni la natation.

lieu dans l'air beaucoup plus que dans l'eau. Ce ne sera pas une innovation cependant. Nulle partie de la gymnastique n'est plus méthodiquement enseignée que celle-là dans les écoles militaires. Chacun des temps de la natation y est l'objet d'une étude spéciale. On y fait d'abord l'éducation des bras, puis celle des jambes. On y coordonne ensuite les contractions de chaque bras avec celles de la jambe correspondante, jusqu'à ce qu'enfin, cou-

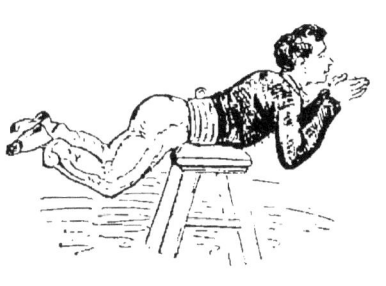

La Natation (fig. 1).

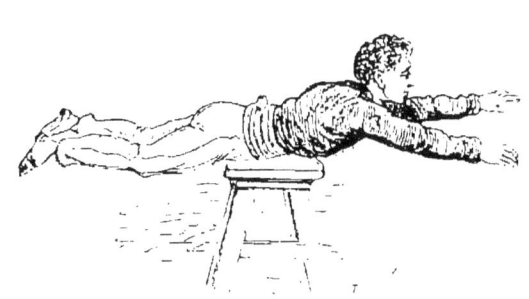

La Natation (fig. 2).

ché à plat ventre sur un chevalet, l'élève exécute de ses quatre membres à la fois les mouvements de la natation. J'avoue qu'à un premier examen je n'aurais été que médiocrement rassuré sur les effets de cette façon de nager *par raison démonstrative;* et j'aurais craint que, jeté à l'eau, le nageur présumé ne se trouvât pas suffisamment en garde contre cet élément; mais l'expérience a été faite, et elle a été décisive. Trente-six sous-officiers, qui n'avaient nagé *que dans l'air*, ont été amenés au bord de la Marne. «Vous savez nager,» leur a-t-on dit : ceux-ci ne semblaient pas très-convaincus de la chose. Cependant ils entrent dans la rivière. Dix-neuf d'entre eux nagent à l'instant; pour les autres, le résultat désiré ne s'est pas fait attendre au delà de la deuxième séance[1]. »

La faculté de se mouvoir dans l'eau n'est pas naturelle à l'homme comme à la plupart des animaux; il ne nage pas instinctivement : son organisation est contraire à ce genre de locomotion; la situation horizontale ne lui convient que pour le repos; sa pesanteur spécifique l'entraîne au-dessous de la surface du liquide, où il ne peut plus respirer; son intelligence, en outre, lui fait apprécier un danger dont la crainte suffit pour paralyser ses forces. Il faut qu'il apprenne à se familiariser avec l'eau et à maîtriser toutes ses dispositions défavorables à la natation. Différents modes sont usités pour faciliter cet apprentissage : on se sert tour à tour d'une botte de joncs sur laquelle on appuie la poitrine, de deux vessies remplies d'air ou de larges pièces de liége réunies autour du corps par un cordon. Il y a des personnes qui n'approuvent pas l'emploi de ces moyens auxiliaires : ils ont cependant l'avantage, en soutenant le corps, de laisser à l'apprenti la liberté d'exercer ses membres et de s'habituer aux mouvements qui sont les conditions principales de la natation. Ces soutiens, seulement, ne doivent pas enhardir au point de perdre pied dans une eau profonde; car ils peuvent accidentellement se détacher du corps.

Voici quelques conseils que nous empruntons aux écrits du célèbre Franklin. Le seul obstacle aux progrès dans l'art si utile de la natation, c'est la crainte, et ce

---

[1]. Les hommes qui font leur début dans la rivière sont attachés à une longue corde portant à son autre extrémité un gros morceau de liége qui flotte. Il serait donc toujours facile de ramener à la surface un homme qui se serait laissé couler sous l'eau. Ce système est bien supérieur à celui qui consiste à suspendre le débutant au bout d'une perche.

n'est qu'en surmontant cette crainte que vous pouvez devenir maître d'observer les instructions suivantes. Il est très-ordinaire à ceux qui sont encore novices dans l'art de nager de se servir de soutiens de différentes sortes, pour aider le corps à rester sur l'eau ; mais vous ne saurez nager qu'autant que vous aurez confiance dans le pouvoir qu'a l'eau de vous supporter, et, pour acquérir cette confiance, on peut employer un moyen dont l'expérience a plus d'une fois justifié l'utilité ; ce moyen est celui-ci : Choisissez un endroit où l'eau s'approfondit graduellement ; marchez tranquillement dedans jusqu'à ce qu'elle arrive à la poitrine ; tournez alors votre figure vers le bord, et jetez un œuf dans l'eau entre vous et le bord ; il tombera au fond, et vous le verrez aisément, si l'eau est claire. Il doit être assez profondément jeté pour que vous ne puissiez aller le chercher qu'en plongeant. Pour vous encourager, réfléchissez que vous passerez d'une eau profonde à une eau basse ; et qu'en tout temps vous pouvez, en poussant vos jambes sous vous, et vous appuyant sur le fond, élever votre tête fort au-dessus de l'eau ; plongez les yeux ouverts, et tenez-les ouverts avant de plonger. Comme vous ne pouvez ouvrir les paupières, à cause du poids de l'eau qui est au-dessus de vous, il est nécessaire qu'ils soient ouverts d'avance pour vous jeter vers l'œuf, et vous efforcer, par l'action de vos mains et de vos pieds contre l'eau, d'avancer jusqu'à sa portée. Dans cet effort, vous trouvez que l'eau vous pousse en haut contre votre volonté, et qu'il n'est pas si facile d'enfoncer que vous le croyiez, et que vous ne pouvez que par une force active attraper l'œuf. Ainsi, vous sentez le pouvoir qu'a l'eau de vous supporter, et vous apprenez à vous confier à ce pouvoir. Pendant que vous vous efforcez de le surmonter pour atteindre l'œuf, apprenez-vous la manière d'agir sur l'eau avec vos pieds et vos mains, moyen dont on se sert ensuite en nageant pour soutenir la tête à la surface de l'eau ou pour avancer au travers.

Vous devez d'autant mieux essayer cette méthode, que, bien qu'il soit facile de vous démontrer que vous pourriez flotter assez longtemps sur l'eau en conservant votre bouche libre pour respirer, si vous vous mettiez dans une position convenable sans vous débattre; cependant, jusqu'à ce que vous ayez acquis cette confiance expérimentale, on ne peut pas espérer que vous ayez assez de présence d'esprit pour vous rappeler cette position et les avis qui vous sont donnés à ce sujet. La surprise peut vous faire tout oublier. Apprenez donc à nager, comme il serait à désirer que tous les hommes l'apprissent dès leur jeunesse; ils seraient d'autant plus en sûreté qu'ils auraient ce talent, et, en outre, d'autant plus heureux qu'ils seraient libres des appréhensions pénibles du danger, pour ne rien dire du plaisir que procure un exercice si bon et si agréable.

Nous allons maintenant passer en revue les différentes manières de nager, et ensuite nous compléterons ce que nous avons à dire sur la natation, en donnant quelques préceptes et quelques règles de conduite que l'expérience a sanctionnés.

La Brasse. La Brasse consiste à imiter les mouvements de la grenouille, et c'est ce qu'on appelle *nager en grenouille*. Vous êtes dans l'eau jusqu'à hauteur des épaules; placez les bras près du corps, les paumes des mains et les doigts réunis, les pouces en l'air; inclinez lentement le haut du corps en avant, en tenant la tête droite. Aussitôt que vos pieds ont quitté le sol, portez les talons l'un contre l'autre près de l'extrémité supérieure des cuisses; puis, par un mouvement simultané et violent, les mains se portent en avant et les pieds en arrière. Les bras se tendent à hauteur des épaules; les mains s'écartent à plat, les doigts joints, et décrivent une courbe en s'enfonçant un peu dans l'eau, puis reviennent à leur

La Brasse.

première position. Les jambes se tendent par la projection vive et simultanée des pieds. On répète ces mêmes mouvements à intervalles égaux, sans se presser : il faut, comme on dit, se hâter lentement.

La Planche. Cette manière de nager est très-simple et très-utile ; elle donne le moyen de se reposer et d'éviter d'être enlacé par les herbes. Penchez doucement le

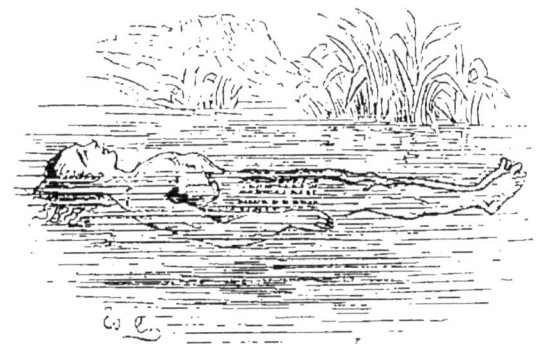

La Planche.

haut du corps en arrière, puis projetez-le à la surface de l'eau, le corps et les jambes en ligne droite ; la figure, la poitrine et la pointe des pieds sortent de l'eau ; les bras sont placés sur les côtés et près du corps. On progresse en faisant mouvoir les bras comme des rames, et en même temps les pieds, comme il a été expliqué pour la brasse. Quand on veut changer de position et nager sur le ventre, il faut lever une jambe en dehors, embrasser l'eau avec l'autre, et on se retournera du côté où la jambe saisira l'eau par le mouvement.

La Coupe. Il faut un concours d'efforts assez considérables pour nager ainsi ; mais, de toutes les manières de

La Coupe.

progresser dans l'eau, c'est celle qui donne la plus grande vitesse. Couchez-vous sur le ventre, jetez en le sortant de l'eau le bras droit tendu en avant, pliez les dernières phalanges des doigts, de manière que la main forme une cavité ; en même temps, exécutez avec les pieds le mouvement indiqué pour la brasse ; enfoncez la main dans l'eau en la faisant passer rapidement le long et près de la poitrine, puis laissez-la aller en arrière du corps. Ces mouvements du bras droit et des jambes ayant reçu toute leur amplitude, et le corps commençant à s'enfoncer dans l'eau, exécutez avec le bras gauche ce qui vient d'être indiqué pour le bras droit. Pendant le mouvement alternatif des bras, le corps se penche à droite pendant la projection en avant du bras droit, et à gauche pendant la projection en avant du bras gauche.

Les trois modes de natation que nous venons de décrire sont le principe de toutes les manières de nager, qui peuvent être variées à l'infini ; nous nous bornerons à en indiquer quelques-unes.

Nager en chien. Cette manière de nager est la plus naturelle : pour l'exécuter, il faut imiter les mouvements du chien, c'est-à-dire qu'il faut faire sortir alternative-

Nager en chien.

ment hors de l'eau les mains et les pieds, la main droite fonctionnant avec le pied gauche et la main gauche avec le pied droit. Les mains doivent être poussées, la paume en bas, un peu sur la surface de l'eau ; quand elles approchent de la poitrine on les élève, et l'eau est attirée ou repoussée par le nageur.

Nager sur le côté. Il y a des circonstances où il peut être utile, lorsqu'on nage, de ne pas perdre de vue les bords de la rivière ; à cet effet, on se met soit sur le côté droit soit sur le côté gauche. Lorsque vous nagerez en grenouille, si vous voulez nager sur le côté gauche, tournez la tête à droite, chassez avec force l'eau avec la main droite, que vous rapprocherez ensuite près de la poitrine, pour

Nager de côté.

exécuter encore le même mouvement. Quand vous tournez sur le côté droit, c'est la main gauche qui fait l'office d'aviron. Les pieds agissent comme d'habitude.

Nager les bras hors de l'eau. Il faut exécuter les mê-

Nager les bras hors de l'eau.

mes mouvements que pour nager en grenouille, en se penchant sur le flanc gauche et en sortant la main droite hors de l'eau. Il faut en même temps, pour suppléer à l'inaction du bras droit qui est hors de l'eau, que la force d'impulsion des jambes soit plus grande. On sortira la main gauche de l'eau par les mouvements inverses. Il est important de s'exercer à nager ainsi sans que la main placée hors de l'eau soit chargée; mais, lorsqu'on aura acquis assez d'habitude, il faudra saisir différents objets dont le poids sera graduellement augmenté ainsi que la difficulté de les porter. C'est ainsi que des nageurs traversent une rivière en nageant d'une main, en portant de l'autre leurs habits élevés au-dessus de l'eau.

Plonger. Si l'on ne se livrait à l'exercice de la natation

Plonger (fig. 1).

que pour son amusement et même pour sa santé, il ne serait pas indispensable de savoir plonger; mais, comme le but qu'on doit se proposer en apprenant à nager est de pouvoir, quelle que soit la circonstance où l'on se trouve, sauver sa vie ou celle des autres, il faut contracter d'avance l'habitude de s'élancer dans l'eau et de s'y enfoncer sans s'effrayer ni s'étourdir. Avec cette habitude, soit que vous tombiez par hasard dans une rivière, soit que l'on vous y précipite pour vous perdre, soit enfin que vous vouliez au secours de quelqu'un, il est presque impossible que vous ne vous tiriez pas d'affaire.

Pour apprendre à plonger, choisissez un endroit où vous ayez de l'eau jusqu'aux genoux, asseyez-vous et tendez les bras à une personne qui sera debout vis-à-vis de vous les jambes écartées, afin de laisser aux vôtres, qui seront jointes, la facilité de se placer entre les siennes : elle vous tiendra les poignets, tandis que vous vous inclinerez en arrière. Dès que l'eau aura couvert votre visage, elle vous remettra sur votre séant. Il faut répéter cet exercice jusqu'à ce qu'on soit en état de se renverser ainsi et de se relever seul à l'aide de ses mains.

Plonger (fig. 2).

« Voici encore une autre manière d'apprendre à plonger. D'abord on entre dans l'eau jusqu'à la ceinture, on aspire le plus d'air qu'on peut, on s'accroupit, et, retenant son haleine, on reste quelques secondes sous l'eau. On se relève et l'on recommence plusieurs fois le même exercice. Il entre un peu d'eau dans les narines, mais à peine s'en aperçoit-on. Quant aux oreilles, l'eau qui s'y introduit cause bien une petite surdité et un bourdonnement désagréable, mais il ne faut pas s'en inquiéter ; au moment où l'on s'y attend le moins, elle sort, et l'ouïe n'éprouve plus la moindre gêne. Quand vous serez un peu habitué à retenir votre haleine et à enfoncer votre tête dans l'eau, allez dans un endroit assez profond. Après avoir nagé quelques instants à la surface, plongez la tête la première en courbant brusquement le haut du corps et en élevant les jambes. Allongez les bras et nagez dans cette position en gagnant le fond de l'eau, que vous atteindrez d'autant plus vite que vos mouvements seront plus précipités, et que votre position sera plus rapprochée de la perpendiculaire. Pour revenir sur l'eau, tenez-vous debout, levez ensuite alternativement les jambes comme si vous montiez les degrés d'un escalier, et faites le même mouvement avec les bras que vous tenez le long et près du corps, ayant la paume des mains tournée vers le fond de l'eau : de cette manière vous reviendrez promptement à la surface. Quand l'endroit que vous avez choisi pour plonger est peu profond, vous pouvez, dès que vous avez atteint le sol, le frapper solidement du pied ; vous reviendrez alors au-dessus de l'eau, et d'autant plus vite que votre corps sera plus droit. On plonge aussi en jetant dans l'eau les pieds les premiers ou la tête la première, ce qu'on appelle *donner un pied devant* ou *donner une tête*[1]. »

Nager entre deux eaux. Pour nager entre deux eaux, il suffit, quand vous aurez plongé, de prendre une position horizontale et de nager en grenouille, comme si vous étiez sur l'eau.

Les occasions les plus imprévues peuvent vous obliger de vous jeter à l'eau tout habillé : il faut donc s'habituer à nager avec ses vêtements, ce qui devient un surcroît d'embarras et de difficulté. Quand vous nagerez avec facilité,

---

1. M. de Courtivron, *Traité de natation.*

commencez d'abord par nager avec un pantalon et votre chaussure, puis avec une veste, un habit, en augmentant le surcroît d'embarras.

Nager entre deux eaux.

Règles à observer. Dans l'exercice de la natation, il faut observer certaines règles et prendre quelques précautions que la prudence conseille. Avant d'entrer dans l'eau, si l'on vient de faire une assez longue course, il faut attendre non-seulement que le corps ne soit plus en transpiration, mais même qu'il soit entièrement rafraîchi. Lorsqu'on se plonge dans l'eau, la meilleure pratique est d'y faire entrer d'un seul mouvement le corps tout entier : on prévient ainsi l'action ascendante du sang, qui peut causer des maux de tête, des migraines. En sortant de l'eau, il ne faut reprendre ses vêtements que lorsque toutes les parties du corps sont parfaitement sèches, et il est salutaire, après qu'on s'est habillé, de faire un peu d'exercice, de marcher, de se promener. Il n'est pas bon de se baigner après les orages, parce que l'eau contracte quelques-unes des qualités malfaisantes des marais. Il est prudent aussi de s'abstenir de la natation lorsque le soleil, dans toute sa force, darde ses rayons presque perpendiculairement sur l'horizon. Le milieu du jour n'est pas favorable pour cet exercice; il faut s'y livrer le matin, avant le premier repas, ou mieux encore le soir, avant le dernier. Les eaux courantes, telles que celles des fleuves et des rivières, sont préférables pour le bain aux eaux étroitement encaissées ou toujours abritées par les arbres des deux rives. On doit choisir, autant qu'on le peut, un fond uni et sans pierres, afin de pouvoir plonger sans se blesser. Il faut éviter de nager au milieu des joncs : on court le risque de s'y engager fatalement, et c'est un danger que toute l'habileté des nageurs ne peut souvent pas conjurer.

Les nageurs sont exposés à une contraction musculaire qu'on appelle *crampe*, contraction douloureuse qui rend impuissant le membre qui en est atteint. Mais il ne faut pas s'en effrayer; avec du sang-froid, ce mal est peu redoutable. Dès que le nageur sentira une crampe au pied ou à la jambe, il devra pousser ce membre avec force, agitant le talon et poussant les pieds vers le haut; si ses efforts ne réussissent pas, qu'il se tourne sur le dos et se laisse flotter, ou bien qu'il nage avec les mains, jusqu'à ce que des secours lui arrivent. Si la crampe ne s'est emparée que d'une jambe, qu'il agisse de l'autre; si elle paralyse les deux, qu'il nage des bras. L'important, c'est de savoir conserver sa présence d'esprit; car le plus habile nageur, s'il s'abandonne à la crainte, s'il perd la tête, court les mêmes dangers que celui qui ne sait pas nager.

ÉQUITATION.

L'Équitation se recommande par l'influence salutaire qu'elle exerce sur la santé, et parce qu'il peut se présenter dans la vie une foule de circonstances où il serait indispensable de savoir monter un cheval. C'est d'ailleurs une préparation pour certaines professions, et notamment pour la profession des armes. Cet exercice assouplit le corps, lui donne de la grâce et de l'aisance. Il est à propos d'y accoutumer les jeunes gens d'assez bonne heure : dans la jeunesse, le corps se prête facilement à tous les mouvements qu'on veut lui imprimer; les articulations ont alors une souplesse et une énergie qu'elles perdent plus tard, et par conséquent on se trouve plus apte à exécuter avec moins de danger les divers exercices qui sont du domaine de l'équitation.

Il convient d'expliquer d'abord par quels moyens l'homme est parvenu à faire connaître ses volontés au cheval qu'il monte, et à le forcer de les exécuter. Ces moyens, qu'on appelle *aides* en termes de manége, consistent à employer à propos la bride, dont les rênes correspondent au mors placé dans la bouche du cheval.

L'emploi des aides s'explique facilement par la conformation du corps du cheval et par les sensations que les aides lui font éprouver. Par exemple, le cavalier placé en selle veut-il passer du repos à l'action, il en prévient son cheval en le pressant un peu avec les jambes et en relevant progressivement la main qui tient la bride. Ces deux mouvements, forçant le cheval de relever sa tête et mettant son corps en agitation, le préparent à exécuter l'ordre qui va lui être transmis. Cela s'appelle *rassembler* ou *prévenir* son cheval. On le prévient de même à chaque changement d'allure qu'on veut exécuter.

Pour marcher en avant, le cavalier baisse la main; dès lors, les rênes cessant de tirer les branches du mors en arrière, celui-ci ne pèse plus sur la bouche du cheval, et l'animal, n'étant plus retenu, se porte tout naturellement devant lui, en se sentant pressé et chassé en avant par les genoux et les jambes du cavalier, qui agissent simultanément avec la main. Mais si, faute d'instruction ou par caprice, le cheval méconnait ce commandement et refuse d'avancer, alors les jambes du cavalier, se fermant en arrière des sangles, appliquent les éperons sur les flancs de l'animal, qui, pour fuir la douleur, s'empresse de se porter en avant.

Veut-on passer du pas au trot ou du trot au galop, la main baissée, qui amène la diminution de l'effet du mors, tandis que les jambes du cavalier se fermant annoncent l'éperon, avant-coureur de la douleur, indique au cheval qu'il doit prendre une allure plus vive. S'agit-il au contraire de ralentir ou d'arrêter la course, le cavalier, après avoir prévenu son cheval, rapproche de la ceinture la main qui tient les rênes; ce qui, ramenant en arrière les branches du mors, imprime à celui-ci un mouvement de pression qui fait éprouver à la bouche du cheval une sensation douloureuse; l'animal, voulant s'y soustraire, diminue la rapidité de sa marche, ou s'arrête entièrement si la pression du mors continue. Mais comme, dans ce mouvement, le cheval pourrait placer son corps de travers, le cavalier le maintient en tenant les jambes près du ventre de la monture, qui, de crainte des éperons, n'ose jeter ses hanches ni à droite ni à gauche.

S'il faut faire un *à droite*, le cavalier porte la main de ce côté, ce qui, par l'effet que produisent les rênes sur le mors, y dirige forcément la tête et les épaules du cheval, dont l'arrière-train est en même temps ployé et arrondi dans cette direction par la jambe droite du cavalier, laquelle, se fermant sur le ventre de l'animal, le contraint de céder à l'impulsion de la bride, et détermine le mouvement de tout son corps vers la droite. Les *à gauche*, les *demi-tours*, les marches *obliques* et *en cercle*, s'exécutent par l'emploi des mêmes moyens, modifiés par le besoin, en mettant toujours un accord parfait entre le mouvement des jambes et ceux de la main. Enfin on *recule* en tirant progressivement les rênes à soi et en opérant ainsi sur la bouche du cheval, par l'action continue du mors, une pression soutenue, qu'il cherche à éviter en se portant en arrière, dans le sens opposé à l'action du mors[1].

Revenons maintenant sur nos pas, et voyons ce qui se pratique au début des exercices d'équitation. Les premières leçons se donnent aux élèves avec des chevaux doux, paisibles et déjà assez vieux. Après avoir fait monter l'élève à cheval, lui avoir indiqué la position qu'il doit prendre, on le met sur la piste du manége. Ordinairement on réunit plusieurs élèves, et on place en tête de la reprise un cavalier déjà expérimenté qui conduit, de sorte que les autres n'ont qu'à suivre, et peuvent s'occuper de leur position, que l'écuyer rectifie toutes les fois que cela est nécessaire. Lorsque plus tard les élèves sont familiarisés avec la position et qu'ils ont acquis une certaine habitude de conduire leur cheval, chacun d'eux devient guide à son tour. Tous ces premiers exercices se font ordinairement sans étriers et à l'aide du bridon ; ce frein étant peu douloureux pour la bouche du cheval, l'élève ne court pas risque, en s'en servant pour assurer sa position souvent chancelante, de faire acculer et renverser son cheval, ce qui pourrait avoir lieu avec la bride, si l'on faisait usage d'un frein aussi énergique dans les premières leçons. Lorsque l'élève a acquis de la confiance sur le cheval, on le fait marcher et suivre des lignes droites ; puis on le fait passer au trot, puis au galop. Une fois qu'il est arrivé à se servir facilement de ses jambes et de ses mains pour faire marcher son cheval,

---

[1]. Ces principes d'équitation sont extraits d'un petit traité écrit par le général Marbot.

pour le diriger à toutes les allures et pour l'arrêter, on lui apprend alors, comme nous l'avons déjà expliqué, l'action du mors et des rênes, la manière de produire cet effet par le mouvement de la main, l'effet des jambes, enfin l'accord qui doit régner entre la main de la bride et les jambes, entre tous les mouvements du cavalier et ceux de l'animal qu'il monte.

On appelle le *côté montoir* le côté gauche du cheval, parce que c'est de ce côté que le cavalier monte habituellement, et c'est aussi de ce même côté qu'il descend. Il est bon cependant de s'habituer à monter et à descendre des deux côtés, afin de n'être pas embarrassé dans des circonstances imprévues.

Pour monter à cheval, saisissez l'extrémité supérieure des rênes de la main droite, et élevez-les jusqu'à ce que vous sentiez une légère et égale résistance des deux rênes ; approchez ensuite la main gauche de la droite, passez le petit doigt de la main gauche entre les deux rênes, les trois autres doigts sur la rêne droite et le pouce sous la rêne gauche : descendez cette main jusque sur l'encolure du cheval, en soutenant toujours les rênes de la main droite pour les maintenir égales. Fermez ensuite les doigts de la main gauche, et jetez doucement de la main droite le bout des rênes à droite ; puis de cette main préparez une poignée des crins de la crinière, que vous faites entrer dans la main gauche par le petit doigt. Dans cette position, la main gauche, qui tient cette poignée de crins et la cravache, doit être prête à arrêter le cheval dans le cas où il se porterait en avant. Prenez alors l'étrivière de la main droite en la tournant sur son plat pour chausser l'étrier jusqu'au tiers du pied ; appuyez perpendiculairement le genou gauche contre le corps du cheval, portez la main droite sur le derrière de la selle, élancez-vous du pied droit d'aplomb sur la jambe gauche jusqu'à ce que les deux jambes soient également réunies ; passez ensuite la jambe droite tendue par-dessus la croupe du cheval, en retirant la main droite du derrière de la selle pour la laisser tomber naturellement le long du corps, et mettez-vous ainsi légèrement en selle en abandonnant les crins que vous teniez de la main gauche. Passez alors la cravache dans la main droite,

L'Équitation.

séparez les deux rênes, une dans chaque main, l'extrémité supérieure de chaque rêne sortant du côté du pouce, et chaussez l'étrier droit.

On doit être assis d'aplomb sur la selle, les reins souples, afin de suivre les mouvements de son cheval, les épaules effacées, la tête droite sans roideur, la poitrine saillante, les jambes tombant naturellement. Les cuisses doivent être tournées sur leur plat, les genoux fixés à la selle, la pointe du pied étant tenue un peu plus basse que le talon.

Pour ajuster les rênes, saisissez-les au-dessus de la main gauche avec le pouce et le petit doigt de la main droite; élevez cette main jusqu'à la hauteur du menton, le pouce en face du corps; entr'ouvrez les doigts de la main gauche, le pouce élevé pour égaliser les rênes maintenues sur leur plat. Une fois les rênes ajustées, fermez les doigts de la main gauche, abattez les rênes sur le côté droit, et replacez la main droite.

Il y a un très-bon exercice que nos jeunes cavaliers peuvent pratiquer, quand ils ont reçu quelques leçons de manége; cet exercice, c'est la voltige. A cheval sans étrier, le cavalier, après avoir bien mis ses mouvements en rapport avec ceux de l'animal, quelle que soit l'allure de celui-ci, trot ou galop, le cavalier, disons-nous, tenant les rênes de la main gauche et prenant de la même main une poignée de crins de la crinière, s'appuie et fait effort de la main droite sur la selle, s'élance à terre d'un seul bond du côté gauche du cheval, se remet aussitôt en selle également d'un seul bond, s'élance de nouveau à terre et continue ainsi jusqu'à ce que la fatigue lui fasse une loi de prendre un peu de repos. Cet exercice, si bien fait pour assouplir le corps et donner de la vigueur aux jambes, s'exécute beaucoup plus facilement qu'on ne le croit, pourvu qu'on suive bien les mouvements du cheval.

L'ESCRIME.

LE MAITRE D'ARMES. Allons, monsieur, la révérence. Votre corps droit. Un peu penché sur la cuisse gauche. Les jambes point tant écartées. Vos pieds sur une même ligne. Votre poignet à l'opposite de votre hanche. La pointe de votre fleuret vis-à-vis de votre épaule. Le bras pas tout à fait si tendu. La main gauche à la hauteur de l'œil. La tête droite ; le regard assuré. Avancez. Le corps ferme. Touchez-moi l'épée de quarte, et achevez de même. Une, deux. Remettez-vous. Redoublez de pied ferme. Un saut en arrière. Quand vous portez la botte, monsieur, il faut que l'épée parte la première, et que le corps soit bien effacé. Une, deux. Allons, touchez-moi l'épée de tierce et achevez de même. Avancez. Partez de là. Une, deux. Remettez-vous. Redoublez. Un saut en arrière. En garde, monsieur, en garde.

M. JOURDAIN. Hé !

LE MAITRE D'ARMES. Je vous l'ai déjà dit, tout le secret des armes ne consiste qu'en deux choses, à donner et à ne point recevoir ; et, comme je vous fis voir l'autre jour par raison démonstrative, il est impossible que vous receviez si vous savez détourner l'épée de votre ennemi de la ligne de votre corps ; ce qui ne dépend seulement que d'un petit mouvement du poignet, ou en dedans ou en dehors.

M. JOURDAIN. De cette façon, donc, un homme, sans avoir du cœur, est sûr de tuer son homme et de n'être point tué [1] ?

LE MAITRE D'ARMES. Sans doute ; n'en vîtes-vous pas là démonstration ?

M. JOURDAIN. Oui.

LE MAITRE D'ARMES. Et c'est en quoi l'on voit de quelle considération nous autres nous devons être dans un État, et combien la science des armes l'emporte hautement sur toutes les autres sciences.

Cette scène du *Bourgeois gentilhomme*, de Molière, peut être considérée comme une bonne leçon d'escrime.

---

1. C'est bien la réflexion d'un bourgeois ignorant et poltron, qui ne voit dans l'art de l'escrime qu'un secret pour tuer son homme sans avoir besoin de courage.

Mais, aujourd'hui, on n'apprend plus cet art pour savoir tuer un homme par raison démonstrative. L'escrime n'est qu'un exercice, mais un exercice excellent, tout à la fois agréable et salutaire. Tous les muscles, tous les ressorts du corps humain sont en jeu : les jambes et les bras acquièrent une grande vigueur et une souplesse égale, les reins une merveilleuse élasticité ; les épaules se fortifient, s'effacent ; la poitrine s'élargit, la respiration devient aisée, la tête est noblement portée, la démarche libre et facile. L'escrime a, de plus, l'avantage de mettre en jeu certaines facultés. L'attention doit toujours être tendue, le coup d'œil vif, la pensée prompte, la volonté déterminée, la décision rapide et entraînant une exécution instantanée, franche et hardie ; mais il faut à ces qualités joindre la prudence et le jugement.

Il ne nous appartient pas d'entrer dans tous les détails qui concernent l'art de l'escrime, d'expliquer les termes si nombreux qui se rapportent à cet art et d'en décrire les finesses et les ruses, engagements et dégagements, passes et contre-passes, feintes et coups francs, attaques et parades, ripostes et contre-ripostes, prime, tierce, quarte, etc. Tout cela n'est pas de notre compétence, c'est l'affaire du professeur, et nous devons nous borner à donner un petit nombre de notions indispensables, et quelques conseils toujours bien reçus de la jeunesse quand ils sont dictés par la raison et le bon sens.

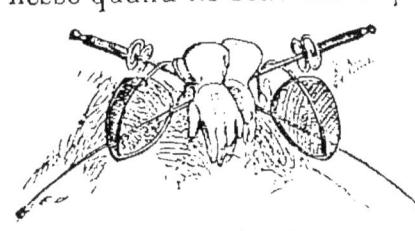

Masques et gants.

Les instruments dont on se sert pour l'escrime sont des fleurets, des masques et des gants. On appelle *fleuret* une épée à fer carré, sans pointe ni tranchant, et dont le bout est terminé par une espèce de bouton garni de peau. Le poids et la dimension des fleurets doivent toujours être proportionnés à la force et à la taille de ceux qui s'en servent. Les masques, dont on se couvre la figure pour la garantir des coups, sont faits en fil de fer d'un tissu très-fort et à mailles serrées. Les masques en fil de laiton ne seraient pas sans offrir quelque danger; mouillés par l'haleine et la transpiration, ils pourraient se couvrir d'oxyde de cuivre (vert-de-gris), qui est un poison très-violent. Les combattants portent à la main droite un gant de très-forte peau rembourré de crin, destiné à préserver la main et le poignet du contact du fer.

Se mettre en garde.

Le premier, le plus simple, et l'on pourrait presque dire le meilleur exercice de l'escrime consiste à savoir bien se mettre en garde et à se développer. Pour se mettre en garde, il faut prendre la poignée du fleuret de la main droite, le pouce à plat sur la poignée, les ongles des autres doigts faisant face à gauche; ne pas serrer; les premiers doigts sentent seulement l'arme, que l'annulaire et le petit doigt tiennent et dirigent. Il faut ensuite fléchir les genoux, porter le poids du corps sur la jambe gauche, lever le pied droit, le porter en avant de la longueur de deux semelles, environ, en le frappant sur la terre pour bien assurer la position; le talon droit en face du pied gauche, les deux pieds formant l'équerre, de manière que, si on ramène le talon, il fasse sur le pied deux angles droits, à droite et à gauche. Pendant ce mouvement, on porte la main gauche en arrière, à hauteur de l'épaule, le bras arrondi avec grâce ; la main droite est tenue à la hauteur du sein droit, le bras demi-allongé, le coude rentré sans roideur, la pointe du fleuret portée en avant à hauteur des yeux. Les épaules doivent être bien effacées ; le corps est droit et d'aplomb sur les hanches, les pieds posés à plat, les genoux ployés, la jambe droite verticale, la cuisse presque horizontale.

Pour vous développer, élevez la main très-haut,

Se développer.

l'épaule basse ; ouvrez les deux derniers doigts en tournant la main, les ongles en dessus : la jambe gauche se tend rapidement comme un ressort ; le pied droit rase la terre, et la jambe droite tombe toujours dans la même position, le genou perpendiculaire à la cheville ; la main gauche s'abaisse le long de la cuisse sans y adhérer ; le corps vertical et perpendiculaire pour accélérer la retraite : tout cela doit s'exécuter sans secousse et d'un seul temps, de même qu'il faut se relever d'un seul temps, et se retrouver en garde comme avant le développement.

Faire un appel, c'est frapper le sol avec le pied droit. Quand on se met en garde, il est utile de faire un appel pour donner au corps l'aplomb nécessaire. *Marcher*, en termes d'escrime, c'est s'avancer sur l'adversaire; *rompre*, c'est reculer. On marche en avançant d'abord de la jambe gauche; la droite obéit au mouvement et reprend sa distance. Les jambes gardent toujours leur position pliée, le corps d'aplomb, la main en garde. On rompt, c'est-à-dire on recule de la même manière, la jambe gauche la première. Il ne faut marcher que pour reprendre la mesure, la distance où l'on peut toucher. Il ne faut rompre que pour revenir à l'instant et déconcerter l'adversaire en l'attaquant quand il marche ou qu'il rompt.

Faire un appel.

Du reste, les jeunes gens ne doivent faire assaut, c'est-à-dire lutter entre eux d'habileté et de force, d'après les principes de l'art, que lorsqu'ils ont été suffisamment préparés par certains exercices préalables, tels que *tirer le mur*, *tirer les contres*, qui ont pour but de rendre le poignet bien délié, les jarrets souples et assurés, de donner au corps tout l'aplomb nécessaire pour exécuter les divers mouvements avec promptitude et précision. Vouloir essayer l'assaut avant de s'être perfectionné dans les exercices qui en sont la préparation nécessaire, c'est s'exposer sûrement à prendre de mauvaises habitudes dont il sera bien difficile de se corriger plus tard. Ainsi, le corps se pose mal et perd son aplomb, les épaules ne sont plus suffisamment effacées; la jambe gauche, faute d'un exercice habituel, se fatigue bientôt de supporter le poids du corps, et la jambe droite, sur laquelle retombe une partie de ce poids, n'a plus toute la liberté de ses mouvements et perd l'énergie dont elle aurait besoin pour agir à propos. Alors ce jeu, exécuté sans grâce et sans principes, dégénère en une lutte désordonnée; on ne fait plus que ferrailler, et, quand des commençants ferraillent, ils s'exposent à casser les lames des fleurets et à se blesser.

Nous donnerons encore aux jeunes gens un conseil qui intéresse leur santé. Il est d'usage, quand on se livre aux exercices de l'escrime, de prendre un vêtement particulier, qui consiste ordinairement en une veste légère, boutonnée sur la poitrine. C'est un usage qui est mis aussi en pratique dans les exercices gymnastiques, et qu'on ne peut qu'approuver, puisqu'il a pour but de faciliter les mouvements du corps et de leur laisser toute liberté d'action. Mais ici, comme dans les exercices gymnastiques, il est indispensable de prendre certaines précautions. Il faut bien se garder, quand on est encore échauffé par l'exercice auquel on vient de se livrer, qu'on est en sueur, de s'exposer brusquement à l'air froid, et surtout d'y rester en place sans se donner aucun mouvement. On doit se reposer quelque temps dans la salle même où l'on s'est exercé, et ne sortir qu'après s'être vêtu convenablement.

LE BATON.

Quel est celui d'entre nous qui, en traversant les Champs-Élysées, ne s'est pas arrêté quelques moments pour voir manœuvrer, au milieu d'un grand cercle de spectateurs, un véritable artiste, l'homme aux Bâtons, qui exécute avec un seul bâton, ou avec plusieurs bâtons à la fois, une série d'exercices aussi variés que curieux? Quelle rapidité, quelle précision dans les mouvements! Quelle vigueur et quelle souplesse tout ensemble dans les bras, les mains et les jambes! Quelle justesse dans le coup d'œil! Le bâton passe de la main droite dans la main gauche, de la gauche dans la droite, décrit autour des reins, de la poitrine, du cou, au-dessus de la tête, des cercles si rapides et si multipliés que l'œil peut à peine suivre toutes ces évolutions. Et le moulinet, fait alternativement de la main droite et de la main gauche! On dirait que l'instrument est mis en mouvement par quelque machine à vapeur qui lui imprime une impulsion irrésistible. Un pareil athlète, armé de son bâton, ne craindrait pas deux ou trois bandits qui viendraient l'attaquer avec des épées ou des sabres.

Le Bâton.

Mais, dira-t-on, ce sont là des tours de force qui n'ont rien de commun avec ce qui doit être enseigné à la jeunesse. D'accord: nous sommes si parfaitement de cet avis, que nous avons déjà eu plusieurs fois dans notre livre l'occasion de dire que les exercices des jeunes gens ne doivent jamais dégénérer en tours de force. Mais, si nous ne désirons nullement que les enfants deviennent plus tard des artistes en fait de jeux, *des hommes au Bâton*, nous voudrions qu'on ne négligeât aucun des exercices qui peuvent sans danger développer les forces du corps, donner aux membres de la souplesse et de l'agilité, et faire acquérir cette adresse, cette présence d'esprit, cette confiance en soi-même, à l'aide desquelles on se tire plus facilement d'un mauvais pas. Nous croyons donc que l'exercice du Bâton pourrait être enseigné, dans de certaines limites, en même temps que d'autres exercices gymnastiques, tels que la Barre de fer, les Haltères et les Mils. De plus, il peut aussi servir à donner des leçons d'équilibre. On place le bâton sur le bout du doigt, et, tout en le suivant de l'œil, on marche en avant ou en arrière; on le fait passer d'un doigt à l'autre, de la main droite à la main gauche, en le maintenant toujours en équilibre, ce qui oblige le corps à faire des mouvements très-variés, mais sans secousses brusques.

JEUX DE L'ARC ET DE L'ARBALÈTE.

Le tir de l'Arc et celui de l'Arbalète seraient encore d'excellents jeux pour exercer les deux bras et donner au coup d'œil de la justesse, s'ils n'offraient pas par eux-mêmes d'assez graves inconvénients. Des enfants qui n'auraient pas, pour se livrer à cet exercice, un emplacement spécialement destiné à cet usage, qui ne seraient pas surveillés avec la plus grande attention, courraient le risque de se blesser, et de se blesser de la manière la plus funeste, par une flèche maladroitement lancée. Aussi l'exercice du tir à l'arc ou à l'arbalète n'est-il plus guère pratiqué aujourd'hui que dans les foires et les fêtes des villes et des campagnes, où des entrepreneurs exposent aux coups des tireurs soit de petites poupées de plâtre, soit un but au centre duquel se trouve un mécanisme qui, au moment où il est frappé, fait paraître une fleur, une figure, une Victoire tenant une couronne à la main, trophée destiné à attester l'adresse sans pareille du vainqueur.

Tous les enfants savent ce que c'est qu'un arc. Quel est celui d'entre eux qui ne s'est pas amusé à confectionner un petit arc avec une petite lame de baleine et un bout de ficelle ou de gros fil, et à lancer des flèches innocentes faites de brins de bois de la longueur d'une allumette? Mais peut-être que tous ne savent pas ce que c'est qu'une arbalète, ou du moins ne se font pas une idée claire et précise du mécanisme de cet instrument. L'arbalète est un arc perfectionné. Pour s'en former une idée, il faut se représenter un bois de fusil, bois plus ou moins long, mais dépourvu de son canon, et portant au bout et en travers un arc de bois ou d'acier; la corde de cet arc, étant amenée vers la crosse, s'arrête dans le cran d'une pièce qu'on appelle la *noix* : on pose la flèche dans le canal ou la rainure qui, dans notre supposition,

L'Arc.

est occupée par le canon de fusil, et, lorsqu'on presse une détente, la noix tourne sur elle-même, la corde se décroche, et pousse la flèche avec une vitesse proportionnée à la force de l'arc.

L'arc et l'arbalète, qui sont aujourd'hui relégués parmi les jouets d'enfants, étaient autrefois des armes de guerre. Telle était la vigueur des archers de l'antiquité que, si l'on en

L'Arbalète.

croit un auteur du reste bien digne de foi, ils lançaient leurs flèches à une distance de plus de 500 pieds. Leur adresse et la justesse de leurs coups n'étaient pas moins remarquables. Qui ne connaît l'histoire de cet habile archer d'Amphipolis, qui, ayant à se plaindre du roi Philippe, se jeta dans la ville de Méthone, que ce prince assiégeait, et lui creva l'œil droit en lui tirant une flèche sur laquelle il avait écrit ces mots : *A l'œil droit de Philippe?* Quel est aussi celui de nos jeunes lecteurs qui n'a pas lu la touchante histoire de cet intrépide montagnard suisse, de Guillaume Tell, qui fut obligé, par l'ordre d'un cruel tyran, d'abattre d'un coup de flèche une pomme placée sur la tête de son fils, et parvint ensuite à délivrer son pays de la domination étrangère ?

Avant l'invention de la poudre à canon et des armes à feu, les archers et les arbalétriers formaient une partie importante des armées. La princesse Anne de Comnène, dans l'histoire de l'empereur Alexis son père, raconte que les croisés qui assiégeaient Constantinople lançaient des flèches avec tant de roideur, au moyen de leurs arcs et de leurs arbalètes, qu'elles perçaient les meilleures armures et s'enfonçaient presque tout entières dans les murailles. Les arcs et les arbalètes étaient souvent d'une telle dimension, que pour bander ces armes les soldats se couchaient sur la terre à la renverse, appuyaient leurs pieds sur le milieu de l'arc et amenaient la corde vers la tête, en la tirant avec les deux mains. On peut lire dans le roman d'*Ivanhoë*, une des productions les plus remarquables de Walter Scott, le récit très-animé et très-intéressant d'une lutte au tir à l'arc, dans la fameuse passe d'armes d'Ashby-la-Zouche.

LA FRONDE

La Fronde, qui n'est plus aujourd'hui qu'un jouet d'enfants, et un jouet dont on fait bien peu usage, était autrefois, comme l'arc, une arme assez redoutable. Nous lisons dans l'histoire sainte que le berger David, qui fut ensuite choisi de Dieu pour être roi d'Israël, tua le géant Goliath avec une pierre lancée au moyen d'une fronde. Les frondeurs de l'antiquité n'étaient pas moins remarquables que les archers pour la force et l'adresse qu'ils déployaient. Ils lançaient non-seulement des pierres, mais aussi des projectiles de plomb, à des distances très-considérables, et avec tant de force que ni casques ni boucliers n'étaient à l'épreuve des coups. Les habitants des îles Baléares passaient pour les plus habiles frondeurs. Là les repas des enfants étaient la récompense de leur succès au tir de la fronde. « Une mère, dit un historien digne de foi, ne permet à son enfant d'autre mets que celui qu'il a eu l'adresse d'atteindre avec le projectile de sa fronde. » Pauvres enfants! Ils ont dû plus d'une fois, dans les commencements de leur exercice, déjeuner bien tard ou même ne pas déjeuner du tout. Nos écoliers sont plus heureux aujourd'hui; ils n'ont autre chose à faire pour avoir leur déjeuner qu'à attendre que l'heure de déjeuner soit arrivée : il est vrai qu'ils sont moins ha-

La Fronde.

biles à lancer la fronde, mais ils s'en consolent facilement.

On peut confectionner une fronde à peu de frais et sans un grand travail. On prend un morceau de cuir long comme la main et large comme trois doigts; on le taille en pointe aux deux extrémités; on a deux morceaux de bonne ficelle ou de petite corde d'égale longueur, qu'on attache à chacun des bouts de ce morceau de cuir, et la fronde est faite. Pour se servir de ce jouet, on le prend par les bouts des cordes, on pose une pierre au milieu du morceau de cuir, et on fait le moulinet en tenant toujours l'extrémité des cordes; puis on en lâche une, et la pierre, s'échappant avec rapidité, est lancée à une distance plus ou moins considérable. C'est un exercice assez amusant; mais on ne peut guère s'y livrer qu'en rase campagne, dans une plaine découverte, où l'on peut porter sa vue au loin devant soi et autour de soi, et s'assurer ainsi qu'on ne s'expose pas à blesser quelque passant inoffensif qui chemine dans les environs, ou quelque mouton non moins inoffensif qui broute tranquillement l'herbe de la prairie.

LE PATIN ET LES PATINEURS.

Voici l'hiver, l'hiver dans toute sa rigueur : depuis plusieurs jours le froid se maintient à sept ou huit degrés. Bassins, étangs, lacs, canaux, prairies inondées, tout est couvert d'une couche épaisse de glace. C'est le moment de se livrer à l'exercice du Patin, d'aller jouer sur cette glace ferme, solide, unie et brillante comme un cristal.

On désigne sous le nom de *patin* une sorte de sous-chaussure dont on se sert pour glisser sur la glace. Le patin est formé d'une semelle de bois, au-dessous et au milieu de laquelle est fixée, dans toute sa longueur, une lame d'acier qui, limée carrément du côté du talon, vient se

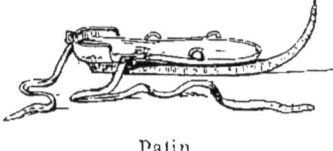

Patin.

recouber à la pointe, comme un de ces souliers bien connus qu'on appelle souliers à la poulaine. Des courroies ou lanières de cuir servent à attacher cette chaussure et à la maintenir sur le pied. On appelle *patineurs* ceux qui glissent sur la glace à l'aide du patin, soit pour se divertir, soit pour voyager, comme nous le dirons tout à l'heure. Un patineur doit apprendre à chausser lui-même ses patins, ce qu'il fera de la manière suivante : il placera sur la glace son mouchoir plié en plusieurs doubles, et le genou droit sur le mouchoir ; dans cette position, il mettra le pied gauche sur le patin gauche, et passera la plus longue lanière de cuir dans les anneaux de fer qui se trouvent sur les côtés du pied. On

Les patineurs (fig. 1).

procède de la même manière pour le pied droit, et, une fois qu'on s'est relevé, on s'affermit sur les jambes en tenant le corps penché en avant.

Lorsqu'on veut se porter en avant, on pousse le pied droit obliquement à droite, et l'on redresse le corps, qui doit être alors entièrement porté par la jambe droite ; on se jette sur la jambe gauche en répétant le mouvement,

pour le répéter encore de la jambe droite, et ainsi de suite. La chose importante, c'est de s'habituer d'abord à bien conserver son équilibre ; ensuite, quand on est devenu bien maître de ses mouvements, qu'on se sent bien affermi sur les jambes, on recherche la variété et la grâce des attitudes, par exemple l'attitude qu'on désigne sous le nom de *dehors en avant*, et qui s'exécute de la manière suivante. Le patineur s'élance sur l'un ou l'autre pied, et il incline en même temps la tête, la jambe, le corps et le patin du côté où il patine, en tenant l'autre jambe un peu élevée par derrière, les bras tantôt élevés et gracieusement arrondis vers la tête, tantôt croisés sur la poitrine, tantôt les mains derrière le dos ou placées sur les hanches. Si l'on a commencé à exécuter ces mouvements avec la jambe droite, on les exécute ensuite avec la jambe gauche, en passant ainsi alternativement de l'une à l'autre.

Les patineurs (fig. 2).

Pour s'arrêter au milieu d'une course, on penche le corps en avant en élevant l'extrémité des pieds réunis ; les talons doivent alors fortement appuyer sur la glace. Quand on a acquis une certaine habitude du patin, on s'arrête tout aussi facilement et d'une façon plus gracieuse par un coup de patin nommé *arrêt postérieur*, et qui s'exécute sans qu'on entende le bruit des lames. C'est aussi quand les patineurs sont devenus habiles par l'exercice et la pratique, qu'ils s'amusent à faire soit seuls, soit ensemble, les évolutions les plus variées, les uns simulant en patinant les figures d'une contredanse avec autant de grâce que s'ils étaient au milieu d'une salle de bal, les autres traçant rapidement sur la glace, avec le tranchant de leur patin, les lettres de l'aphabet, les chiffres, dessinant les figures géométriques, même un oiseau, un arbre, un colimaçon, un vase de fleurs.

Les enfants trop jeunes ou trop timides pour s'aventurer sur des patins organisent une partie de traîneau et s'amusent comme des princes, si toutefois les princes s'amusent. L'un d'eux s'assied dans le traîneau, et les camarades, les uns s'attelant par devant, les autres poussant par derrière, le font glisser rapidement sur la glace.

Le Traîneau.

Quand on a ainsi parcouru une certaine distance, celui qui était assis cède la place à un des camarades et s'attelle à la voiture. Chacun a son tour marqué pour traîner ou se faire traîner. Il n'est pas inutile de recommander une bonne précaution aux enfants qui se livrent à cet amusement : celui d'entre eux qui reste immobile dans le traîneau fera toujours sagement de se couvrir les épaules d'un vêtement un peu chaud, qui pourra servir à tous ceux qui viendront successivement prendre place dans la voiture.

L'exercice du patin, pris avec modération, est favorable à la santé. Le mouvement qu'on se donne assouplit les membres qui tendraient à s'engourdir, et l'air vif qu'on avale à pleins poumons développe la poitrine et lui donne une nouvelle vigueur. Mais cet exercice, tout salutaire qu'il est, demande des précautions et de la prudence. Il expose à des chutes dangereuses, d'autant plus graves que la course est plus impétueuse. Généralement il ne faut s'aventurer que sur des eaux peu profondes, une prairie inondée, par exemple; dans tous les cas, il est utile de s'assurer que la glace est assez forte pour vous porter, et il serait imprudent de courir sur la glace lorsque le dégel a commencé. On ne doit se permettre de patiner sur les rivières que quand elles sont si bien gelées et prises que les charrettes peuvent les traverser sans danger. Combien de fois une imprudence a été payée de la vie! On ne se repent jamais d'un excès de précaution.

L'exercice du patin n'est pas nouveau, et il est probable que la nécessité, plutôt que le désir de s'amuser, en a donné la première idée. On ignore à quelle époque et chez quel peuple il a pris naissance. On sait seulement que les patins dont on fait usage aujourd'hui ont été inventés dans les Pays-Bas, et que c'est de là qu'ils nous sont venus. On voit en Hollande les laitières portant des vases pleins sur leur tête, tricotant pendant leur route, franchir en peu de temps des distances considérables pour aller vendre leur lait dans les villes environnantes. Elles font souvent de la sorte plusieurs lieues avec une rapidité merveilleuse, et qui n'est pas moindre de six lieues à l'heure. Fitz-Stéphen, écrivain anglais du xiie siècle, rapporte que de son temps les jeunes gens de Londres s'en allaient sur la rivière Serpentine lorsque la glace était assez forte; qu'ils attachaient sous leurs pieds, en les assujettissant autour de la cheville, des os d'animaux, et que, armés d'un bâton ferré qu'ils piquaient dans la glace, ils avançaient avec une vitesse comparable à celle de l'oiseau qui vole dans l'air ou de la flèche lancée par une main habile.

L'art de patiner n'est pour nous, qui habitons sous un climat tempéré, qu'un amusement passager ou tout au plus un exercice gymnastique; mais il devient une nécessité impérieuse pour certains peuples des contrées les plus septentrionales de l'Europe, par exemple pour les Norvégiens. En Norvége, la terre est couverte d'une épaisse couche de neige pendant une grande partie de l'année. C'est ordinairement aux jours du dégel que la neige tombe et s'entasse sur la terre. Qu'au moment où la neige se fond, il survienne une gelée subite, voilà tout le pays couvert d'une couche de glace, trop mince pour soutenir un cheval, mais assez solide pour faire trébucher à chaque pas le plus habile marcheur. Aussi, il n'est guère moins utile pour les Norvégiens, et surtout pour les habitants des campagnes, de savoir patiner que de savoir marcher. Le Norvégien veut-il aller à la chasse? Faut-il qu'il aille dans la forêt pour ramasser du bois, ou qu'il se rende à la ville pour y chercher les provisions qu'il ne peut trouver dans son hameau isolé? Il chausse ses patins, et le voilà parti, s'avançant sur la neige glacée avec une telle rapidité, que le meilleur cheval de course aurait peine à le suivre en courant sur une route ordinaire.

En Norvége, l'exercice du patin est le complément obligé de toute éducation militaire. Il y a dans l'armée un régiment particulier qui porte le nom de régiment des patineurs. On ne peut voir sans étonnement ces intrépides soldats glisser en se jouant sur la pente glacée des montagnes, sans autre aide que deux flexibles planchettes de bois fixées à leurs pieds, et la remonter avec une rapidité presque égale, sans autre soutien qu'un long pieu armé de fer, semblable au bâton ferré dont on se sert en Suisse pour parcourir les glaciers. C'est ainsi encore que ces soldats, munis de leurs patins, traversent les lacs et les rivières, s'arrêtent en un clin d'œil au milieu de la course la plus rapide, font l'exercice avec l'arme blanche ou le fusil, soit en courant, soit en restant en place, et exécutent les évolutions les plus difficiles avec une agilité merveilleuse.

LES BOULES DE NEIGE ET LES CONSTRUCTIONS.

Puisque nous sommes en plein hiver, que nous parlons des jeux d'hiver, disons un mot des boules de

Les pelotes de neige.

neige, des constructions de neige, des bonshommes de neige. Quel plaisir pour des écoliers, quand le matin ils aperçoivent à travers les croisées du dortoir ou de l'étude la cour entièrement couverte d'un beau tapis de neige! Avec quelle impatience on attend l'heure de la récréation! Elle arrive enfin, cette heure tant désirée, et nos gaillards sont bientôt à l'œuvre. Les voilà qui ramassent à l'envi de la neige, pour la pétrir dans leurs mains et la façonner en forme de pelotes, de boules plus ou moins rondes, plus ou moins volumineuses. Quel usage veulent-ils faire de ces boules? Vont-ils se partager en deux camps rivaux, pour s'attaquer ensuite à l'aide de ces projectiles vigoureusement lancés de côté et d'autre? Non, cela n'est pas un jeu, c'est une bataille condamnable, où l'on peut recevoir et donner de mauvais coups; non, ce n'est pas un jeu qu'un exercice dans lequel on peut avoir à regretter d'avoir fait une cruelle blessure à un camarade. Mettez donc, enfants, vos balles en réserve, vous en trouverez tout à l'heure l'emploi contre un ennemi qui ne se plaindra pas des coups qu'il recevra. Roulez une nappe de neige sur elle-même, faites-en un gros bloc, posez ce bloc sur sa base, façonnez des jambes, si vous le pouvez, ajoutez des bras; qu'une grosse boule, placée au sommet, forme la tête; un morceau de neige allongé et appliqué au milieu de la figure fera le nez, deux trous seront les yeux. Maintenant, lancez toutes vos boules, dirigez tous vos coups contre le bonhomme, et celui d'entre vous qui lui abattra adroitement la tête sera proclamé vainqueur.

Si vous l'aimez mieux, et pour varier vos plaisirs, vous pouvez construire un château fort avec ses murailles et ses tours crénelées, figurer des canons qui défendent la place, enfin déployer dans ces constructions toutes les ressources de votre imagination et de votre goût pour l'architecture. Ensuite, attaquez le château à coups de boules de neige, comme vous avez fait tout à l'heure contre le bonhomme; ou bien, si votre œuvre vous paraît trop belle pour être détruite, conservez-la pour l'admirer à votre aise. Mais, gare! si le dégel survient pendant la nuit, le lendemain, à la place de ce château qui vous a coûté tant de peines et qui faisait tant d'honneur à votre talent, vous ne trouverez plus que de l'eau claire. Qu'importe? vous vous êtes amusés, et c'est là pour vous le point essentiel.

CINQUIÈME PARTIE.

RÉCRÉATIONS INTELLECTUELLES; JEUX D'ESPRIT.

Nous réunissons sous ce titre un certain nombre d'exercices dont quelques-uns exigent la marche et le mouvement au milieu des champs, des prairies et des bois, tandis que les autres se passent tranquillement dans un salon, au milieu des douces et charmantes réunions de famille. Ainsi, pour ne citer que les principaux sujets que nous allons traiter successivement, la chasse aux papillons et aux insectes, l'herborisation, la culture des fleurs, l'éducation des vers à soie, le dessin, le coloriage, la lanterne magique, les ombres chinoises et quelques autres récréations moins importantes feront l'objet de cette cinquième partie, que nous terminerons par les charades en action.

CHASSE AUX PAPILLONS ET AUX INSECTES.

Il ne s'agit pas ici, comme trop souvent les enfants sont disposés à le faire, de courir, sans but et sans mesure, après des papillons, pour les saisir maladroitement par les ailes, qui vous restent dans la main ; il ne s'agit pas non plus de s'emparer de quelques malheureux insectes pour les faire souffrir en les attelant à une petite voiture de carton : ce sont là des jeux cruels, que des enfants bien nés doivent s'interdire. La vie est une si bonne chose qu'il faut la respecter dans tous ces petits êtres qui sont l'œuvre de Dieu et qui ont autant de plaisir que nous à jouir de l'air, de la lumière et de la chaleur que la bonté du Créateur nous dispense à tous également. Ce n'est jamais sans chagrin que nous voyons des enfants s'amuser à écraser sans pitié sous leurs pieds de pauvres fourmis qui ne leur font aucun mal et qui sont uniquement occupées à transporter dans leurs magasins les provisions pour l'hiver.

Voulez-vous faire une jolie collection de papillons aux ailes brillantes, d'insectes aux couleurs variées, pour les ranger par ordre de grandeur ou de genre, et les conserver ensuite dans des cadres dont vous ornerez votre salle d'étude? Alors, c'est autre chose; venez avec moi, munissons-nous de nos instruments et partons. Notre arsenal n'est ni dispendieux ni embarrassant : un filet de gaze et une petite pince d'horloger, voilà tout ce qu'il nous faut. Le filet sert à prendre les papillons, qui d'ordinaire sont peu farouches. Cependant il faut éviter, autant que possible, d'être vu par eux, et, lorsque vous manquez un papillon, ce qui vous arrivera plus d'une fois, gardez-vous de courir immédiatement après lui; vous le feriez fuir plus vite, et il s'éloignerait peut-être de telle sorte que vous finiriez bientôt par le perdre de vue. Restez donc tranquille, et quelques instants suffiront pour lui faire oublier le danger qu'il vient de courir et le chasseur qui le poursuit; il se reposera sur une fleur et se laissera prendre facilement.

Quand il est prisonnier dans votre filet, ne le saisissez jamais par les ailes et avec vos doigts; autrement toute cette poussière si brillante et si délicate dont le corps du papillon est parsemé et qui en fait la beauté vous resterait entre les doigts; le papillon serait défiguré et votre peine perdue. C'est alors qu'il faut vous servir de la pince, avec laquelle vous le saisissez par le corps; puis vous lui enfoncez dans le corselet une forte épingle qui le fait mourir immédiatement.

Pour la chasse des insectes, vous comprenez que le filet est inutile. Comme il y a moins de précautions à prendre pour leurs couleurs, vous pouvez vous servir de vos doigts, mais avec délicatesse, afin de ne pas endommager leurs membres si fragiles. Toutefois la pince vous rendra encore service dans quelques occasions.

A mesure que vous faites des prisonniers, il faut les piquer dans des boîtes garnies intérieurement de petites rondelles de liége. De plus, pour mettre votre collection à l'abri de l'attaque de certains insectes vivants qui seraient tentés de venir la dévorer en partie, il est utile que les boîtes soient imprégnées de l'odeur du camphre, qui est un très-bon préservatif; il suffit de placer çà et là dans les boîtes quelques petits morceaux de camphre, sans avoir besoin de les réduire en poudre. Lorsque, par un accident quelconque, l'aile d'un papillon, la patte d'un insecte s'est détachée, vous pouvez facilement réparer ce malheur, en recollant l'aile ou la patte au moyen d'une dissolution de gomme arabique. Ensuite, si vos boîtes ne sont que des dépôts provisoires, et que vous vouliez conserver vos papillons et vos insectes dans des cadres sous verre, vous aurez soin de les ranger avec ordre, avec symétrie, de manière à produire le meilleur effet possible. On place ordinairement les plus belles espèces au milieu et aux quatre coins du cadre.

ÉDUCATION DES VERS A SOIE.

Des papillons et des insectes aux vers à soie la transition est toute naturelle. Ici, au moins, vous voyez, vous pouvez étudier les progrès de l'insecte et ses diverses transformations depuis sa naissance jusqu'à sa mort. La première fois que vous voulez vous amuser à faire l'éducation de quelques vers à soie, vous achetez chez un herboriste des œufs appelés aussi *graine*, parce qu'en effet les œufs de vers à soie ne sont pas plus gros que des grains de millet. Lorsqu'ils sont éclos, ce qui arrive ordinairement vers la fin du mois d'avril ou dans les premiers jours du mois de mai, vous donnez aux vers, autrement dits chenilles, des feuilles de mûrier bien fraîches, qu'on se procure également chez les herboristes. Il ne faut en acheter qu'une petite quantité à la fois, pour renouveler plus souvent la provision, ou bien on doit avoir le soin de les conserver dans un endroit frais. Nous avons vu quelquefois les écoliers employer une autre méthode : ils prennent dans leur pupitre le premier livre venu, grammaire latine, *De Viris* ou *Selectæ* (peu leur importe), vont l'arroser à la fontaine, et puis, quand cette judicieuse opération est accomplie, ils placent les feuilles de mûrier entre les feuilles du livre ainsi arrosé. Que les écoliers nous permettent de leur dire notre façon de penser à ce sujet. En agissant ainsi, ils commettent une double faute. D'abord, et c'est la faute la plus grave, ils font de leurs livres un usage auquel ils n'étaient pas destinés le moins du monde, ils gâtent et détruisent ce qu'ils avaient mission de conserver, ils trompent leurs parents et leurs maîtres, et plus tard ils chercheront peut-être à s'excuser par un mensonge. Ensuite, ils font une chose tout à fait contraire à la santé et à la conservation des petits êtres qu'ils veulent élever ; car les feuilles de mûrier dont se compose toute la nourriture des vers à soie ne doivent être ni mouillées ni même humides.

Vous donnez d'abord une seule fois par jour la feuille à vos élèves, pour augmenter progressivement la quantité de nourriture ; les repas doivent être plus fréquents à mesure que les chenilles deviennent plus fortes. On a calculé que, par une température à peu près constante de 19 à 20 degrés de chaleur, indiquée d'ailleurs par le thermomètre, il faut, avec 120 repas donnés dans tout le cours de l'éducation, compter 36 jours pour amener les vers à soie à faire leurs cocons, 32 jours avec 200 repas et 24 ou 25 jours avec 300 repas. Au surplus, comme règle générale, 5 ou 6 repas par jour suffisent pour une bonne éducation. Il est néanmoins de principe que, plus les repas sont fréquents, plus la santé des vers y gagne, et moins est grande la quantité de feuilles consommées.

L'éducation des vers à soie exige une très-grande propreté et des soins assidus : les enfants qui s'en occupent doivent sacrifier tous les jours une petite partie de leurs récréations aux soins que réclament ces petits animaux, s'ils veulent les voir prospérer. A peine cette éducation est-elle commencée que les vers, au bout de quelques jours, cessent de dévorer les feuilles, et alors ils tombent dans une espèce d'engourdissement ou de léthargie qui annonce leur mue : cet état dure au moins vingt-quatre heures ; ils changent de peau, et à leur réveil ils se jettent avec une nouvelle avidité sur leur nourriture. Ils traversent ainsi quatre phases, jusqu'à ce qu'ils arrivent à la période de la formation de leurs cocons. A cette époque ils cessent de manger, et leur corps devient transparent et couleur de chair. Il faut alors disposer auprès d'eux soit de petits branchages sur lesquels ils grimpent, soit de simples cornets de papier dans lesquels ils se logent : ils commencent aussitôt leur travail. Les chenilles blanches filent ordinairement une soie d'un beau jaune ; les chenilles noires, une soie blanche ou d'une teinte légèrement verdâtre.

Quand le cocon est fini, ce qui demande trois ou quatre

jours, le ver à soie subit une nouvelle métamorphose ; de chenille qu'il était, il devient chrysalide. Vous agitez légèrement le cocon pour vous assurer que la chrysalide est bien formée, vous le faites tremper pendant quelques minutes dans de l'eau très-chaude, et ensuite vous vous amusez à le dévider en enroulant la soie sur un morceau de carte pliée. Mais il faut faire le sacrifice de la chrysalide, qui meurt asphyxiée dans ce bain d'eau chaude. Si vous voulez la conserver, vous devez dévider le cocon dans son état naturel, ce qui est plus difficile, et, lorsque toute la soie a été ainsi retirée et qu'il ne reste plus qu'une enveloppe en forme d'œuf, vous la coupez avec précaution et vous en retirez la chrysalide, que vous placez dans du son. Peu de temps après elle se transforme en un papillon blanchâtre assez laid, inerte, c'est-à-dire presque immobile, qui s'attache à un morceau d'étoffe de laine que vous avez eu soin de préparer. Il ne vit dans cet état que trois ou quatre jours, et meurt après avoir pondu des œufs ou graines que vous gardez au fond d'une boîte pour l'éclosion de l'année suivante.

HERBORISATION, HERBIER.

Tout à l'heure nous avons parcouru les prairies et nous avons fait la chasse aux papillons et aux insectes. Voulez-vous que nous fassions aujourd'hui une promenade dans les bois, pour y recueillir des plantes et des fleurs qui vous serviront à faire une collection tout aussi intéressante que celle de vos papillons et de vos insectes? Notre bagage ne sera encore cette fois ni bien lourd ni bien embarrassant : une boîte de forme longue en fer-blanc pour conserver les plantes fraîches et entières; un instrument pour arracher les plantes, tel qu'une canne à lance, une houlette, ou même tout simplement une petite bêche armée de fer, semblable à celle dont vous pouvez vous servir pour le jardinage.

Ce n'est pas le moment de vous donner sur l'organisation des plantes et sur les nombreuses familles auxquelles ces plantes appartiennent des notions scientifiques qui ne sont nullement l'objet de notre livre. Nous voulons ici seulement vous enseigner le moyen de conserver les plantes que vous avez recueillies dans des promenades faites en compagnie de votre père ou de vos maîtres, qui pourront vous aider de leurs conseils pour choisir telle plante plutôt que telle autre.

Voici donc comment vous composerez votre herbier. Vous aurez préparé un cahier avec du papier grossier, du papier gris, collé ou non, mais plutôt *aluné*, c'est-à-dire enduit d'une légère couche d'alun. Vous essuyez les plantes, si elles sont mouillées; vous les étalez séparément dans les feuilles du cahier, de manière que la forme et la position naturelle des parties soient aussi bien conservées qu'il est possible. Les plantes, ainsi disposées, sont mises en presse. La pression, surtout dans les premiers jours, doit être modérée. Trop forte, elle écraserait les parties épaisses; trop faible, elle ne ferait pas sortir l'humidité du tissu, et les plantes finiraient bientôt par se pourrir.

Lorsqu'elles sont suffisamment desséchées, vous placez chacun de vos échantillons dans une nouvelle feuille de papier, et vous pouvez, en interrogeant vos souvenirs et à l'aide de quelques conseils, écrire sur la feuille le nom de la plante et la localité où vous l'avez cueillie. Si vous avez le soin de visiter vos plantes assez souvent et de les changer de papier lorsque vous apercevrez la moindre trace d'humidité, vous aurez la satisfaction de les conserver longtemps. Rien n'empêche même de les fixer sur des feuilles par des bandes étroites de papier qui, collées à chaque bout de la plante, la retiennent et l'assujettissent de manière qu'elle n'est plus dérangée de sa position quand vous ouvrez ou que vous feuilletez votre herbier. Vous pouvez encore appliquer vos fleurs sur le papier au moyen d'une solution de gomme.

Après avoir pris tous ces soins pour bien arranger vos plantes, il vous faut les mettre à l'abri des insectes, qui se glissent partout et qui les dévoreraient sans pitié. Comme votre herbier ne sera pas bien considérable, il suffira généralement de l'enfermer dans les tiroirs d'un meuble et de semer çà et là quelques morceaux de camphre dans ces tiroirs. Il y a des procédés plus efficaces pour écarter les insectes; mais, comme il faut y employer des substances dangereuses, nous ne croyons pas devoir les indiquer. Nous aimons mieux compter avec vous tous les plaisirs que vous devez à votre herbier : d'abord des promenades charmantes à travers les champs et les bois, et par conséquent un exercice salutaire à votre santé; ensuite un excellent appétit, dont vous avez donné de si bonnes preuves pendant le déjeuner; enfin un agréable passe-temps dans l'arrangement des plantes, dans la confection de votre herbier, et, quand vous feuilletez cet herbier, vous vous rappelez tous les lieux que vous avez parcourus : à chaque plante est attaché un souvenir.

JARDINAGE, CULTURE DES FLEURS.

Vous avez lu l'histoire de France et vous connaissez la triste destinée de ce jeune prince qui porta bien peu de temps le nom de Louis XVII, après la catastrophe qui enleva à son infortuné père Louis XVI la couronne et la vie. Le royal enfant n'avait pas de plus grand plaisir que d'apporter tous les matins à la reine Marie-

Antoinette, sa mère, un bouquet de fleurs qu'il avait cultivées et cueillies de ses mains dans un petit coin réservé des jardins de Versailles. C'est qu'en effet rien n'est plus agréable, rien ne cause un plaisir plus doux que la culture d'un petit jardin, que la vue de ces fleurs que l'on a plantées, qui grandissent, se développent et s'épanouissent sous vos yeux.

Les premières conditions pour l'éducation des plantes sont celles qui regardent l'air, la lumière, l'humidité et la chaleur. Les plantes ont besoin d'air ; elles respirent comme nous ; l'air est aussi utile à leur nutrition qu'à notre existence. Ainsi, quand une plante formera une touffe trop serrée, il faudra rétablir la circulation de l'air entre toutes ses parties, en enlevant des feuilles et même des branches, si cela est nécessaire. L'instrument dont vous vous servirez pour cette opération sera soit une simple paire de ciseaux, soit une petite serpette que vous manierez avec prudence.

C'est la lumière qui colore le feuillage et les fruits et qui donne aux fleurs ces belles nuances dont l'éclat charme la vue. Pour ce qui concerne l'humidité, il faut ménager les arrosements aux plantes grasses, et ne pas les épargner aux autres. Règle générale, n'arrosez les plantes grasses que lorsque la terre des vases qui les renferment est desséchée à un pouce de profondeur de la surface. Les plantes ordinaires demandent de l'eau aussitôt que la sécheresse a pénétré à une profondeur de trois ou quatre lignes. L'heure des arrosements n'est pas indifférente. Au printemps et à l'automne, c'est-à-dire tant que la chaleur du jour aura besoin d'être conservée dans la terre pendant la nuit, arrosez le matin, afin que le soleil ait le temps de réchauffer la terre avant la fraîcheur du soir. L'été, arrosez le soir, pour que la fraîcheur, qui est si salutaire à cette époque de l'année, puisse se conserver toute la nuit dans les racines.

La chaleur est peut-être la cause la plus active de l'accroissement plus ou moins rapide que prennent les plantes ; mais il ne faut pas qu'elle soit trop considérable. Choisissez pour vos petits jardins l'exposition du levant ou du couchant ; si vous n'avez pas le choix de l'exposition, celle du midi pourrait encore vous suffire. Vos fleurs exposées au nord ne prospéreraient pas. Lorsque la pluie ou le vent a couché quelqu'une de vos plantes, relevez-la avec précaution, plantez en terre un tuteur, c'est-à-dire une petite baguette qui la soutiendra au moyen d'un brin d'herbe ou de jonc dont vous vous servirez comme d'un lien. A mesure que vous voyez pousser les mauvaises herbes, les plantes parasites, arrachez-les, et donnez de temps en temps quelques coups de bêche pour remuer la terre et la rendre plus facilement perméable à la chaleur et à l'humidité.

Quant aux plantes que vous vous plaisez à cultiver pour orner la croisée de votre chambre, vous aurez à combattre des ennemis redoutables : ce sont certains insectes, et entre autres les fourmis et les pucerons. On ne détruit pas facilement les fourmis, mais on peut s'en garantir. Placez près de la plante un vase rempli d'eau miellée : les fourmis, qui en sont très-friandes, viendront toutes s'y prendre et s'y noyer. Si elles attaquent une caisse dans laquelle vous cultivez un arbuste, vous les empêcherez de grimper sur le feuillage en attachant autour de la tige un flocon de laine qui sera pour elles un obstacle insurmontable. Quant aux pucerons et aux autres insectes nuisibles, le meilleur moyen de s'en débarrasser, c'est de laver les plantes qui en sont infectées avec une décoction de tabac ou avec de l'eau de savon.

Vous avez encore un moyen d'avoir des fleurs, même

en-hiver, dans les appartements, et d'orner les cheminées à peu de frais. Au mois de septembre, vous remplissez d'eau de petites carafes de verre blanc ou bleu, de porcelaine ou de faïence. Jetez-y quelques grains de sel; posez ensuite un oignon de jacinthe, de narcisse, ou tout autre oignon à fleur, de manière que la couronne seulement soit plongée dans l'eau. Vous ajoutez de l'eau à mesure que l'oignon en absorbe. Il faut que la chaleur de l'appartement soit modérée; la chaleur d'un poêle serait nuisible, si elle était trop vivement poussée. Au bout de quelques jours, vous voyez les racines s'allonger dans l'eau, la tige de la fleur sortir peu à peu de l'oignon, et vous pouvez ainsi observer jour par jour les progrès de votre plante, jusqu'à ce qu'elle arrive à une floraison complète et qu'elle s'épanouisse dans toute sa beauté. Seulement, il faut que vous sachiez que les oignons employés à cette culture sont entièrement sacrifiés et ne peuvent plus servir pour une reproduction nouvelle.

DESSIN, COLORIAGE.

Dessin. Ce ne sont pas des leçons de dessin proprement dites que nous avons la prétention de vous donner; nous laissons à vos parents et à vos maîtres le soin de choisir la meilleure méthode pour vous enseigner cet art, auquel vous prendrez goût certainement, et qui, à tout âge, sera pour vous une des plus agréables distractions après des travaux sérieux. Nous voulons seulement vous donner le moyen d'occuper vos loisirs les jours de congé, lorsque le mauvais temps ne permet pas la promenade, ou que vous voulez passer d'un jeu actif à un exercice paisible. Vous pouvez, au moyen du calque, reproduire un dessin qui vous plaît, un paysage, des vaches dans une prairie, un beau chien de chasse en arrêt sur un lièvre, des chevaux de course avec leurs jockeys, des soldats français aux prises avec les Russes.

Calquer, c'est copier le plus exactement possible un modèle. Il existe plusieurs procédés également bons pour calquer; mais la plupart exigent l'emploi d'instruments que vous ne sauriez peut-être pas manier; voici le procédé le plus simple. Vous prenez une feuille de papier blanc, vous la placez sur le dessin que vous voulez copier, et vous les attachez ensemble avec des épingles, de façon qu'ils ne puissent pas se déranger; ensuite vous les appliquez sur un carreau bien propre et sans défaut. Il faut toujours choisir un carreau un peu élevé, afin que la lumière soit plus nette et plus vive. Alors, soit avec un crayon de mine de plomb, soit avec un crayon à dessin, vous tracez sur votre papier tous les traits que vous voyez sur le modèle. Quand ce travail est fini, vous détachez le papier, vous vous placez à une table, et là, le modèle sous les yeux, vous rectifiez les lignes mal tirées, et vous tâchez de transporter sur votre papier tous les petits détails qui vous ont d'abord échappé.

Quand vous serez plus exercés et par conséquent plus habiles, vous pourrez vous permettre de calquer même un tableau, pourvu qu'il soit de petite dimension, et voici comment vous procéderez. Ici vous ne vous servirez pas de papier ordinaire, car il ne serait pas assez transparent, et la lumière ne viendrait éclairer ni le papier ni le tableau. Vous ferez usage de papier *végétal*, que vous appliquerez sur le tableau, et, pour tracer les traits, vous aurez encore recours à un crayon, comme dans le calque d'un dessin sur papier, ou, si vous l'aimez mieux, à une pointe fine, dite pointe à calquer, dont se servent les graveurs; mais vous aurez bien soin de ne pas appuyer trop fortement, de peur d'endommager le tableau.

Coloriage. Maintenant passons à une autre opération. Voilà votre calque fini, votre dessin reproduit ; vous voulez le colorier, l'enluminer. Avant tout, éprouvez votre papier, examinez s'il ne boit pas l'eau : s'il a ce défaut, commencez par le coller, c'est-à-dire par y mettre un enduit qui l'empêche de boire et qui se vend tout préparé chez les marchands de couleurs. Si le papier ne boit pas, la préparation devient inutile.

Votre boîte de couleurs est munie d'un certain nombre de godets et de pinceaux : c'est dans les godets que vous délayez les couleurs dont vous avez besoin, et, quand vous passez d'une couleur ou d'une nuance à l'autre, il est nécessaire de laver vos pinceaux dans un verre d'eau et de les essuyer avec un chiffon. Par mesure de précaution, n'approchez jamais ni pinceaux ni couleurs de vos lèvres : car il y a des couleurs qui sont des poisons, entre autres, le vermillon, le rouge de Saturne et la gomme-gutte. Lorsque vous avez colorié une partie de votre dessin, laissez bien sécher cette couleur avant d'en placer une autre à côté ; autrement elles se mêleraient ensemble et ne vous offriraient plus qu'un coloriage informe.

Il y a souvent des occasions où l'on est obligé de nuancer les couleurs, de faire des parties foncées et d'autres plus claires. Commencez par étendre partout bien uniformément la nuance la plus claire, laissez-la sécher et placez ensuite les nuances les plus foncées, résultat que vous obtiendrez avec la même couleur délayée dans une moindre quantité d'eau. Si vous voulez donner une teinte unie, humectez suffisamment votre pinceau et étendez la couleur avec rapidité ; vous éviterez ainsi d'avoir des parties plus foncées qui feraient tache.

Il vous sera facile d'appliquer ces procédés à la confection des cartes géographiques ; c'est un excellent moyen d'apprendre la géographie tout en s'amusant, et, si vous apportez du soin et de la persévérance à votre travail, vous aurez bientôt un petit atlas qui vous fera honneur, et que vous pourrez offrir à votre mère le jour de sa fête.

Procédez de la manière suivante pour confectionner une carte de géographie. Partagez la carte qui vous sert de modèle en petits carrés que vous tracerez simplement au crayon, afin de pouvoir les effacer plus tard sans difficulté ; faites la même opération sur votre feuille de papier, c'est-à-dire tracez-y des carrés tout à fait semblables pour les dimensions à ceux de votre modèle et en nombre égal, bien entendu. Copiez aussi exactement que possible, dans chacun des carrés de votre papier, les parties correspondantes de la carte ; vous tracerez ensuite les degrés de longitude et de latitude, tels qu'ils sont indiqués sur le modèle. S'ils sont représentés par des lignes droites, il suffit de marquer deux points pour chacun et de réunir ces deux points par une ligne droite à l'aide d'une règle : s'ils sont courbes, on détermine trois ou quatre points de chacun, on courbe une règle flexible, une règle en baleine par exemple, de manière qu'elle passe par ces points, et on trace cette courbe avec le crayon. Enfin vous mettez la dernière main à votre œuvre par l'écriture des noms les plus importants et par le coloriage, dont les procédés vous ont été déjà indiqués.

Dessin à la sauce. Nous voulons encore vous enseigner une manière aussi facile qu'amusante de vous procurer de jolis dessins, surtout à la campagne, où vous pourrez glaner dans le jardin les modèles que la nature vous offre en si grand nombre. Ayez un album, quelques feuilles de papier blanc, et achetez pour quelques sous, chez un marchand de couleurs, une espèce de crayon noir ou plutôt de fusain qu'on désigne vulgairement sous le nom de *sauce*. Frottez sur une feuille de papier un morceau de ce crayon, de manière à obtenir une couche qui ne soit ni trop mince ni trop épaisse; voilà votre sauce prête. Vous avez fait choix de quelques feuilles de plantes ou d'arbustes, les plus jolies, les plus délicates que vous aurez pu trouver : prenez une de ces feuilles, placez-la sur votre sauce par la face de dessus, et couvrez-la d'un morceau de papier ; passez le doigt sur le papier partout où vous sentez la feuille au-dessous, de telle sorte qu'elle s'imprègne de la sauce dans toutes ses parties, mais n'appuyez pas trop fort, de peur de l'écraser. Cela fait, ôtez le morceau de papier, saisissez délicatement la feuille et appliquez-la par la face saucée sur une page de votre album. Prenez un autre morceau de papier bien propre, mettez-le sur la feuille, et passez le doigt comme vous avez déjà fait, en ayant soin de le promener partout où vous sentez la feuille. Enlevez alors feuille et papier, et vous aurez sur votre album une image fidèle, une reproduction exacte de la feuille. Mais nous devons vous prévenir que les dessins obtenus par ce procédé s'effacent assez facilement, et qu'il est bon d'avoir le soin de les recouvrir de papier de soie. On peut même les rendre plus durables en les trempant dans du lait; mais alors il faut faire chaque dessin à part, et le placer dans l'album au moyen de colle à bouche, quand il a subi l'opération et qu'il est parfaitement sec.

LA LANTERNE MAGIQUE.

« Lanterne magique ! » Ces deux mots ont retenti bien souvent à vos oreilles pendant les longues soirées d'hiver, lorsque ces bons Auvergnats descendent de leurs montagnes, parcourent les rues de la ville en jouant leurs plus beaux airs sur l'orgue de Barbarie et lèvent souvent les yeux vers les croisées, dans l'espoir qu'on les appellera pour charmer une nombreuse société par l'exhibition de la lanterne magique. Alors les enfants prient bien fort les grands-parents de leur accorder ce plaisir; les grands parents cèdent à ces prières, et on fait monter le musicien ambulant, qui, après avoir disposé sa machine, montre ce qu'ont montré son père et son aïeul, ce que montreront après lui son fils et son petit-fils, c'est-à-dire monsieur le Soleil et madame la Lune, Adam et Ève, les animaux, spectacle toujours le même, spectacle toujours nouveau.

Vous connaissez aussi ce singe mis en scène dans une fable de Florian, le singe Jacquau, qui voulut montrer gratis la lanterne magique à tous les animaux qu'il put rassembler des quatre coins de la ville, pendant que son maître était allé se rafraîchir au cabaret voisin. En véritable singe, il avait su reproduire le style, les expressions, le débit ronflant de son patron, qu'il voyait tous les jours à l'œuvre. Enfin, dit le fabuliste,

> Pendant tous ces discours, le Cicéron moderne
> Parlait éloquemment et ne se lassait point;
>   Il n'avait oublié qu'un point :
>   C'était d'éclairer sa lanterne.

Parmi nos jeunes lecteurs il y en a bien peu qui n'aient assisté au moins une fois à une séance de lanterne magique. Mais il y en a peut-être aussi bien peu qui connaissent la construction et le mécanisme de cet ingénieux appareil, sur lequel nous nous bornerons à donner quelques détails très-simples. Il a été inventé par le P. Kircher, jésuite, et date du xviie siècle, ce beau siècle qui a produit tant de grands hommes et tant de merveilles, sans compter la lanterne magique. Il consiste en une boîte dont la grandeur peut varier, mais dont la forme est toujours à peu près la même. Cette boîte, dont l'intérieur est peint en noir, est ordinairement en fer-blanc ; elle pourrait sans inconvénient être en bois ou même en carton très-fort. Chacun de ses quatre côtés, dans les proportions le plus habituellement adoptées, a 22 centimètres environ. Au fond de la boîte il y a un miroir concave, c'est-à-dire creux, destiné à réfléchir la lumière d'une lampe placée à son foyer. Dans le haut est une espèce de cheminée courbe. Plusieurs trous sont percés dans le bas pour donner de l'air à la lampe, qui sans cela ne brûlerait pas. Les rayons lumineux de la lampe sont réfléchis par le miroir sur une lentille convexe, qui concentre ces rayons sur un objet. Cet objet, qui est, comme nous le dirons tout à l'heure, un dessin tracé sur une lame de verre, est placé au-devant d'une seconde lentille convergente, laquelle va former sur un écran convenablement disposé l'image agrandie de l'objet éclairé.

C'est donc entre la première et la seconde lentille qu'on fait passer et repasser lentement les plaques de verre sur lesquelles sont peints aussi correctement que possible, et dans de très-petites dimensions, les objets dont on veut donner la représentation. Il serait trop long de vous expliquer les procédés employés pour préparer ces verres et les couvrir de dessins, et encore, avec toutes ces explications, vous ne réussiriez peut-être pas. On trouve ces verres tout préparés chez les opticiens ; c'est à vous de les choisir variés et de bon goût.

Au lieu d'un écran dont nous avons parlé dans la description de l'appareil, on dispose et on tend sur le mur, en face de la lanterne magique, une grande toile blanche : c'est sur cette toile que vont se représenter et se peindre toutes les images tracées sur les plaques de verre.

Plus la toile sera éloignée, plus les images seront grandes, parce que les rayons lumineux qui s'échappent de la dernière lentille vont toujours en s'écartant et augmentent ainsi les proportions des figures. L'acteur qui s'est chargé de manier les verres doit, tout en les faisant marcher en avant et en arrière, expliquer le sujet des scènes qui s'offrent aux regards des spectateurs, et donner à ses récits un peu d'entrain et d'animation. N'oublions pas surtout une chose fort importante. Il faut que la chambre qui sert de salle de spectacle soit parfaitement obscure; il ne doit y avoir d'autre lumière que celle qui se trouve renfermée dans la lanterne. Sans cela, nous produirions un effet tout à fait semblable, mais pour un motif différent, à celui que produisait la lanterne de maître Jacquau; et qui provoquait le dialogue suivant entre les spectateurs assemblés :

> « Ma foi, disait un chat, de toutes ces merveilles
> Dont il étourdit nos oreilles,
> Le fait est que je ne vois rien.
> — Ni moi non plus, disait un chien.
> — Moi, disait un dindon, je vois bien quelque chose;
> Mais je ne sais pour quelle cause
> Je ne distingue pas très-bien. »

LA FANTASMAGORIE.

La Fantasmagorie, ou, pour expliquer ce mot, l'art de faire apparaître des spectres, des fantômes, est un spectacle du même genre que la lanterne magique. Nous avons vu que, dans l'exhibition de la lanterne magique, les spectateurs sont placés, comme la lanterne elle-même, du même côté, c'est-à-dire devant la toile qui reçoit les images. Dans la fantasmagorie, au contraire, pour augmenter l'illusion, la toile est tendue entre les spectateurs et l'instrument. Ici, en effet, tout le mécanisme de l'opération disparaît aux yeux du spectateur; l'obscurité la plus profonde règne dans la salle. Tout à coup une figure (ce sera la tête d'un lion, un diable, un serpent) apparaît d'abord bien loin, et vient se peindre aux yeux des assistants comme un point lumineux sur la toile. Bientôt cette figure s'accroît, grandit, semble s'approcher peu à peu, et puis se précipiter vers les spectateurs. L'illusion est si complète, que ceux même qui connaissent par quels procédés se produit ce phénomène ne peuvent s'en défendre. Aussi faut-il bien se garder d'effrayer les jeunes enfants par des impressions subites et trop vives, et, lorsqu'ils assistent au spectacle de la fantasmagorie, il est prudent de se tenir auprès d'eux pour leur expliquer comment se produit cette illusion, de manière que la sensation de surprise qu'ils éprouvent ne soit pas portée jusqu'à la frayeur.

Voyons donc ce qui se passe derrière la toile. Une lanterne magique ordinaire est disposée de manière à pouvoir s'éloigner ou se rapprocher de la toile sur laquelle vient se peindre l'image qui s'offre aux yeux des spectateurs. L'un des verres lenticulaires de cette lanterne a un mouvement indépendant d'elle; il s'éloigne quand elle se rapproche de la toile, il se rapproche quand elle s'en éloigne, de manière que l'image reste constamment visible et distincte. L'opérateur commence donc par disposer son appareil à une très-petite distance de la toile, en éloignant le plus possible le verre dont il a été question tout à l'heure. L'image de la figure, du fantôme, paraît alors comme un point; l'opérateur éloigne ensuite progressivement la lanterne, en rapprochant la lentille; alors la figure grandit, et les spectateurs croient qu'elle s'avance, et qu'elle s'avance au point de venir se jeter sur eux. C'est pour produire ces variations de grandeur des images que la lanterne magique est montée sur des roulettes garnies de drap, au moyen desquelles l'instrument peut rouler, c'est-à-dire avancer ou reculer, sans faire de bruit. C'est aussi en combinant les distances de l'instrument à toile et de la lentille à l'objet sur lequel sont peintes les images, qu'on parvient à rendre ces images, projetées sur la toile, plus petites ou plus grandes, et toujours parfaitement nettes.

LES OMBRES CHINOISES.

Il est impossible de prononcer ces deux mots sans y ajouter tout aussitôt un nom qui en est pour ainsi dire inséparable, le nom de Séraphin, nom bien connu de tous les enfants, non-seulement de ceux qui habitent Paris et qui ont eu le plaisir d'assister à une représentation des Ombres chinoises, mais aussi de ceux qui, vivant loin de la capitale, aspirent au moment heureux qui les y amènera pour jouir à leur tour de ce spectacle magique.

Les ombres chinoises sont, de temps immémorial, le plaisir des Orientaux, surtout des Chinois, et de là leur est venu le nom qu'elles portent. C'est par l'Allemagne que ce genre de spectacle fit son apparition en Europe, et ce fut en 1767, il y a bientôt cent ans, qu'on en fit en France le premier essai : cet essai ne fut pas heureux. En 1780, de nouvelles ombres chinoises vinrent, avec l'illustre Séraphin, s'installer à Versailles ; mais leur complète réussite ne date que de 1784, époque où elles allèrent, toujours sous la conduite de Séraphin, occuper au Palais-Royal, dans les nouvelles galeries de pierre, un emplacement voisin de celui qu'elles occupent encore aujourd'hui. Ainsi le véritable fondateur des ombres chinoises en France est Séraphin, et c'est maintenant son neveu, héritier de son nom et de sa renommée, qui dirige le théâtre où se sont amusés et où s'amuseront encore longtemps les grands et les petits enfants.

Heureux théâtre que celui de Séraphin ! Là, jamais de contre-ordre, jamais de désappointement. L'affiche du soir tient scrupuleusement les promesses de l'affiche du matin. Les acteurs sont toujours prêts, toujours disposés ; chez eux point de rhume, point de mal de tête, point de caprice qui vienne interrompre le cours d'une pièce en vogue ; point de jalousie non plus, ni de rivalités : ils acceptent sans murmurer tous les rôles qu'on veut bien leur confier, même ceux dans lesquels il y a des coups de bâton à recevoir. Si par quelque accident il y a une jambe cassée, un bras démis, une tête endommagée, l'accident est bientôt réparé, le mal bientôt guéri. Au bout de quelques minutes, que dis-je, après quelques secondes, les acteurs qui ont souffert le dommage reparaissent sur la scène aussi complets qu'auparavant ; il y a pour tous des bras, des jambes et des têtes de rechange.

Expliquons ces mystères, qu'on peut facilement deviner sans être pour cela un habile sorcier, et disons en peu de mots quels sont le mécanisme et l'appareil des ombres chinoises.

Choisissons d'abord l'embrasure d'une porte qui sépare deux chambres ; les spectateurs se placeront dans une pièce, le magicien occupera l'autre, et notre machine sera entre les deux portes. Cette machine consistera en un cadre de bois d'environ 2 mètres 27 centimètres de hauteur sur 1 mètre 20 centimètres de largeur. Dans ce cadre devront être pratiquées deux rainures de 70 centimètres de longueur à peu près ; le bas côté du cadre sera élevé au-dessus du sol au moins de 1 mètre 75 centimètres, il sera supporté par des pieux cloués légèrement et fixés sur la porte. Nous avons en outre plusieurs cadres de 1 mètre 33 centimètres de largeur sur 70 centimètres de profondeur, couverts de gaze blanche ou vernie. Sur cette gaze sont peints des dessins divers, maisons, paysages, ponts, bateaux, rivière, ou autres sujets parfaitement en rapport avec les scènes que nous ferons jouer aux personnages. Quant aux personnages ou aux acteurs, ce sont des figures de carton mince avec des articulations mobiles attachées, comme celles des pantins, à de petits fils de fer ou de laiton qui les font mouvoir en tous sens derrière les châssis et très-près de ces châssis. Toutes ces figures doivent être découpées pour être vues de profil. Le théâtre est éclairé par des lampes à réflecteur placées à 1 mètre 50 centimètres environ.

Le talent du magicien consiste à savoir mettre de l'ensemble dans les mouvements de ses personnages et du rapport entre les paroles et les gestes qui accompagnent ces paroles. Il faut aussi pouvoir à l'occasion imiter le chant des oiseaux, le miaulement des chats, l'aboiement des chiens, enfin tout ce qui peut contribuer à l'illusion de ce petit spectacle. Les scènes qu'on représente sont variées comme les personnages qui y figurent : tantôt c'est un pauvre aveugle, appuyé sur son bâton, précédé de son chien, son compagnon fidèle, et recevant dans son chapeau les sous que les passants viennent y déposer ; tantôt ce sont les marchands des rues de Paris, qui défilent tour à tour sous les yeux des spectateurs en faisant entendre leurs cris si bien connus : le porteur d'eau, le marchand d'allumettes chimiques, le gagne-petit, le raccommodeur de porcelaine, le marchand de coco ou de plaisirs, la boutique à deux sous et à cinq centimes. Enfin ce sera la fameuse scène du *pont cassé*, dans laquelle se chante le fameux couplet :

    Les canards l'ont bien passée, etc.

Nous terminerons en donnant quelques conseils sur la

manière dont il faut s'y prendre pour découper les figures et les rendre des machines agissantes.

On colle sur une feuille de carton mince des feuilles représentant des figures de personnages, d'animaux ou d'autres sujets : on attend que le tout soit bien sec, et on procède alors à la découpure de chaque pièce, en employant tour à tour les ciseaux et le canif. Il faut avoir soin de ne découper que les blancs du tour et de l'intérieur des bras et des jambes. Cette opération terminée, on pique, au moyen d'aiguilles plus ou moins grosses, des trous pour les yeux ainsi que pour les principaux traits laissés en blanc, qui dessinent soit les chapeaux ou les cheveux, soit les plis des vêtements.

Maintenant, pour faire de ces petites figures des machines agissantes, voici comment on procède. On coupe et on perce d'un trou d'aiguille les deux parties, puis on passe un fil que l'on arrête de chaque côté de la figure par un nœud, de manière que le bras soit attaché au corps et puisse se mouvoir. Il en est de même de tous les membres qu'on désire voir remuer ; on les coupe d'abord, ensuite on colle derrière des languettes de carton qui en augmentent la longueur, et enfin on les rapporte avec des attaches de fil au corps des personnages. Pour faire agir ces personnages et les mettre en scène, on place, soit au corps soit à une jambe, en les perçant de trois trous d'aiguille, un petit morceau de fil de laiton au moyen duquel la figure se tiendra droite, et qui sera terminé en crochet, de manière qu'il ne puisse pas se détacher. Il faut autant de fils attachés qu'il y a de membres agissants.

LES FEUX PYRIQUES OU FEUX CHINOIS.

Les Feux pyriques, dits aussi Feux chinois, sont le complément obligé des ombres chinoises. Ces feux, sous le rapport de la composition, ne ressemblent en aucune façon aux feux d'artifice proprement dits ni aux feux du Bengale, qui s'obtiennent par le mélange de poudre et de métaux pulvérisés ou par la combinaison d'autres produits. Nous ne voulons pas que les enfants manient des substances dangereuses. Les feux chinois ne sont que des tableaux sur lesquels on a dessiné et colorié différents sujets qu'on veut représenter ; le fond de ces tableaux est noir, afin que les lumières placées derrière ne puissent s'apercevoir, et que les sujets qui y sont peints paraissent brillants et lumineux. C'est ainsi qu'on produit une imitation des feux d'artifice, mais sans bruit et sans danger.

La construction du théâtre est à peu près celle qui a été indiquée pour les ombres chinoises. On choisit l'embrasure d'une porte placée entre deux pièces, de manière que les opérateurs se trouvent dans un endroit éclairé, et les spectateurs dans un endroit obscur. Dans l'embrasure de cette porte est établi un châssis fixe qui doit remplir cette embrasure, et dans lequel entre un second châssis, dont l'ouverture aura exactement les dimensions qui seront données aux dessins ou aux sujets. Deux coulisses adaptées à ce châssis permettent de faire avec facilité le changement des sujets. Il faut se procurer autant de cadres qu'on a de dessins ou de sujets à représenter. Ces dessins consistent, comme nous l'avons dit, en des feuilles de papier dont le fond est complétement noir et sur lesquelles sont peintes en couleur des scènes variées, un château d'eau, une couronne de fleurs, la croix de la Légion d'honneur, le soleil, la lune et les étoiles, etc. On pique une quantité plus ou moins considérable de trous de différentes grandeurs et de différentes formes, les uns ronds, les autres ovales, de manière à produire l'effet qu'on se propose d'obtenir. Ainsi, dans le château d'eau, les trous seront disposés de façon à imiter les gerbes d'eau qui s'échappent de différents points pour retomber en cascades. Les feuilles sont collées sur les cadres et bien tendues.

Pour produire les effets du scintillement de la poudre et imiter une pluie de feu, on emploie des bandes de papier rayé de différentes façons et de couleurs diverses, lesquelles sont placées sur des cylindres de bois qui s'enroulent l'un sur l'autre. Pour l'effet des pièces d'artifice à lignes courbes, telles que le soleil, la lune, la sphère, les anneaux, on fait usage d'une roue à lignes spirales noires et blanches, ou noires et roses, ou noires et bleues. Ce dessin sera attaché et fixé à un cercle de fil de fer, portant quatre traverses également en fil de fer et muni d'un manche qui sert à le mettre en mouvement. Cette roue doit être placée aussi près du devant que le permet la coulisse.

On peut se procurer, pour la représentation des feux chinois, des sujets tout préparés, c'est-à-dire coloriés et découpés à jour; il ne reste plus qu'à les fixer dans leurs cadres. Mais on peut aussi s'amuser à les composer entièrement soi-même, et c'est là un premier passe-temps qui a son agrément et son utilité.

LE KALÉIDOSCOPE.

Passons à un petit instrument qui nous fera voir les plus jolies choses du monde, comme son nom formé de mots grecs l'indique du reste. Le Kaléidoscope est fondé sur une application nouvelle d'une propriété de la lumière, propriété qu'on appelle *réflexion*, et que vous apprendrez à connaître en étudiant la physique. En attendant, vous avez peut-être remarqué que, lorsqu'on est placé devant une glace étamée, d'une assez grande épaisseur, dans laquelle vient se réfléchir la lumière d'une bougie, on aperçoit plusieurs images qui vont en s'affaiblissant : cet effet, dû à des réflexions successives de la lumière sur plusieurs surfaces du verre et de la feuille de métal qui y est appliquée, est analogue à celui que présente le kaléidoscope. Ce petit instrument d'optique, qui ne compte guère plus de quarante ans d'existence, et que sa nouveauté, comme la multiplicité des images qu'il présente, avait mis d'abord entre les mains de tout le monde, est très-simple et très-facile à construire.

Dans un tube de métal ou de carton noirci intérieurement, sont placées deux lames de verre couvertes sur leur seconde surface d'un vernis noir, ou simplement doublées d'un papier noir. Ces deux lames sont plus ou moins inclinées l'une à l'égard de l'autre, ou, en d'autres termes, elles forment ensemble un angle de 45 degrés environ, et sont maintenues d'une manière fixe dans cette position. L'une des extrémités du tube est fermée par une lame de verre blanc recouverte d'une lame de carton qui est percée à son centre d'une petite ouverture servant d'oculaire, c'est-à-dire que c'est là qu'on applique l'œil pour regarder. A l'autre extrémité du tube est un espace, une certaine capacité comprise entre deux lames de verre, dont l'une, qui est un verre transparent, est placée à l'intérieur, et l'autre, qui est un verre dépoli, est placée à l'extérieur et ferme le tube. C'est dans cette capacité qu'on a placé les objets les plus divers, en petits fragments, verres colorés et de toute nuance, petites feuilles de végétaux, petits morceaux de dentelles et de papiers de couleur, petits coquillages, etc.

Voilà l'instrument confectionné. Maintenant prenez-le dans la main, en le plaçant dans une position presque horizontale ; tournez l'extrémité du côté de la lumière (lumière du jour ou d'une lampe, peu importe), et appliquez votre œil à l'oculaire : les petits objets viendront se réunir dans l'angle formé par les deux lames de verre, ils se refléteront dans toutes les deux, et, comme on les voit en même temps dans la boîte transparente, vous apercevez plusieurs images des objets disposés de la même manière. Agitez un peu votre kaléidoscope et regardez : les dessins sont changés ; et vous pouvez ainsi varier à chaque instant vos surprises. En effet, la plus légère agitation de l'instrument suffisant pour déplacer les objets renfermés dans la capacité vitrée, la multiplicité et la variété des dessins qu'on peut produire sont pour ainsi dire infinies ; mais en même temps il est bien rare qu'on reproduise un dessin qu'on a déjà obtenu.

Vous le voyez, la construction de ce joli instrument n'exige ni de grands efforts de travail, ni de grandes dépenses, ni surtout de nombreux matériaux : deux lames de verre que l'on couvre de papier ou de vernis noir sur l'une de leurs surfaces ; un étui de carton fermé à l'une de ses extrémités par un petit couvercle de bois, de fer-blanc ou de carton ; deux verres, dont l'un transparent et l'autre dépoli, pour former la capacité qui renferme les petits objets : voilà ce qu'il faut pour établir un kaléidoscope au moyen duquel on se crée un amusement aussi agréable que varié.

LE MICROSCOPE.

Voici encore un nom composé de mots grecs ; mais qu'on ne s'effraye point, nous ne faisons pas de la science, nous ne prenons de chaque chose que la partie amusante. Nous sommes bien obligés cependant, si nous voulons être compris, de dire que le Microscope est un petit instrument au moyen duquel on peut non-seulement agrandir d'une manière merveilleuse les proportions de certains objets que l'on veut considérer, mais encore apercevoir et examiner tout à loisir de très-petits objets, de très-petits êtres vivants qui échappent à la vue simple. Nous allons vous enseigner un moyen de vous construire un microscope facilement et à peu de frais. Procurez-vous un morceau de cuivre, pratiquez-y ou faites-y pratiquer un trou de la grosseur d'une tête d'épingle ordinaire ; placez-y avec précaution, délicatement, au moyen d'un bout de papier, d'un cure-dent ou de tout autre objet, une goutte d'eau qui prendra la forme d'un globule, c'est-à-dire d'un petit globe. Maintenant, si vous êtes dans un endroit bien éclairé par la lumière du jour, regardez à travers ce petit microscope improvisé, et amusez-vous à considérer sur du papier blanc l'aile d'une mouche, un cheveu, un brin de fil, un grain de sable, une petite aiguille, la feuille d'une fleur, et vous ne vous lasserez pas d'admirer la foule de choses curieuses que vous découvrirez. L'aiguille, par exemple, qui est si polie et si fine, paraîtra à vos yeux comme une petite barre de fer toute crevassée, le brin de fil sera une corde, le grain de sable un caillou, et le cheveu prendra aussi des proportions si considérables que vous aurez peine à croire au témoignage de vos sens. Malheureusement votre microscope, avec sa goutte d'eau, ne peut pas durer longtemps, mais il vous est facile de recommencer l'opération ; la matière ne coûte pas cher.

Du reste, nous pouvons vous enseigner un autre procédé pour avoir un microscope plus durable ; mais ce procédé demande aussi plus de soin et d'habileté. Ayez un fil de platine, et entourez avec ce fil la pointe d'une épingle, de manière à faire un petit anneau dont l'épingle sera le manche. Procurez-vous ensuite, ce qui n'est pas difficile, un morceau de cristal que vous casserez en très-petits fragments : prenez un de ces fragments, posez-le sur l'anneau, que vous tenez au moyen de l'épingle, et présentez-le à la flamme d'une bougie, de manière que la pointe de cette flamme vienne le toucher. Le verre se fondra et se transformera en globule ; ce sera une vraie lentille qui pourra servir à vos expériences microscopiques. Cette lentille, vous l'enchâsserez dans deux anneaux de cuivre ou de plomb dont les trous seront justement proportionnés à sa grosseur. Plus le microscope sera petit, plus il grossira les objets.

Si vous ne voulez pas vous donner tout cet embarras, surtout si vous craignez de ne pas réussir, vous pouvez employer un moyen plus facile de vous procurer un bon instrument. D'abord vous pourriez l'acheter tout fait, ce qui couperait court à toutes les difficultés ; mais nous aimons mieux que vous ayez quelque chose à faire, et cela pour deux motifs : pour ménager votre bourse et vous donner de l'adresse. Vous vous contenterez donc d'acheter un cylindre ou un tube de cuivre de 16 centimètres de longueur et de 8 centimètres de diamètre. En même temps vous choisirez deux verres convexes, c'est-à-dire bombés ; la science les désigne sous le nom de lentilles convergentes. L'un de ces verres, appelé l'*objectif*, sera placé vers l'une des extrémités du tube, au-devant de l'objet qu'on veut examiner ; il forme déjà une image très-agrandie de l'objet. Le second verre, placé vers l'autre extrémité du tube, est appelé l'*oculaire*, parce que l'œil s'y applique; il amplifie encore l'image amplifiée de l'objet. Tout à l'heure nous n'avions qu'un microscope simple; maintenant nous possédons un microscope composé, dans lequel le grossissement est égal au produit des grossissements des deux verres lenticulaires dont il se compose, c'est-à-dire qu'un objet vu à travers cet instrument est grossi jusqu'à 4096 fois. Que de choses curieuses, combien de petites merveilles on peut contempler! une goutte d'eau, ou mieux encore une goutte de vinaigre, devient un petit lac dans lequel on voit se mouvoir et s'agiter en tous sens une foule de petits animaux parfaitement organisés. Le simple calice d'une fleur devient pour vous un monde nouveau; le duvet qui couvre l'aile d'un papillon vous frappe d'étonnement. Mais si le spectacle qu'on a sous les yeux est fait pour exciter la curiosité, il n'est pas toujours de nature à charmer la vue. La patte d'une mouche paraît comme toute velue, comme hérissée de grands poils et de piquants redoutables; la trompe d'un faible insecte, cette trompe si délicate qui va puiser le suc des fleurs, prend des dimensions qui lui donnent un aspect très-menaçant.

Le microscope, qui ne sert qu'à votre amusement, est une belle invention qui a rendu et qui rend encore tous les jours des services signalés à quelques sciences, surtout à l'histoire naturelle. Il a permis de rectifier des erreurs, de dissiper des préjugés, de perfectionner une foule de connaissances, enfin d'étudier l'organisation et les mœurs d'un grand nombre de petits animaux, qui jusqu'alors étaient restés inconnus. Cette étude, pleine d'intérêt, nous montre combien les œuvres de Dieu sont infinies, combien elles sont admirables, depuis ce soleil qui est 1400 mille fois plus gros que la terre, depuis tous ces astres brillants qui roulent dans l'immensité des cieux, jusqu'à ce brin d'herbe qui pousse humblement dans la prairie, jusqu'à ces petits êtres organisés qui vivent par milliers dans une simple goutte d'eau.

LES CANARDS ET LES POISSONS MAGNÉTIQUES.

Vous savez qu'il y a une substance qu'on appelle *aimant*, qui se trouve dans la terre et qui jouit de la singulière propriété d'attirer le fer et quelques autres métaux. Vous ne savez peut-être pas qu'on peut communiquer cette propriété au fer et à ces autres métaux par divers procédés qu'il serait fort inutile de vous indiquer, et qu'on obtient ainsi des aimants artificiels, c'est-à-dire des substances magnétiques qui ont toutes les propriétés des aimants naturels. C'est là tout ce que nous avons à vous dire au sujet d'une substance qui va servir à votre amusement.

Découpez dans quelques morceaux de liége, avec tout le soin et toute l'adresse que vous pourrez y mettre, des oies, des canards, des cygnes, des poissons. Vous pouvez même donner à ces figures une certaine apparence de vie, en creusant des petits trous à la place où seraient les yeux et en enchâssant dans ces trous deux petites perles de verre. Placez dans le cou de vos figures un petit morceau de fer aimanté, recouvrez-le le plus proprement possible d'une couche de cire blanche que vous rendrez bien égale et bien uniforme, et posez-les sur l'eau dans un vase, dans une grande cuvette qui sera votre bassin. Vous pouvez même vous donner le luxe d'une petite cabane, que vous façonnerez de vos mains en assemblant quelques morceaux de liége ou de bois, et qui sera destinée à vos cygnes. Maintenant amusez-vous à promener un aimant soit au-dessus, soit au-dessous de la cuvette remplie d'eau, et vous aurez le plaisir de voir votre ménagerie suivre avec la plus grande docilité tous les mouvements et toutes les directions de votre main; vous ferez tourner les cygnes autour de leur cabane comme s'ils cherchaient à s'y réfugier.

Voulez-vous que l'illusion soit encore plus complète? voulez-vous produire des effets plus merveilleux? Prenez un morceau de bois cylindrique, une petite canne creuse, longue à peu près de 20 ou 30 centimètres. Introduisez dans un des bouts de cette canne un petit barreau d'acier aimanté, et fermez le bout avec un peu de cire ou par tout autre moyen, comme vous l'entendrez. Maintenant tenez à la main cette baguette magique. Vos oiseaux aquatiques sont bien tranquilles dans leur bassin, ils ne font aucun mouvement; présentez leur le bout aimanté de la canne : voyez comme ils s'empressent d'accourir, comme ils fendent l'eau avec grâce, comme ils suivent sans se tromper toutes les sinuosités de la route que leur trace la baguette! Présentez-leur maintenant l'autre bout de la canne : les voilà qui reculent et s'enfuient à l'extrémité du bassin, et ils passeraient par-dessus les bords s'ils en avaient la force. Vous pouvez ainsi, en faisant manœuvrer votre baguette, les attirer et les repousser tour à tour, et vous les verrez toujours obéissants et soumis à votre commandement.

N'oublions pas nos poissons, destinés à nous procurer le plaisir de la pêche. Pour les poissons, ce n'est pas dans le cou qu'il faut placer le petit morceau de fer, c'est dans la bouche, à la mâchoire. Les marchands de jouets qui vendent ces poissons tout préparés vendent aussi des lignes formées d'un brin de soie, au bout duquel est attaché un petit hameçon aimanté. Mais vous pouvez très-bien fabriquer vous-même une ligne de cette espèce, en achetant seulement l'hameçon. Jetez votre ligne magnétique dans l'eau du bassin, c'est-à-dire de la cuvette et à proximité de l'un des poissons; il s'empressera, non pas de mordre l'hameçon, mais de s'y attacher; détachez-le, mettez-le dans le sac, et jetez encore votre ligne : nouvelle capture qui vient tenir compagnie à la première; continuez ainsi votre pêche, vous êtes toujours sûr de la faire bonne. La pêche finie, vous mettez vos poissons, non pas dans la poêle à frire, mais dans la cuvette où vous les avez pêchés, et le lendemain, malgré la leçon de la veille, ils seront encore tout disposés à se laisser prendre.

ÉNIGMES ET CHARADES; CHARADES EN ACTION.

LES ÉNIGMES.

Depuis OEdipe, ce roi de Thèbes, de fameuse et triste mémoire, on s'est amusé dans tous les temps et chez tous les peuples à proposer et à deviner des énigmes. Nous n'avons certainement ni la prétention ni le goût de remettre en honneur cette espèce de jeu d'esprit, qui depuis longtemps déjà est tombé dans un grand discrédit, et dont on parle communément avec assez peu d'estime, dit Marmontel; et il faut convenir, ajoute cet auteur, que ce n'est pas le meilleur usage qu'on puisse faire de son intelligence. Mais il en est des exercices de l'esprit comme de ceux du corps : quoiqu'ils ne soient pas tous directement utiles, il n'en est aucun qui ne puisse contribuer à augmenter la vivacité naturelle de l'organe de la pensée. L'esprit est la faculté d'apercevoir avec promptitude et justesse les divers rapports des idées. Or, le jeu de l'Énigme consiste à proposer, dans une certaine obscurité, un nombre de rapports d'idées à démêler et à saisir ; et, soit qu'il s'agisse de découvrir quelle est la chose ou quel est le mot qu'enveloppe l'énigme, par cela seul qu'elle met en action la sagacité de l'esprit, elle en exerce l'activité et en aiguise la finesse. L'énigme proprement dite est une définition de choses en termes vagues et obscurs, mais qui, tous réunis, désignent exclusivement leur objet commun, et laissent à l'esprit le plaisir de le deviner.

Nous avons nommé tout à l'heure OEdipe et ce nom rappelle celui du Sphinx. Le Sphinx, vous le savez, était un monstre fabuleux qui parcourait les campagnes de la Béotie, proposant des énigmes aux passants et faisant périr tous ceux qui ne les devinaient pas. Vous savez aussi qu'OEdipe délivra le pays du fléau qui le désolait en découvrant le sens de la fameuse énigme proposée par le monstre, et dont voici les termes : *Quel est l'animal qui marche sur quatre pieds le matin, sur deux pieds à midi, sur trois pieds le soir?* Un animal qui marche sur quatre pieds le matin, il y en a beaucoup ; sur deux pieds à midi, c'est l'homme ; sur trois pieds le soir, on n'en connaît aucun. Il s'agit cependant de trouver celui qui le matin est *quadrupède*, à midi *bipède*, et *tripède* le soir : cela paraît fort difficile. Mais si l'on réfléchit que la vie, comparée à une journée, peut, comme celle-ci, se diviser en trois périodes distinctes, le matin sera l'enfance, le midi la force de l'âge, et le soir la vieillesse ; l'énigme est devinée, et le mot est l'homme. Dans la première enfance, l'homme se sert aussi bien de ses mains que de ses pieds pour marcher ; dans la force de l'âge, il marche sur ses deux pieds, et dans la vieillesse il se sert d'un bâton qui lui tient lieu, pour ainsi dire, d'un troisième pied. Il faut avouer qu'OEdipe n'était pas un grand sorcier pour avoir deviné le sens de l'énigme, et que les Béotiens, qui ne l'avaient pas deviné, méritaient bien non pas la mort, mais la réputation qu'ils avaient dans toute la Grèce.

Voulez-vous un autre exemple d'une énigme plus moderne et surtout plus ingénieuse ? Écoutez et devinez :

> Nous sommes deux aimables sœurs,
> Qui portons la même livrée
> Et brillons des mêmes couleurs.
> Sans le secours de l'art l'une et l'autre est parée.
> La fraîcheur est dans nous ce qu'on aime le plus.

Jusqu'ici tout semble indiquer que ces deux sœurs sont les *joues*. Mais continuons :

> Sans marquer entre nous la moindre jalousie,
> L'une de nous sans cesse a le dessus,
> Et plus souvent encor l'une à l'autre est unie.

Nous voilà tout déroutés : ceci évidemment ne se rapporte plus aux *joues;* seraient-ce les *mains?* Cependant rien de tout cela n'est juste à leur égard. Achevons donc de lire :

> Nous nous donnons toujours, dans ces heureux instants,
> De doux baisers très-innocents,
> Jusqu'au moment qui nous sépare ;
> Alors, et cela n'est pas rare,
> On voit, pour un *oui*, pour un *non*,
> Se détruire notre union ;
> Mais l'instant qui suit la répare.

Ici l'esprit est absolument détourné de tout ce qui n'est pas le vrai mot de l'énigme, et le seul objet auquel tous ces indices réunis puissent convenir, ce sont les *lèvres*.

Maintenant, si vous le voulez, je vais vous rendre plus habile qu'Œdipe, et vous apprendre à deviner ce qu'aura pensé une autre personne ; mais il s'agit de nombres seulement, c'est-à-dire que l'arithmétique fera tous les frais des énigmes que j'ai à vous proposer : nous aurons ainsi profit et agrément.

Voyons, vous, mon ami Jules, répondez à toutes mes questions. Pensez un nombre. — C'est fait. — Doublez-le. — C'est encore fait. — Ajoutez-y 8. — C'est ajouté. — De cette somme prenez la moitié, puis retranchez de cette moitié le nombre que vous avez pensé. — C'est fini. — Il doit vous rester 4, n'est-ce pas? — Oui, monsieur.

Eh bien! mon ami Édouard, supposons que votre camarade Jules a pensé le nombre 5. Doublez ce nombre. — 10. — Ajoutez-y 8. — 18. — Bon, prenez-en la moitié. — Cela fait 9. — Très-bien. — Otez-en le nombre que Jules a pensé. — Il reste 4. — C'est juste la moitié du nombre que vous avez ajouté. Ainsi, si vous ôtez cette moitié 4 du nombre 5 qui a été pensé, et qui est plus grand que 4, il vous reste 1 ; ce reste, étant ajouté à la même moitié 4, parce que le nombre pensé s'est trouvé plus grand que cette moitié 4, vous aurez le nombre 5, qui est celui que votre camarade Jules a pensé.

Maintenant vous, mon petit Gaston, pensez un nombre. — Oui, monsieur, je pense 6. — Mais il ne fallait pas me le dire ; vous deviez tenir la chose secrète. Enfin, n'importe ; vous comprendrez mieux l'explication de l'énigme que je veux vous proposer. Otez 1 de ce nombre pensé. — Il reste 5. — Très-bien ; doublez ce reste. — Deux fois 5 font 10. — A merveille, vous êtes un habile calculateur. Otez 1 de ce nombre. — Il reste 9. — Ajoutez-y 3. — 9 et 3 font 12. — La réponse ne laisse rien à désirer. Eh bien! n'est-ce pas le double de votre nombre 6? Donc, si je prends la moitié du nombre 12, j'ai le nombre que vous avez pensé tout haut, et que j'aurais deviné de la même manière si vous l'aviez pensé tout bas.

A votre tour, mon ami Alfred, et, comme je sais que

vous êtes un mathématicien très-exercé, tenez-vous sur vos gardes. Je viens de penser un nombre, et vous allez me faire le plaisir de le deviner. Au triple de ce nombre que j'ai pensé ajoutez 1, et multipliez la somme par 3 ; ajoutez à ce produit le nombre que j'ai pensé. Eh bien ! vous avez en ce moment une somme telle que, si vous en retranchez 3, le reste égalera 10 fois le nombre que j'ai pensé. Maintenant ôtez le chiffre de droite du reste, l'autre chiffre sera le nombre que j'ai pensé. Je vais vous le prouver. J'ai pensé le nombre 6 ; vous l'avez triplé, ce qui vous donne 18 ; vous y avez ajouté 1, ce qui fait 19. Ce nombre, multiplié par 3, donne pour produit 57 ; en y ajoutant le nombre pensé, qui est 6, on obtient 63. Retranchons 3, nous aurons 60 ; enfin, ôtons le chiffre de droite qui est 0, il nous restera 6, qui est bien le nombre pensé.

Mon ami Jules, je reviens à vous et je vous prie de penser deux nombres à la fois ; je vous les devinerai aussi facilement que s'il n'y en avait qu'un seul. Avez-vous pensé deux nombres ? — Oui, monsieur. — Faites-en la somme. — La voilà faite. — A cette somme ajoutez la différence entre vos deux nombres. — C'est fait. — Quel est le nombre résultant de cette addition ? — Monsieur, c'est 10. — Eh bien ! la moitié de ce nombre, qui est 5, est le plus grand de vos deux nombres pensés, et l'autre est 3. — C'est vrai, monsieur.

Supposons maintenant que je veuille de préférence connaître le plus petit des deux nombres, au lieu du plus grand. De la somme des deux nombres ôtez leur différence, il vous restera 6. Votre plus petit nombre n'est-il pas 3, qui est la moitié de 6 ? Les deux nombres que vous avez pensés son donc 5 et 3, et leur différence est 2.

Cette fois, et ce sera là notre dernier exercice énigmatique, je m'adresse à vous, Alfred; prenez cette pièce d'or et cette pièce d'argent, et mettez-les chacune dans une main différente, sans que je puisse voir ce que vous faites. Je veux deviner dans quelle main est chaque pièce. Donnez à la pièce d'or une valeur qui soit un nombre pair, à la pièce d'argent une valeur qui soit un nombre impair; doublez la valeur de la pièce qui est dans la main droite, triplez celle de la pièce que renferme la main gauche; ajoutez ensemble les deux produits. Le résultat est-il un nombre pair, c'est-à-dire peut-on en prendre juste la moitié? — Non, monsieur, c'est un nombre impair. — Eh bien! la pièce d'or est dans votre main droite, et la pièce d'argent dans votre main gauche. Si le nombre eût été pair, vous auriez eu la pièce d'or dans la main gauche, et la pièce d'argent dans la main droite.

LES CHARADES.

La charade est une espèce d'énigme dont on donne le mot à deviner. Mais dans l'énigme, comme nous l'avons dit, chaque phrase, chaque membre de phrase, fournit une explication plus ou moins claire, plus ou moins ingénieuse de l'objet que le mot de l'énigme représente. Dans la charade, on divise le mot en autant de parties qu'il a de syllabes, de manière que chaque syllabe devient un mot à sens complet. On définit successivement chaque partie, puis le *tout* ou *l'entier*, et l'on propose de deviner ce *tout*, c'est-à-dire le mot que forment les parties.

La charade est en prose ou en vers, comme l'énigme. En voici deux ou trois exemples qui suffiront pour vous faire comprendre en quoi consiste ce jeu d'esprit, qui est à peu près complétement tombé dans l'oubli.

A vous, mon ami Alfred, je propose celle-ci : *Mon pre-*

mier se sert de mon second pour manger mon tout. Vous voyez que le mot doit être divisé en deux syllabes, que la première indique un nom d'animal, la seconde quelque chose dont on se sert pour manger, comme *dent, bouche;* et que le tout ou l'entier est quelque chose qui peut être mangé; *plante, légume* ou autre. « N'est-ce pas *chiendent?* » Vous avez deviné juste le mot.

Je m'adresse à vous, mon petit Jules, et je vous parlerai encore en prose, malgré la rime qui terminera chacune de mes phrases : écoutez bien, réfléchissez un moment, et vous aurez bientôt deviné.

> *Mon premier est un métal précieux;*
> *Mon second est un habitant des cieux;*
> *Mon tout est un fruit délicieux.*

Un métal précieux, allez-vous dire tout de suite, cela peut être *or* ou *argent,* ou même *fer;* un habitant des cieux, c'est un *saint,* un *ange;* des fruits délicieux, il y en a beaucoup, et on n'a que l'embarras du choix. Mais comme vous avez déjà trouvé dans mon premier et dans mon second les mots *or* et *ange,* il vous est facile de composer et de trouver le tout qui est *orange.*

Maintenant, à votre tour, Édouard, et, comme vous êtes déjà assez habile dans la poésie latine, je vais vous proposer deux charades, non pas en vers latins, mais en vers français. Je vous expliquerai la première, vous devinerez la seconde.

> *Mon premier, chers enfants, est un don de Cérès;*
> *Parmi nos poids nouveaux mon dernier tient sa place;*
> *Et l'on voit la satire, en aiguisant ses traits,*
> *Pour lancer mon entier, rompre souvent la glace.*

Cérès, vous le savez, était, selon la fable, la déesse des moissons; parmi les dons qu'elle fait aux hommes, est le blé; le blé vient en épis; mon premier sera donc *épi.*

Au nombre des poids qui font partie du système métrique adopté en France, est le *gramme;* c'est mon second ou le dernier dé la charade.

La satire est une pièce de vers mordants, qui semble, dans ses pensées et ses expressions, lancer des traits aigus : ces traits s'appellent *épigrammes.* Mon entier, c'est-à-dire le mot de la charade, est donc *épigramme.*

Voyons, Édouard, devinez celle-ci, comme nous en sommes convenus :

> Mon premier est, lecteur, une simple voyelle ;
> Mon second sert d'appui pour l'objet qui chancelle.
> Pour la chasse mon tout, pire que les filets,
> Est une arme.....

— Je crois, monsieur, avoir deviné le mot.

— Mais attendez donc, vous ne me laissez pas finir ma phrase Eh bien ! puisque vous êtes si habile, achevez le vers que j'ai commencé, et vous devinerez ensuite.

— Je vais essayer, monsieur :

> Est une arme funeste aux hôtes des forêts.

— J'aurais mis *fatale* au lieu de *funeste;* mais peu importe, vous vous êtes bien tiré d'affaire. Et le mot de la charade ?

— Le mot est *épieu,* dans lequel mon premier est la voyelle *é,* et mon second est *pieu.*

— A merveille, vous êtes passé maître.

CHARADES EN ACTION.

La charade proprement dite, d'après ce que vous venez de voir, ne peut pas être l'objet d'un jeu bien animé et bien intéressant : il n'en est pas de même de la charade en action, qu'on peut jouer comme on joue une petite comédie. C'est un passe-temps assez agréable, dans lequel on est tour à tour acteur et spectateur. La société se partage en deux sections : l'une joue la charade, l'autre la regarde jouer, et met tout son esprit en commun pour la deviner ; si elle y réussit, elle en jouera une autre à son tour devant les acteurs qui ont joué la précédente.

Lorsque le mot de la charade adopté se partage en deux parties, il faut alors un acte pour chacune de ces parties, puis un troisième acte pour représenter le *tout*. Si le mot peut se partager en trois parties, il y aura alors nécessairement quatre actes ; mais en général, pour que la représentation de ces petites scènes soit moins longue, on choisit de préférence des mots qui ne se divisent qu'en deux parties.

Dans le choix des mots, il faut se montrer assez ami de la grammaire et du sens commun pour ne s'arrêter qu'à ceux dont l'orthographe ne laisse rien à désirer. Ainsi n'allez pas prendre, par exemple, un mot comme *Orphée*, dont la seconde partie n'est pas un mot français auquel vous puissiez attribuer l'idée qu'exprime le mot *fée*. Cette méthode, vicieuse sous le rapport de la langue, a de plus l'inconvénient d'embarrasser les personnes chargées de deviner la charade.

Venons maintenant à l'exécution même de cette petite pièce de théâtre. Ici, il n'est guère besoin de costumes particuliers, que du reste il serait difficile de se procurer : des rubans, des écharpes, les moindres chiffons, quelques morceaux de papier doré ou argenté, la canne du grand-papa, un vieux chapeau de la grand'maman, voilà à peu près tout ce qu'il faut. Avec ces ressources et tout ce qu'on peut encore trouver sous la main, on parvient à opérer un déguisement à peu près analogue à la scène qu'on va représenter. Les différentes personnes qui composent la troupe se distribuent les rôles, et, si nos jeunes acteurs savent s'identifier avec celui qu'ils doivent remplir, s'ils ont un peu d'entrain et de vivacité d'esprit, ils pourront causer un double plaisir à ceux qui les regardent, le plaisir de rire et celui de deviner.

Après la représentation de chaque acte, il est bien entendu que les acteurs se retirent dans la pièce où ils se sont concertés et costumés, pour se préparer à jouer l'acte suivant. L'entr'acte devra être aussi court que possible.

Prenons pour exemple le mot *chardon*, qui se décompose en deux parties, *char* et *don*, et voyons les petites scènes qui peuvent être représentées, soit pour le *premier* et le *second*, soit pour le *tout*. Dans le premier acte, pour le mot char, vous pouvez représenter Hippolyte monté sur son char, et imiter ainsi les premiers vers du récit que fait Racine, de la mort de ce jeune prince; puis un instant après introduire Théramène racontant ce malheur; ou bien figurer une cérémonie triomphale dans laquelle on voit le vainqueur monté sur son char, une couronne de papier doré sur la tête, une branche de laurier à la main (de laurier ou soi-disant tel), les prisonniers enchaînés marchant devant lui, etc. Le char serait représenté par une chaise renversée, et serait conduit par quatre chevaux, c'est-à-dire par quatre acteurs revêtus de blanc, qui, pour se conformer à leur rôle, devraient marcher à quatre pattes, attelés de front ou de deux en deux.

Dans le second acte, pour le mot *don*, vous pouvez représenter un roi et une reine qui sont dans la joie, parce qu'il leur est né une petite fille plus belle que le jour : ce sera une charmante poupée dans son berceau. Toutes les fées des environs sont convoquées à la cour, et s'empressent d'octroyer un don à la jeune princesse.

Pour le tout, c'est-à-dire pour le mot *chardon*, qui est le dernier acte, un jardinier, monté sur son âne, s'en va au marché vendre ses légumes. Le rôle de l'âne sera joué par un des acteurs qui se sera dévoué à cette tâche ingrate, et qui fera entendre, au moins une fois, sa voix mélodieuse, afin d'indiquer à quelle espèce il appartient parmi les animaux domestiques. L'âne s'arrête sur le bord de la route, pour brouter. Dialogue entre le jardinier et l'âne, qui ne répond rien aux observations de son maître, et qui continue à manger sa plante favorite.

Telles sont à peu près les scènes qu'on peut jouer pour le mot *chardon*. Si, au lieu du mot chardon, nous avions choisi le mot *charpente*, une des scènes que nous avons indiquées pour le premier, qui est char, servirait encore ici.

Dans le second acte, pour le mot *pente*, des ouvriers seraient occupés à construire un chemin de fer, à aplanir le terrain qui irait trop en pente, à ménager sur les côtés une pente pour l'écoulement des eaux; ou bien un professeur d'écriture donnerait sa leçon à quelques élèves, et ferait observer à l'un que son écriture est trop penchée, à l'autre qu'elle ne l'est pas assez.

Pour le tout, qui est *charpente*, on simulerait la préparation et la pose de la charpente d'une maison : les uns feraient semblant de scier, les autres de raboter, ceux-ci d'équarrir, ceux-là de poser et de clouer les planches. Tout cela pourrait se faire avec les premiers morceaux de bois venus, ou avec des morceaux de carton qu'on arrangerait et qu'on disposerait comme pour construire une maison.

Nous voulons encore vous donner un exemple, et nous choisirons pour charade le mot *image*, qui se divise en deux parties, *i* et *mage*. Il semble bien difficile au premier abord de jouer une scène quelconque avec le *premier*, représenté par une simple voyelle. Cependant nous pouvons vous en indiquer une excellente : prenez la scène du *Bourgeois gentilhomme* dans laquelle le bourgeois reçoit une leçon de grammaire, et où le maître de philosophie lui explique ce que l'on fait pour prononcer chacune des cinq voyelles, a, e, i, o, u; le bourgeois, à chaque explication de son maître, s'écriant : « Ah! que cela est beau! ah! la belle chose! »

Pour le second acte, pour le mot *mage*, vous trouveriez de vous-même, sans que je vous le dise, la scène qu'il faut représenter : c'est l'Enfant-Jésus dans sa crèche; ce sont les mages, les rois de l'Orient, qui viennent adorer le divin enfant et lui offrir leurs présents les plus précieux.

Enfin pour le tout, qui est *image*, un des acteurs fera le maître d'école, les autres feront les élèves. Tout le monde est assis. Il s'agit d'un examen d'histoire ou de géographie, et de récompenses à distribuer. Le maître interroge, les élèves répondent. Un joli petit livre est donné aux deux élèves qui ont le mieux répondu; les autres reçoivent une image pour récompense.

Nous pourrions multiplier à l'infini ces exemples; mais cela nous mènerait trop loin et ne vous apprendrait rien de plus. Ce que nous avons dit suffit certainement pour vous indiquer la manière de préparer et de jouer vos petites scènes, et nous nous bornerons à vous donner une liste de quelques mots sur lesquels vous pourrez exercer votre esprit :

Amidon (ami, don).
Ballot (bal, lot).
Cordon (cor, don).
Cornemuse (corne, muse).
Courage (cour, âge).
Délit (dé, lit).
Décadence (dé, cadence).
Drapeau (drap, eau).

Épicure (épi, cure).
Famine (fa, mine).
Hallebarde (halle, barde).
Maladresse (mal, adresse).
Merveille (mer, veille).
Migraine (mi, graine).
Passage (pas, sage).
Passe-port (passe, port).
Poisson (pois, son).
Réconciliation (ré, conciliation).
Sourire (sou, rire).
Souterrain (sou, terrain).

Le dictionnaire est une source où l'on peut puiser un assez grand nombre d'autres mots tout aussi bons que ceux que nous venons d'indiquer.

SIXIÈME PARTIE.

Dans cette sixième et dernière partie, nous passerons en revue quelques tours de cartes et d'escamotage, les plus simples et les plus faciles. Nous n'avons d'autre but, en décrivant ces tours, que de donner aux enfants le moyen d'acquérir un peu d'adresse, de s'amuser et d'amuser les autres dans les longues soirées d'hiver, enfin de se rendre compte de certaines expériences qui leur semblent tenir du prodige quand ils n'en ont pas l'explication. Il restera encore assez de tours dont nous ne parlerons pas, pour que les enfants aient tout le plaisir de la surprise et de la nouveauté, quand ils assisteront à une séance de Robert-Houdin ou d'Hamilton.

TOURS DE CARTES.

Vous ne sauriez vous imaginer combien de tours différents on peut faire avec un paquet de cartes. L'énumération seule en serait déjà très-longue ; que serait-ce s'il fallait les décrire ? Nous devions donc faire un choix, et, après mûre réflexion, nous avons adopté les exercices suivants, qui seront décrits dans l'ordre où nous les plaçons : *faire sauter la coupe, faire sauter la coupe d'une seule main, la carte forcée, la carte devinée, les trois tas, la carte pensée forcément, la carte devinée à l'oreille, la carte changeante, la carte hors du jeu, haut et bas, le tour de force, la carte tirée au mur, la carte attachée au plafond, la carte dans le miroir, la carte qui marche, la carte dans le portefeuille.*

Faire sauter la coupe. Dans la plupart des tours qui se pratiquent au moyen des cartes, il est essentiel de savoir passer ou sauter la coupe. La passe ou le saut de la coupe exige beaucoup d'agilité dans les doigts, et on ne parvient à s'y rendre habile que par un exercice fréquemment répété.

Pour faire sauter la coupe, c'est-à-dire pour faire venir sur le jeu une certaine quantité de cartes qui se trouvent dessous, vous procéderez de la manière suivante : prenez le jeu de cartes de la main droite, le pouce étendu sur l'un des côtés du jeu, les deuxième, troisième et quatrième doigts couvrant le jeu de l'autre côté, et le petit doigt plié à l'endroit où vous voulez faire passer la coupe; la main gauche doit couvrir le jeu. Les deux mains et les deux parties du jeu étant ainsi disposées, tirez avec le petit doigt et les autres doigts de la main droite la partie du jeu qui est en dessus, et remettez avec la main gauche la partie inférieure du jeu sur la partie supérieure.

Pour faire sauter la coupe d'une seule main, prenez le jeu de cartes dans la main gauche, divisez-le avec le pouce en deux paquets, faites glisser le paquet supérieur au haut du doigt, placez-le entre les doigts 1, 2, 4, c'est-à-dire l'index, le doigt du milieu et le petit doigt, et réunissez alors les deux paquets en écartant les doigts 1 et 4. Il faut, autant que possible, exécuter la passe de la coupe sans se donner trop de mouvement et sans que les cartes fassent du bruit.

La carte forcée. Vous voulez obliger une personne de la société à prendre une carte que vous avez désignée d'avance, et cependant lui laisser croire qu'elle l'a prise au hasard ou selon son choix ; vous atteindrez presque toujours votre but en agissant de la manière suivante : sachez d'abord et retenez bien quelle est la carte que vous voulez faire prendre ; pour cela, après l'avoir placée dans le paquet, ayez toujours l'œil sur cette carte, ou bien tenez-la sous le petit doigt de la main gauche. Alors étalez vivement le jeu de droite à gauche, faites glisser rapidement les cartes pour mettre dans l'embarras la personne qui choisit. Lorsque vous la voyez disposée à faire son choix, c'est-à-dire à prendre une carte, étendez le jeu jusqu'à la carte que vous avez désignée d'avance ; poussez discrètement le coin de cette carte un peu en avant des autres, et la personne sera amenée malgré elle à la choisir plutôt qu'une autre. Dites-lui alors de la bien regarder, de la placer dans le jeu où elle voudra, de prendre le jeu et de le mêler autant de fois qu'elle le voudra. Vous n'aurez pas de peine à retrouver la carte choisie, puisque vous la connaissez.

La carte pensée et devinée. Vous donnez à prendre à volonté quatre cartes dans un jeu, et vous dites à la personne qui les a choisies d'en penser une. De ces quatre cartes vous en mettez adroitement deux sur le jeu et deux dessous ; après celles de dessous, vous placez quatre cartes différentes. Vous étalez ensuite sur la table le dessous du jeu ; vous faites voir huit ou dix cartes. Vous demandez à la personne si la carte qu'elle a pensée s'y trouve ; si la réponse est négative, vous êtes sûr que la carte est une des deux que vous avez placées au-dessus du jeu. Alors vous les passez dessous ; vous montrez ce dessous du jeu à la personne, en lui disant : « N'est-ce pas là votre carte ? » Si la réponse est encore négative, il s'agit de faire disparaître la première carte de dessous, ce que vous faites en la reculant avec le troisième doigt, que vous avez un peu mouillé sans qu'on s'en aperçoive, et, comme la seconde carte, qui est maintenant au-dessous, est nécessairement la carte pensée, vous priez la personne de la tirer elle-même de dessous le jeu.

Si la première réponse de la personne était affirmative au lieu d'être négative, c'est-à-dire si elle vous disait que la carte pensée est dans les cartes que vous avez étalées sur la table et que vous lui avez d'abord montrées, vous devez ôter subtilement les quatre cartes que vous avez mises dessous, et, les deux cartes où est celle qui a été pensée se trouvant alors dessous, vous la faites tirer de la même manière que celle qui a déjà été indiquée.

Les trois tas. Vous prenez un jeu de 21 cartes, et vous en faites trois paquets, la tête en haut; prenez-les par ordre, de manière que la première carte du jeu soit la première carte du premier paquet, que la seconde carte du jeu soit la première du deuxième paquet, que la troisième carte du jeu soit la première du troisième paquet; la quatrième carte du jeu sera la deuxième du premier paquet, et ainsi de suite, jusqu'à ce que vos trois paquets renferment chacun sept cartes. En même temps priez quelqu'un de penser une carte, et demandez-lui dans quel paquet est la carte pensée. Reprenez vos trois paquets, mettez au milieu celui qui contient la carte pensée. Refaites-en trois paquets comme précédemment; et demandez encore dans quel paquet se trouve la carte. Reprenez-les encore une fois, en mettant toujours au milieu le paquet dans lequel est la carte à deviner. Remettez encore les cartes en trois paquets, retournez-les une à une, jusqu'à ce que vous ayez compté la moitié du nombre des cartes contenues dans le paquet entier, la onzième sera la carte pensée. S'il y avait 24 cartes, la carte pensée serait la douzième. Si le nombre était 15 ou 27, la carte serait toujours celle du milieu du paquet dans lequel on l'aurait signalée pour la troisième fois. Il est donc nécessaire de se rappeler, pendant qu'on fait le paquet pour la troisième fois, quelle est la carte qui chaque fois est au milieu [1].

Autre tour des trois tas. Faites tirer une carte forcée, comme il a été dit; puis faites-la remettre dans le jeu en sautant la coupe; de cette manière, la carte viendra la première sur le jeu. Vous ferez ensuite trois tas, en ayant soin de placer au milieu des deux autres le tas dans lequel se trouve la carte tirée, attendu que c'est ordinairement dans celui-là qu'on la demande. Vous demandez alors vous-même dans quel tas on désire que se trouve la carte tirée. Si l'on vous répond dans *celui du milieu*, vous la ferez voir aussitôt, en la retournant : si au contraire on la demande dans l'un des deux autres tas, vous prendrez le jeu dans la main, vous mettrez le tas dans lequel on a demandé la carte sur les deux autres tas, en ayant soin de placer le petit doigt entre ce tas et celui du milieu (au-dessus duquel est la carte demandée), afin de pouvoir faire sauter la coupe à cet endroit. Vous demanderez alors à quel rang on veut qu'elle se trouve dans le tas choisi, et, si l'on répond *au sixième rang*, vous compterez et vous ôterez cinq cartes de dessus le jeu, et, faisant aussitôt sauter la coupe, vous montrerez la carte qui a été tirée, laquelle se trouvera la sixième.

La carte pensée forcément. Vous présentez et vous étalez sur la table le jeu de cartes, de manière qu'une carte de couleur, roi, dame ou valet, soit beaucoup plus apparente que les autres. Vous dites à une personne de penser une carte dans le jeu, et vous faites attention si elle jette un coup d'œil sur cette carte; vous refermez le jeu, et vous lui nommez la carte qu'elle a pensée.

---

1. Extrait de Guyot, vol. IV.

La carte devinée à l'oreille. Voici un tour qui est tout au plus bon à tromper une fois un camarade tout à fait novice. Vous prenez un jeu de cartes, vous le développez et vous priez ce camarade de choisir une carte, de la regarder et de la placer sous le jeu. Vous prenez alors le jeu de la main droite, vous passez votre bras droit autour du cou du camarade, et vous lui dites à l'oreille le nom de la carte, que vous regardez tout à loisir pendant que le camarade est tourné de votre côté et ne se doute pas de ce petit stratagème.

La carte changeante. Il faut avoir dans votre jeu une carte quelconque qui soit double, par exemple deux rois de pique : vous placerez l'un de ces rois sous le jeu, et au-dessous de ce roi une carte prise au hasard, par exemple le sept de cœur ; le second roi de pique sera placé sur le jeu. Vous battrez le jeu sans déranger ces trois cartes, et, montrant le dessous du jeu, vous faites voir à une personne de la société le sept de cœur ; vous le retirez subtilement avec le doigt que vous avez eu le soin de mouiller ; vous ôtez alors réellement le roi de pique, lorsqu'on croit que vous ôtez le sept de cœur, vous le placez sur la table et vous priez la même personne de couvrir avec sa main ce prétendu sept de cœur. Vous mêlez une seconde fois le jeu sans déranger la première et la dernière carte, et, après avoir fait passer sous le jeu le second roi de pique, vous le montrez à une autre personne de la société, en lui demandant quelle est cette carte : vous la faites disparaître adroitement à l'aide du doigt mouillé, vous ôtez alors le sept de cœur, vous le placez sur la table et vous priez la seconde personne de le couvrir avec la main. Cela fait, vous commandez au sept de cœur, qu'on croit être sous la main de la première personne, de passer sous celle de la seconde, et au roi de pique, qui paraît avoir été mis sous la main de la seconde personne, de passer sous celle de la première : vous faites lever les mains, les deux cartes sont retournées, et le changement s'est opéré, au grand étonnement de la société.

La carte hors du jeu. Vous faites tirer une carte et vous la remettez dans le jeu ; mais, afin de pouvoir la retrouver, vous la forcez. A l'aide d'un peu de cire sur le pouce de la main droite, vous attachez un cheveu par un bout, de manière que l'autre bout tienne à la carte choisie. Vous étalez alors le jeu sur la table, et vous faites sauter la carte hors du jeu sur la table, sans qu'on aperçoive le cheveu, que vous aurez fait disparaître avec dextérité.

Haut et bas. Voici un procédé fort simple pour retrouver sûrement dans le jeu une carte qu'on a fait choisir ; mais il faut bien se garder, lorsque le tour a été fait une fois, de le renouveler tout de suite, parce que le procédé serait bientôt découvert.

Pendant que vous jouez avec les cartes, vous enlevez du jeu tous les carreaux, depuis l'as jusqu'au dix, et vous placez, sans qu'on s'en doute, toutes les têtes des cartes qui restent dans la même direction, par exemple toutes les têtes en haut. Priez une personne de la société de prendre une carte, et laissez-la choisir librement celle qu'elle voudra. Pendant que la personne tient la carte et la regarde, vous tournez le jeu dans votre main, de manière que les cartes se trouveront alors la tête en bas. Dites à la personne de remettre la carte au milieu du jeu, ce qu'elle fait naturellement en donnant à la carte sa position ordinaire, c'est-à-dire la tête en haut : battez le jeu, faites le battre même par la personne qui a choisi la carte, vous êtes bien sûr de retrouver facilement cette carte au milieu des autres, puisque seule elle a la tête dans une direction inverse de celle des autres.

Le tour de force. Faites la carte forcée; quand elle aura été prise, priez la personne qui l'a choisie de la remettre elle-même dans le jeu. Battez alors le jeu, mais ayez toujours les yeux fixés sur la carte choisie; trouvez-la sans qu'on s'en doute et faites-la passer au fond du jeu sans qu'on s'en aperçoive. Coupez le jeu en deux, donnez à la personne la moitié du jeu dans laquelle se trouve sa carte, et priez-la de tenir cette carte par un coin aussi fort qu'elle le pourra, avec le pouce et le premier doigt. Frappez toute cette portion du jeu tenue par la personne, et aussitôt toutes les cartes tomberont, excepté celle du fond, qui est la carte choisie. Pour que le tour cause plus de surprise et d'hilarité, vous pouvez mettre la carte en haut et tourner les cartes la face en l'air; alors quand vous frapperez, la carte qui restera dans la main de la personne regardera cette personne en face.

Maintenant nous allons faire voyager nos cartes; suivez-les bien des yeux, et, malgré toute votre attention, vous croirez d'abord que dans leurs allées et venues elles sont poussées par quelque enchanteur. Un mot d'explication suffira pour vous faire découvrir le secret.

Carte tirée au mur. Voici d'abord le tour qu'on appelle la *carte tirée au mur*. Prenez une carte, mon ami Jules, et rendez-la-moi. Ah! mon Dieu, que je suis maladroit! je viens de la laisser tomber. Il faut que je la ramasse; la voici, je la remets dans le jeu et regardez bien ce que je fais du jeu; je le lance contre cette porte: voyez, votre carte y est clouée. Qu'en dites-vous? Comment ai-je fait? vous ne pouvez pas le deviner; je vais vous le dire, mais vous ne me trahirez pas.

D'abord la carte que vous avez prise était forcée : j'avais une carte semblable par terre, à mes pieds, et celle-ci était traversée par un clou pointu d'un côté, plat de l'autre. J'ai laissé tomber votre carte pour ramasser la mienne, que j'ai placée au fond du jeu, de façon que le dos de la carte fût en dessous, la carte faisant face avec les autres. C'est ainsi qu'après le tour vous voyez le devant de la carte, et le tour lui-même n'est ni difficile à comprendre ni difficile à exécuter.

La carte au plafond. Ceci n'est qu'une variété du tour précédent. Sous la carte que vous voulez clouer au plafond et qui est traversée par un clou vous placez une pièce de monnaie; vous lancez ensemble carte et monnaie au plafond, la pièce tombe et la carte reste clouée.

La carte dans le miroir. Faites-moi le plaisir, mon ami Alfred, de tirer une carte; regardez-la bien et remettez-la dans le jeu. Je vais la faire passer sur-le-champ dans ce miroir. La voyez-vous qui s'avance dans le milieu? Cela vous étonne; voici le mot de l'énigme.

Le miroir n'est pas, comme vous le croyez, le premier miroir venu; il est préparé. La bordure est de la largeur d'une carte et découpée à jour : cette découpure est couverte par derrière de morceaux de glace mis au tain. De plus, la principale glace qui couvre l'ouverture du milieu de ce cadre a les deux tiers de la largeur du cadre, et il faut qu'elle puisse se mouvoir facilement entre deux coulisses qui doivent être placées derrière le miroir et les petites glaces.

Quand le miroir a été ainsi préparé, on a enlevé le tain de derrière de la grandeur seulement d'une carte, en ayant soin que ce soit à la place qui peut se cacher sous la bordure : on a couvert cette partie transparente du miroir d'une carte, en la collant sur quelques points avec de la gomme, seulement pour l'empêcher de tomber. Le miroir est attaché à une cloison : derrière la cloison on a conduit deux petits cordons à l'aide desquels on peut facilement et sans bruit faire aller et venir le petit meuble dans son cadre, et par conséquent faire paraître ou disparaître la carte pareille à celle que la personne a tirée dans le jeu. Au moment où j'ai dit que la carte allait passer dans le miroir, Baptiste, mon compère, caché derrière la cloison, a tiré très-doucement le cordon; et, comme vous n'avez pas vu la glace se mouvoir, elle n'a présenté à l'œil aucun changement; vous avez vu seulement la carte s'avancer vers le milieu du miroir, ce qui vous a paru d'autant plus extraordinaire, que vous la croyiez placée entre le tain et la glace.

La carte qui marche. Faites-moi encore l'amitié, Alfred, de prendre une carte de ce jeu; remettez-la; je mêle, et voyez si votre carte y est encore.

— Non, monsieur, elle n'y est plus.

— Voilà qui est singulier. Mais j'aperçois la fugitive; la voyez-vous se promener sur le mur? Allez, marchez toujours. La voyez-vous, comme elle s'avance avec gravité? Ah! la voilà qui disparaît au haut du mur. Voulez-vous bien revenir, indocile que vous êtes? A la bonne heure, et suivez sans broncher cette ligne horizontale. C'est très-bien, votre obéissance sera récompensée.

Pour ce tour, comme pour le précédent, j'ai eu besoin d'un compère invisible. D'abord Alfred a pris une carte forcée. Après avoir mêlé le jeu, j'en ai retiré discrètement cette carte; lorsque vous avez vu paraître la carte sur le mur, mon compère a tiré adroitement un fil au bout duquel était attachée une carte semblable qui venait de derrière une glace; elle est attachée par des fils presque imperceptibles à un autre fil fortement tendu sur lequel elle peut couler, car elle est retenue par de très-petits anneaux de soie; ce qui lui trace la route qu'elle doit suivre.

La carte dans le portefeuille. Baptiste, mon ami,

prenez une carte de ce jeu, regardez-la et rappelez-vous bien ce qu'elle est. Mettez maintenant le jeu sur la table, et je le couvre avec ce mouchoir : quelle est la carte que vous avez regardée ?

— C'est la dame de cœur.
— Vous ne vous trompez pas ?
— Non, monsieur.
— Vous êtes bien sûr qu'elle est dans le jeu ?
— Oui, monsieur.
— Eh ! bien, j'applique un petit coup de poing sur le jeu, et je vous déclare que votre carte n'y est plus. Voià le jeu, examinez et cherchez.
— Non, monsieur, elle n'y est plus. Cependant je l'y avais bien placée.
— Mettez la main dans ma poche, prenez mon portefeuille et ouvrez-le ; n'y trouvez-vous pas votre carte ?
— Oui, monsieur, c'est bien la dame de cœur.
— Mille remercîments, Baptiste, pour avoir retrouvé ma carte voyageuse.

Écoutez bien, enfants, je ne veux pas vous tromper ; Baptiste a été mon compère, il est de moitié dans ce tour. Je l'avais instruit d'avance de la carte que j'avais en réserve dans mon portefeuille, et il a choisi dans le jeu la carte semblable. Celle-ci, je l'ai fait disparaître, parce qu'elle s'est attachée à un petit morceau de cire placé sur la table, au moment où j'ai couvert le jeu avec mon mouchoir et où j'ai appliqué mon petit coup de poing en disant à la carte de partir. Ensuite, il m'a été facile de l'ôter en même temps que mon mouchoir, et de mettre l'un et l'autre dans ma poche.

Dans tous les tours où l'on a besoin d'un compère, il faut que ce compère soit adroit, intelligent ; que la plus légère insinuation, une certaine manière de tousser, un mouvement du doigt ou de la baguette magique, suffise pour lui faire comprendre comment il doit agir dans telle ou telle circonstance. Je vous recommande Baptiste; il me seconde aussi bien que possible, et avec lui tous mes tours réussissent à merveille.

TOURS D'ADRESSE ET D'ESCAMOTAGE.

Nous commencerons par quelques amusements qui sont plutôt de simples tours d'adresse que des tours d'escamotage; ceux-ci viendront après.

Allumer une bougie avec de la fumée. Vous voyez cette bougie allumée : je vais la souffler et l'éteindre; la fumée qui s'en échappera offensera peut-être un peu votre odorat, mais patience, ce ne sera pas long. Je prends cette autre bougie allumée, et je l'approche de la fumée qui s'échappe sous la forme d'un léger nuage. Voyez-vous comme la première bougie s'est rallumée promptement, ou plutôt voyez-vous un éclair qui se prolonge? C'est un effet de physique dont l'explication fort simple vous sera donnée dans le cours de vos études.

Allumer une bougie par le simple mouvement de la main. Il y a d'abord une petite préparation indispensable, que vous devez faire sans qu'aucune personne de la société s'en aperçoive. Roulez un morceau de papier qui, étant roulé, sera à peu près de la longueur et de la grosseur d'un petit tuyau de plume d'oie; placez-le par un de ses bouts dans l'intérieur de la main droite, tenu entre les deux doigts qu'on appelle majeur et annulaire, et à la partie la plus rapprochée de la paume de la main; faites bien attention que le papier ne paraisse pas de l'autre côté de la main. Cela fait, tout en vous promenant dans le salon, et sans qu'on se soit douté de rien, vous prenez de la main gauche un flambeau dans lequel brûle une bougie, vous vous placez de manière à avoir les specta-

teurs devant vous et assez loin de vous, et vous dites :
« Messieurs et mesdames, je vais éteindre tout à l'heure
cette bougie et la rallumer ensuite par le seul mouvement
de la main. » En effet, vous commencez par passer plusieurs fois la main droite sur la bougie qui brûle, en
faisant décrire à cette main un mouvement demi-circulaire d'avant en arrière et d'arrière en avant, et vous
dites en riant à la société que vous voulez échauffer l'air.
Vous profitez d'une de ces allées et venues de la main
au-dessus de la bougie pour allumer le plus adroitement
possible votre bout de papier; vous soufflez aussitôt la
bougie qui s'éteint, et vous continuez, comme si rien
n'était, le mouvement de la main droite en arrière et en
avant : dans ce mouvement le papier qui brûle doucement se trouve en contact avec la bougie, et celle ci se
rallume comme par enchantement. Vous déposez le flambeau sur la table, et vous trouvez le moyen de vous débarrasser subtilement du morceau de papier, dont vous
n'avez plus que faire.

La bouteille de vin de Champagne. Avec cette bouteille remplie d'eau jusqu'aux trois quarts, et à l'aide
d'un soufflet, je vais vous faire du vin de Champagne
comme peut-être vous n'en avez jamais bu. Je prends
donc le soufflet que voilà, et je souffle dans la bouteille
de manière à la charger d'air. Maintenant je vais la fermer bien hermétiquement : je couvre le bouchon avec un
morceau de cuir ou de linge, et je le ficelle. Laissons la
liqueur se faire quelques moments. Mais pendant ce
temps, pour ne pas rester les bras croisés, voulez-vous
que je vous enseigne le moyen de lever une bouteille avec
une paille ? — Oh ! cela n'est pas bien difficile, allez-vous
dire peut-être ; vous mettrez la paille dans la bouteille et
puis vous prendrez la bouteille à la main, et le tour sera
fait, comme celui des trois chapeaux. — Non, mes amis,

ce n'est pas cela; je vais lever cette bouteille vide au moyen de cette paille que vous voyez et qu'il faut avoir le soin de choisir un peu forte et bien saine. Je courbe le bout de ma paille de manière qu'elle entre dans la bouteille en faisant un angle aigu, et que, se repliant encore sur elle-même, elle touche un des côtés de la bouteille; alors, comme vous le voyez, je puis lever la bouteille à l'aide de la paille et sans briser celle-ci.

Mais notre vin de Champagne doit être fait, il ne faut pas l'oublier. Baptiste, voulez-vous m'apporter un verre? Bien; débouchez vous-même la bouteille. Entendez-vous le sifflement du gaz qui commence à s'échapper? Prenez garde, pressez bien le bouchon; maintenant ôtez votre doigt, voilà le bouchon au plafond; versez vite et buvez. Eh! bien que dites-vous de ce vin de Champagne?

— Mais, monsieur, ce n'est que de l'eau.

— Hélas! oui; c'est de l'eau pure, et tout le Champagne est parti en même temps que l'air que nous avions emprisonné, et qui est sorti avec explosion dès que nous lui avons donné un peu de liberté.

Renverser un verre plein d'eau sans en laisser échapper une goutte. Puisque nous venons de vous parler de l'air, nous vous enseignerons encore un petit amusement qui n'exige pas de bien longs préparatifs. Prenez un verre à pied ou sans pied, comme vous voudrez; remplissez-le d'eau à peu près jusqu'aux bords. Cela fait, découpez une rondelle de papier un peu plus grande que le contour du verre; appliquez cette rondelle sur le verre, et appuyez la paume de la main droite tout à la fois sur le papier et sur le verre, de manière que l'air ne puisse pas s'introduire dans l'intérieur du verre. Prenez alors le verre de la main gauche et retournez-le lestement et sans secousse autant que possible, en tenant toujours la main droite appuyée sur le papier. Lorsqu'il est retourné sens dessus dessous et dans une position bien verticale, retirez la main droite ; le papier ne tombera pas, l'eau ne tombera pas, il ne s'en échappera pas une seule goutte. Cependant le poids de l'eau presse sur une des faces du papier, et ce poids est considérable ; c'est vrai ; mais l'air extérieur presse également sur l'autre face du papier, et cette pression contre-balance celle du liquide. Prenez garde toutefois ; si l'air vient à pénétrer par la moindre ouverture entre le papier et le verre, l'équilibre sera rompu, et le liquide s'échappera en masse. Aussi nous vous engageons à faire votre expérience en plein air, dans la cour ou le jardin, pour ne pas vous exposer à inonder un parquet ou un tapis.

Vider un verre d'eau sans le déplacer. Vous avez très-bien réussi dans l'expérience du verre d'eau renversé. Le verre est encore plein ; amusons-nous à le vider sans le déplacer, sans lui imprimer le moindre mouvement. Nous avons besoin pour cela d'un petit instrument qu'on appelle *siphon ;* nous le construirons nous-mêmes, et ce sera double plaisir.

Vous allez voir, du reste, que notre appareil ne sera ni coûteux ni embarrassant : trois tuyaux de plumes d'oie, ou trois tubes de paille, ou trois tubes de verre, si nous voulons un peu plus d'élégance, voilà tout ce qu'il nous faut. Choisissons, pour rester toujours modestes et aussi pour rendre notre besogne plus facile, choisissons les trois tubes de paille. Prenons-en deux d'abord et taillons-les chacun par un de leurs bouts, de manière qu'ils puissent s'assembler en formant un angle aigu : dans cette position, nous les attachons au moyen de cire à cacheter fondue à la flamme d'une bougie, et il ne faut pas oublier de bien boucher toutes les petites fissures par lesquelles le liquide pourrait s'échapper. L'autre bout de l'un de ces tuyaux ainsi réunis sera taillé de manière à être assemblé à un nouvel angle aigu avec le troisième tuyau qui nous reste, et que nous attacherons dans un sens parallèle au premier et dans la même direction. Le premier tuyau, destiné à être plongé dans le liquide, doit être assez long pour descendre jusqu'au fond du verre quand nous l'y placerons ; le troisième sera un peu plus long que le premier ; quant au second, qui sert d'intermédiaire, sa longueur est indifférente, mais généralement on la tient plus petite que celle des deux autres.

Maintenant que notre petit appareil est disposé, procédons à l'opération. Plongez dans le verre rempli d'eau la plus courte des deux branches du siphon, celle que nous avons appelée le premier tuyau, et plongez-la, comme nous avons dit, de manière qu'elle descende jusqu'au fond du verre. Cela fait, appliquez votre bouche à l'extrémité de la longue branche ou du troisième tuyau, et aspirez l'air intérieur du siphon ; l'eau va monter dans le premier tuyau et passer de là dans le troisième. Le siphon est alors ce qu'on appelle *amorcé*, c'est-à-dire rempli de liquide ; vous voyez en effet que l'eau coule, et elle ne cessera de couler que lorsque le verre sera entièrement vidé. Nous pouvons vous expliquer en peu de mots le résultat que vous avez obtenu, quoique peut-être vous n'ayez pas encore acquis certaines connaissances qui vous feraient mieux comprendre l'explication. Lorsque vous aspirez par l'extrémité de la longue branche, vous faites le vide dans l'intérieur du siphon, c'est-à-dire vous enlevez l'air qui y est contenu ; le liquide monte alors dans le siphon par la pression que l'air extérieur exerce sur la surface ; l'écoulement commence, et il se continue parce que le poids du liquide contenu dans la longue branche est plus grand que celui du liquide contenu dans la courte branche.

La montre obéissante. Si je me servais de ma montre pour faire ce tour, vous ne manqueriez pas de dire qu'elle a subi quelque préparation secrète qui la rend docile aux ordres de son maître. Je vais donc prier mon ami Georges de me prêter sa montre pour un moment; n'allez pas vous imaginer qu'il est mon compère, et vous verrez tout à l'heure que je dis toujours la vérité. Georges, tenez-vous près de moi; j'approche la montre de votre oreille : elle marche, n'est-ce pas?

— Parfaitement, monsieur.

— Eh bien! je vais l'approcher de l'oreille de votre camarade Jules, je lui ordonnerai de s'arrêter et elle s'arrêtera : n'est-ce pas, mon ami, qu'elle ne marche pas?

— Non, monsieur.

— Et vous, Alfred, marche-t-elle?

— Oui, monsieur.

— Ah! c'est que vous avez entendu que je lui ai commandé de marcher. Avez-vous jamais vu une montre plus docile? Elle m'obéirait ainsi toute la journée, si je le voulais. Mais vous êtes donc sorcier, allez-vous me dire? Eh! non; voici toute ma sorcellerie : J'ai caché dans l'une de mes mains un petit morceau d'aimant, et j'ai pris d'abord la montre dans l'autre main. Vous ne vous êtes sans doute pas aperçus que j'avais changé plusieurs fois la montre de main, parce que j'ai fait ces divers changements tout en occupant votre attention par mes discours. Lorsque je disais à la montre de s'arrêter, c'est que je l'avais placée dans la main où était l'aimant qui en suspendait le mouvement; quand au contraire je lui commandais de marcher, je la passais rapidement dans l'autre main, en lui imprimant une légère secousse, et la montre marchait de nouveau. Georges, reprenez votre montre, je vous remercie.

— Mais, monsieur, je ne l'entends pas, elle ne marche plus, vous me l'avez dérangée.

— Ah! étourdi que je suis, je vous la donne de la main qui renferme l'aimant; tenez, la voici rétablie dans son état naturel.

L'œuf qui danse. De ces trois œufs que je montre à l'honorable société, j'en mets deux sur la table et le troisième dans ce chapeau. Veuillez bien me prêter une petite canne, la première venue; vous êtes bien sûrs qu'elle n'a reçu aucune préparation particulière. Je la pose en travers sur le chapeau, je fais tomber ce chapeau, et voilà mon œuf qui tient à la canne comme s'il y était attaché avec de la glu. Mais nous ne voulons pas qu'il reste ainsi immobile; il va danser, que la danse lui plaise ou non : seulement, il lui faut un peu de musique. Georges, mon ami, ayez la complaisance de vous mettre au piano et de nous jouer un petit air : vous verrez que notre œuf, devenant tout à coup sensible à l'harmonie, glissera en tournoyant le long de la canne, et qu'il ne cessera de danser que quand vous aurez fini de jouer.

— Mais c'est étonnant, et nous voudrions bien posséder un œuf si merveilleux.

— Rien de plus facile, dès que je vous aurai expliqué le secret de la merveille.

Vous pensez bien que ce n'est pas un œuf naturel, un œuf pondu par une poule, comme les deux autres que je vous ai montrés en même temps. Celui qui a servi à mon expérience est un œuf artificiel, attaché à une petite cheville qu'on y fait entrer en long, et qui est appuyée transversalement sur la surface intérieure de la coquille. Le trou qu'on est obligé d'y pratiquer pour introduire la cheville est bouché avec un peu de cire blanche. J'ai attaché à mon habit l'autre bout du fil à l'aide d'une épingle ployée en forme de crochet, et ma canne, qui passe par-dessous le fil tout près de l'œuf, lui sert de point d'appui. Au moment où Georges a commencé à jouer son petit air sur le piano, j'ai passé la canne de gauche à droite ou de droite à gauche. Il vous a semblé que l'œuf parcourait la canne dans toute sa longueur; mais ce n'était là qu'une illusion. Constamment attaché à son fil, l'œuf est resté dans la même position, toujours à la même distance du crochet qui le retenait : ce n'est pas l'œuf qui dansait; c'est ma canne qui, en glissant de droite à gauche et de gauche à droite, a présenté successivement ses différents points à la surface de l'œuf.

La cloche magique. Voici une cloche, examinez-la tout à loisir; vous n'y voyez rien que de très-simple et de très-naturel. Voici un sac de millet que vous pouvez aussi examiner, et vous verrez qu'il n'y a rien que du millet. Eh bien! je vous propose de faire passer, suivant votre désir, le millet, du boisseau où il sera contenu, dans la cloche, et réciproquement, de la cloche dans le boisseau.

Je prends dans ma main droite le boisseau entier, je le découvre, et la graine y est bien, comme vous le voyez. Mon ami Jules, voulez-vous commander au millet de passer sous la cloche?.... C'est bien, on va vous obéir.... Je lève la cloche, vous pouvez voir que l'intérieur est vide; je la pose sur le tapis, le tour est fait; je lève la cloche, le millet est sur la table, et il n'y a plus rien dans le boisseau. Voulez-vous maintenant que le millet revienne dans le boisseau? Je ramasse mon millet avec une carte, et je le remets dans la cloche, je pose la cloche sur le boisseau, voilà que le changement s'opère; ma cloche est vide, et le millet est dans le boisseau.

Vous paraissez tout émerveillés de ce que je viens de faire. Je vous l'ai déjà dit : je ne suis pas plus sorcier que vous, et tous les tours de passe-passe et d'escamotage, qui nous semblent au premier abord tenir du prodige, n'ont plus rien qui nous étonne dès que nous en avons l'explication. Je vais donc vous expliquer le secret de la cloche magique.

Le boisseau dont je me suis servi a un double fond, qui adhère également au couvercle et au boisseau, de telle sorte que je peux le laisser à ma volonté, et suivant que j'ai besoin que le millet soit visible ou disparaisse. Dans ce double fond est une petite quantité de millet destinée à donner le change aux spectateurs. J'ai pris dans ma main droite le boisseau en entier et je l'ai découvert, en ayant soin que le double fond restât dans ma main; j'ai levé la cloche, il n'y avait rien dedans. Mais avec la paume de la main, au moment où j'ai posé la cloche sur le tapis, j'ai pressé légèrement un bouchon supérieur; aussitôt cette pression a mis en jeu un ressort qui a fait écouler le millet contenu dans le manche de la cloche. C'est alors que le millet s'est trouvé sur la table quand j'ai enlevé la cloche; j'ai pris le petit boisseau et je vous ai montré qu'il était vide. C'est par le même procédé que le millet est revenu dans le boisseau.

La boîte aux œufs. J'ai remarqué déjà depuis longtemps que votre curiosité était vivement excitée au sujet d'une jolie petite boîte que j'ai là sur ma table. C'est en effet une boîte très-curieuse et très-utile, puisqu'elle pond des œufs. Un charlatan vous dirait que ce bijou lui a été donné par un roi des Indes, pour l'avoir guéri d'un mal de dents; moi je vous dis tout simplement et avec sincérité que c'est un habile artiste de Paris qui m'en a fait cadeau.

J'ouvre ma boîte merveilleuse; voilà un œuf tout frais pondu; je prends cet œuf, je le mets dans ma poche et je referme ma boîte. Voulez-vous que je l'ouvre de nouveau? Tenez, voilà mon œuf qui est revenu; cette fois je l'avale, et, comme sans doute il n'y a plus rien dans ma boîte, je la referme. Essayons cependant, et ouvrons-la encore une fois. Comment, mon œuf, vous reparaissez après avoir été avalé? Pour vous punir, je vous enferme, et, si vous paraissez de nouveau, vous ne serez pas blanc. Voulez-vous, en effet, que nous le fassions changer de couleur? Voulez-vous que je lui ordonne de devenir rouge? J'ouvre ma boîte, et le voilà tout rouge. Il est bien dans la boîte, n'est-ce pas? Je la referme et je souffle dessus; il n'y a plus rien : voyez, la boîte est ouverte, l'œuf a disparu. Je la referme encore une fois, je souffle encore dessus, et vous allez voir que mon souffle a suffi pour faire changer l'œuf de couleur; en effet, le voilà bleu.

Que dites-vous de tout cela? vous n'y avez vu que du feu; voulez-vous y voir clair? Écoutez, et retenez ce que je vais vous dire. Ma boîte a la forme d'un œuf, mais elle est un peu plus large et un peu plus longue qu'un œuf ordinaire. Elle s'ouvre en quatre endroits différents. Les trois coquilles d'œufs sont collées en dedans des trois pièces séparées, la blanche à la première pièce, la rouge à la deuxième, et la bleue à la troisième. Ce sont des demi-coquilles qui s'emboîtent les unes dans les autres, et, selon le besoin, je divise la boîte à la couleur qui m'est demandée, et que je trouve promptement dès que je suis familiarisé avec ce mécanisme. Il vous sera facile de vous procurer une boîte semblable chez les marchands de jouets, si vous voulez vous amuser et amuser les autres.

Les tours de gobelets. Les tours de gobelets sont de véritables tours de passe-passe, ce que nos aïeux appelaient des tours de gibecière, parce que les prestidigitateurs avaient toujours une gibecière pendue à leurs côtés, et que cette gibecière jouait un grand rôle dans les amusements qu'ils donnaient au public. Disons d'abord quelques mots des instruments qu'on emploie dans ces tours, c'est-à-dire des gobelets et des balles, et de la manière de s'en servir.

Les gobelets doivent avoir généralement 7 centimètres (2 pouces 7 lignes) de hauteur, 6 centimètres 7 millimètres (2 pouces et demi) de largeur pour l'ouverture, et à peu près 3 centimètres (1 pouce 2 lignes) de largeur pour le fond, qui sera en forme de calotte renversée. Ils doivent avoir deux cordons ou petits bourrelets qui règnent tout autour, l'un par le bas, pour rendre les gobelets plus forts, l'autre un peu au-dessus du premier, pour empêcher que les gobelets ne tiennent ensemble quand on les met l'un dans l'autre. Ils sont faits ordinairement en fer-blanc. Du reste, les dimensions que nous donnons ici ne sont pas rigoureusement exigées; ce qui importe, c'est que les gobelets ne soient pas trop grands, que le fond n'en soit pas trop petit, et qu'ils ne puissent pas s'attacher l'un à l'autre.

Les balles sont faites de liége, un peu plus grosses qu'une noisette; on les passe à la flamme d'une bougie, et, quand elles sont noires, on les tourne dans les mains pour les arrondir le mieux possible.

On ne peut pas bien jouer des gobelets sans s'exercer d'abord à escamoter : c'est dans l'escamotage que réside la principale difficulté des tours. Pour escamoter, il faut prendre la balle avec le milieu du pouce et le bout du premier doigt, puis la faire rouler avec le pouce entre le second et le troisième doigt, où on la tient en serrant ces deux doigts, en ouvrant en même temps la main, et en tenant les doigts le plus étendus que l'on peut, afin de laisser croire qu'on n'a rien dans la main.

Lorsque vous voudrez mettre sous un gobelet la balle que vous avez escamotée, vous la ferez sortir d'entre vos deux doigts, en la poussant avec le second doigt dans le troisième, et vous ploierez le troisième doigt pour la tenir ; vous prendrez ensuite le gobelet par le bas, vous le lèverez en l'air, et en l'abaissant aussitôt vous glisserez la balle dedans. Enfin, jusqu'au moment où vos balles doivent paraître sur la table, vous les aurez en réserve, soit dans votre poche, soit dans une gibecière qui est tout simplement un sac de toile.

Les tours de gobelets consistent en un assez grand nombre de *passes*. Nous ne pouvons pas les décrire toutes. Nous en choisirons trois ou quatre, les plus simples et les plus faciles, pour qu'elles soient à la portée de nos jeunes lecteurs, qui pourront avoir quelquefois l'occasion d'exercer leur talent et de montrer leur adresse dans une réunion de parents et d'amis.

Première passe. *Tirer une balle du bout de son doigt, mettre sous chaque gobelet une balle, et retirer les balles par le fond des gobelets*[1]. Pour exécuter ce tour, vous avez une balle entre les doigts de la main droite, vous touchez avec la baguette magique le doigt du milieu de la main gauche, en annonçant qu'il en va sortir une balle. Vous tirez alors votre doigt en le faisant claquer contre le pouce, et vous montrez la balle que vous tenez toute prête dans la main droite.

Vous faites semblant de jeter cette balle dans la main gauche et vous l'escamotez avec le second et le troisième doigt de la main droite. Cela fait, vous prenez de la main droite le premier gobelet à gauche, et, ouvrant la main gauche, vous passez aussitôt le gobelet dessus, comme s'il y avait une balle que vous entraîniez de dedans votre main jusque sur la table ; et, afin qu'on ne s'aperçoive pas qu'il y a quelque chose dans votre main, vous devez,

---

1. Ces tours de gobelets sont extraits en partie d'un ouvrage d'Ozanam, intitulé : *Récréations mathématiques et physiques*, édition de 1741.

en ouvrant la main, mettre le gobelet dessus pour faire croire que la balle est dessous.

Vous faites semblant de tirer une balle du bout d'un autre doigt, et vous montrez celle que vous avez entre les doigts ; puis, faisant semblant de la jeter dans la main gauche, vous l'escamotez, et vous passez le second gobelet sur votre main, comme vous avez fait du premier. Enfin vous tirez une troisième balle d'un autre doigt, vous montrez celle que vous avez dans la main, et, après l'avoir escamotée, vous faites semblant de la mettre sous le troisième gobelet, comme pour les deux autres.

Vous faites semblant de tirer une balle de dessous le premier gobelet et de la faire passer dans la main gauche que vous fermez ; puis ouvrant la main, vous dites : *Celle-là, je l'envoie en l'air*. Aussitôt vous renversez le gobelet avec votre baguette, en disant : *Messieurs, vous voyez qu'il n'y a rien dessous*. Ensuite vous faites semblant de tirer la balle du second gobelet par le fond ; vous montrez toujours en même temps celle que vous avez dans la main droite, et faisant semblant de la jeter dans la main gauche comme ci-dessus, vous dites : *Celle-là, je l'envoie aux Indes*, et vous renversez le second gobelet pour montrer qu'il n'y a rien dessous. Vous faites de même pour le troisième, en envoyant la balle où il vous plaira.

Deuxième passe. *Faire trois balles d'une seule, mettre une balle sous chaque gobelet, et faire trouver les trois balles sous le gobelet du milieu.*

Au moment où vous commencez cette passe, vous devez avoir une balle dans votre main droite ; vous faites semblant de la tirer du bout de l'un des doigts de votre main gauche, et, en la jetant sur la table, vous dites : *Messieurs, je prends de ma poudre de perlinpinpin*. Vous fouillez en même temps dans votre poche ou dans votre gibecière, où vous prenez deux balles entre les doigts de la main droite, et vous prononcez quelques mots barbares, tels que ceux-ci : *Ocus bocus tempera bonus.* Ensuite vous prenez la balle qui est sur la table, en disant : *Celle-là est un peu trop grosse ;* vous faites semblant de la couper en deux avec la baguette magique, vous lâchez une des deux balles que vous avez dans la main droite, pour qu'elle aille rejoindre celle que vous tenez de la main gauche, et vous les jetez toutes deux sur la table. Vous dites alors : *En voilà encore une qui est un peu trop grosse,* et de celle-là vous en faites deux, comme il a été déjà dit, en jetant celle qui vous est restée dans la main droite.

Vous placez ces trois balles sur la table, une devant chaque gobelet. Alors faites semblant d'en mettre une sous le premier gobelet du côté de votre main gauche ; couvrez ensuite la balle avec le second gobelet et, en la couvrant, faites-y entrer celle que vous avez fait semblant de mettre sous le premier gobelet. Enfin faites semblant de mettre la troisième balle sous le troisième gobelet à droite. Après cela vous dites : *J'ordonne à la balle qui est sous le gobelet gauche d'aller avec celle qui est sous le gobelet du milieu,* et renversant du bout de la baguette le gobelet du milieu, vous montrez qu'il y a deux balles dessous. Alors vous recouvrez ces deux balles, et en les recouvrant vous y glissez celle que vous avez fait semblant de mettre sous le gobelet de droite, et vous dites en même temps : *Par la vertu de ma poudre de perlinpinpin, les trois balles se trouveront sous le gobelet du milieu.* Vous renversez seulement le gobelet du milieu, sous lequel se trouvent les trois balles.

Troisième passe. Ce tour doit être fait immédiatement après la deuxième passe, et consiste à *faire entrer les trois balles dans le gobelet de droite sans qu'on s'en aperçoive.*

En cherchant la poudre de perlinpinpin dans le tour

précédent, vous prenez entre vos doigts une balle, et, après avoir renversé le gobelet du milieu, comme cela a été dit, vous levez les deux gobelets qui sont à droite et à gauche et vous les frappez l'un contre l'autre pour faire voir qu'il n'y a rien et que les balles sont passées sous le gobelet du milieu. Puis vous les rebaissez et en les rebaissant vous glissez sous celui de droite la balle que vous tenez dans la main. Vous prenez une autre balle avec laquelle vous frappez sous la table comme si vous vouliez la faire entrer dans le gobelet à travers la table. Vous découvrez ensuite le gobelet et on y trouve une balle ; en le rebaissant, vous y glissez celle que vous avez fait semblant de faire passer à travers la table. Vous prenez une seconde balle sur la table, et, faisant semblant de la jeter contre le gobelet, comme pour la faire entrer à travers, vous l'escamotez, et vous découvrez le gobelet, où l'on est tout surpris de voir deux balles ; vous profitez du moment où vous le rebaissez pour y glisser la balle que vous avez escamotée. Vos trois balles sont déjà sous le gobelet, mais il faut donner le change aux spectateurs. Vous prenez donc une troisième balle sur la table et vous la jetez véritablement contre le gobelet, en disant : *Celle-ci est honteuse, il faut la faire entrer par-dessous la table.* Vous la prenez et, après avoir frappé sous la table, vous l'escamotez. Vous renversez alors avec la baguette votre gobelet de droite, sous lequel se trouvent les trois balles sans qu'on en ait vu mettre aucune.

Quatrième passe. *Faire passer une balle sous chacun des trois gobelets.*

Mettez trois balles dans votre main droite, une entre le pouce et le premier doigt, l'autre entre le premier et le deuxième, et la dernière entre le deuxième et le troisième. Frottez-vous les mains, frappez-les même l'une contre l'autre, pour laisser croire qu'il n'y a rien. Soulevez alors le premier gobelet, faites voir qu'il n'y a rien dessous, et glissez-y adroitement la balle qui est entre le deuxième et le troisième doigt, mais en ayant soin d'abord de la faire couler dans le troisième doigt, afin de la mettre plus facilement sous le gobelet. Procédez exactement de la même manière pour le second et le troisième gobelet, en faisant passer successivement au troisième doigt les deux balles que vous tenez encore dans la main, et en les glissant l'une sous le deuxième gobelet, l'autre sous le troisième. Levez alors les trois gobelets l'un après l'autre, et faites voir à la société qu'il y a une balle sous chacun d'eux.

Ce sera ici notre dernier exercice, et la fin de notre travail ; travail qui nous a rappelé plus d'une fois le temps que nous avons passé au milieu des enfants, assistant tour à tour à leurs études et à leurs jeux. Nous nous estimerons heureux si, après avoir consacré vingt ans de notre vie à les instruire, nous avons trouvé le moyen de les amuser pendant une heure.

FIN.

TABLE DES MATIÈRES.

Avertissement.................................... Page 1

PREMIÈRE PARTIE.

JEUX D'ACTION SANS INSTRUMENTS.

Les Barres.....................	1	La Mère Garuche à cloche-pied...	29
Le Saute-Mouton ou Saut de mouton...................	6	Les Quatre coins	31
Le Saute-Mouton avec mouchoirs.	12	Deux c'est assez ; trois c'est trop.......................	32
Le Saute-Mouton avec couronnes.	13	Le Colin-Maillard...............	33
Le Cheval fondu................	17	Le Colin-Maillard à la baguette..	38
Les Métiers....................	18	L'Hirondelle....................	39
Le Chat perché.................	20	L'Ours	41
Le Chat coupé..................	22	Les Animaux...................	43
La Passe.......................	24	Le Roi détrôné.................	44
La Mère Garuche...............	25	L'Imitation.....................	45

DEUXIÈME PARTIE.

JEUX D'ACTION AVEC INSTRUMENTS.

La Balle.......................	47	La Tapette.....................	96
Jeux de balle..................	49	La Bloquette...................	98
La Balle au mur................	50	La Pyramide...................	99
La Balle au camp ou Balle empoisonnée....	54	Le Tirer.......................	100
		Le Pot.........................	101
La Balle aux pots..............	61	Les Villes......................	103
La Balle au bâton..............	68	Le Jeu du Serpent	106
La Balle à la crosse............	70	Le Calot et la Trime............	107
La Balle à la riposte............	72	Les Toupies....................	109
La Balle en posture.............	73	La Toupie à ficelle.............	109
La Balle au chasseur............	75	Le Sabot.......................	112
La Balle cavalière..............	76	La Marelle.....................	113
La Paume.....................	78	La Marelle ronde	118
La Longue paume	78	La Marelle des jours...........	119
La Courte paume	84	Le Palet.......................	120
Le Ballon	86	Le Bouchon....................	122
Jeux de Billes	90	Le Tonneau....................	123
La Poursuite...................	91	Les Boules....................	123
Le Triangle ou le Cercle........	92	Les Quilles....................	126

Le Jeu de Siam	128	Les Grâces	139
Le Mail	129	Le Diable	140
La Corde	132	Le Bilboquet	141
La Petite corde	133	L'Émigrant	143
La Longue corde	134	Le Toton	144
Le Cerceau	135	Le Bâtonnet	145
Le Volant	138	Le Cerf-Volant	146

TROISIÈME PARTIE.

JEUX PAISIBLES AVEC INSTRUMENTS.

Les Osselets	153	Le Trictrac	184
Les Jonchets	158	Le Billard	191
Le Loto	160	Le Petit billard	192
Les Dominos	163	Le Grand billard	193
Les Dames	170	Jeux de Cartes	200
Dames françaises	171	La Bataille	205
Dames polonaises	171	La Loterie	206
Les Échecs	176	Le Vingt-et-un ou la Banque	208

QUATRIÈME PARTIE.

Gymnastique	213	Les Échelles	234
Exercices faits sans le secours d'aucun instrument	217	Les Cordes et les Perches ou petits Mâts	235
Première position	217	Monter à la corde	236
Mouvement des extrémités inférieures	218	Monter au mât	237
		Les Barres parallèles	237
Flexion des extrémités	220	Franchir les barres parallèles	238
Les Sauts	220	Le Trapèze	239
Saut en largeur	220	Exercices du trapèze	239
Saut en profondeur	221	Trapèze	240
Saut en hauteur	222	La Course volante	241
La Marche et la Course	222	La Natation	244
La Course	225	L'Équitation	257
Exercices faits à l'aide d'instruments portatifs	227	L'Escrime	263
		Le Bâton	269
Sauts à la Perche	227	Jeux de l'Arc et de l'Arbalète	271
Les Haltères	229	La Fronde	274
Les Mils	230	Le Patin et les Patineurs	275
La Barre de fer	231	Le Traîneau	278
Exercices faits à l'aide de machines fixes	233	Les Boules de neige et les constructions	281
Les Barres de suspension	233	Les Pelotes de neige	281

CINQUIÈME PARTIE.

RÉCRÉATIONS INTELLECTUELLES ; JEUX D'ESPRIT.

Chasse aux Papillons et aux Insectes	284	Éducation des vers à soie	286
		Herborisation, herbier	289

Jardinage, culture des fleurs.... 291	Le Kaléidoscope................ 308
Dessin, coloriage.............. 294	Le Microscope................. 311
Dessin à la sauce 297	Les Canards et les Poissons ma-
La Lanterne magique........... 298	gnétiques................... 314
La Fantasmagorie 301	Les Énigmes.................. 316
Les Ombres chinoises.......... 303	Les Charades................. 321
Les Feux pyriques ou Feux chinois 307	Charades en action 323

SIXIÈME PARTIE.

Tours de Cartes................ 329	La carte dans le portefeuille...... 338
Faire sauter la Coupe........... 330	Tours d'adresse et d'escamotage.. 340
La Carte forcée................ 330	Allumer une bougie avec de la
La Carte pensée et devinée 331	fumée...................... 340
Les Trois tas.................. 332	Allumer une bougie par le simple
Autre Tour des Trois tas 333	mouvement de la main........ 340
La Carte pensée forcément....... 333	La Bouteille de vin de Champagne 341
La Carte devinée à l'oreille...... 334	Renverser un verre plein d'eau sans
La Carte changeante............ 334	en laisser échapper une goutte. 342
La Carte hors du jeu............ 335	Vider un verre d'eau sans le dé-
Haut et bas 335	placer...................... 343
Le Tour de force............... 336	La Montre obéissante.......... 345
Carte tirée au mur.............. 336	L'Œuf qui danse............... 346
La Carte au plafond............ 337	La Cloche magique 347
La Carte dans un miroir........ 337	La Boîte aux œufs............. 349
La Carte qui marche 338	Les Tours de gobelets.......... 350

FIN DE LA TABLE.

TYPOGRAPHIE DE CH. LAHURE
Imprimeur du Sénat et de la Cour de Cassation
rue de Vaugirard, 9

A 1 FRANC.

Contes excentriques (*Ed. Neuil*).
Ernestine, Caliste, Ourika (*de Charrière, etc.*).
Geneviève (*de Lamartine*).
Graziella (*de Lamartine*).
La Colonie rocheloise (*l'abbé Prevost*).
L'Amour dans le mariage (*F. Guizot*).
Le Lion amoureux (*Fr. Soulié*).
Les Arlequinades (*Florian*).
Les Oies de Noël (*Champfleury*).
Militona (*Théophile Gautier*).
Palombe (*J. B. Camus*).
Paul et Virginie (*B. de Saint-Pierre*).
Pierrette (*de Balzac*).
Théâtre choisi de *Lesage*.

A 2 FRANCS.

Eugénie Grandet (*de Balzac*).
Théâtre choisi de *Beaumarchais*.
Tulla (*Ed. About*).
Ursule Mirouët (*de Balzac*).

A 3 FRANCS.

Atala, René, les Natchez (*de Chateaubriand*).
Les Martyrs et le dernier Abencérage (*id*).
Le Génie du Christianisme (*id*).
Nouvelles genevoises (*Töpfer*).
Rosa et Gertrude (*id.*).

4. LITTÉRATURES ÉTRANGÈRES.
(Couleur jaune.)

A 50 CENTIMES.

Costanza (*Cervantes*).
Jonathan Frock (*H. Zschokke*).
La Bohémienne de Madrid (*Cervantes*).
Voyage en France (*Sterne*).

A 1 FRANC.

Aladdin.
Contes d'*Apulée*.
Contes d'*Auerbach*.
Djouder le Pêcheur.
La Bataille de la Vie (*Dickens*).
La Fille du Capitaine (*Pouschkine*).
La Mère du Déserteur (*W. Scott*).
Le Grillon du Foyer (*Dickens*).
Le Mariage de mon grand-père.
Lettres choisies de lady Montague.
Nouvelles choisies d'*Edgard Poë*.
Nouvelles choisies de *Nicolas Gogol*.
Nouvelles choisies du comte *Sotanhoub*.
Tarass Boulba (*N. Gogol*).
Werther (*Gœthe*).

A 2 FRANCS.

La fille du chirurgien (*Walter Scott*).
Nouvelles danoises (trad. par *X. Marmier*).

A 3 FRANCS.

Mémoires d'un seigneur russe (*J. Tourgueneff*).

5. AGRICULTURE ET INDUSTRIE.
(Couleur bleue.)

A 1 FRANC.

La Télégraphie électrique (*V. Bois*).
Le Jardinage (*Isoard*).
Les Chemins de fer français (*V. Bois*).

A 2 FRANCS.

Les Abeilles et l'Apiculture (*de Frarière*).
Maladies de la Pomme de terre (*Payen*).
Matériel agricole (*A. Jourdier*).

A 3 FRANCS.

Des Substances alimentaires (*Payen*).

6. LIVRES ILLUSTRÉS POUR LES ENFANTS.
(Couleur rose.)

A 1 FRANC.

Enfances célèbres (*Mme L. Colet*).
Fables de *Florian*.
Voyages de Gulliver (*Swift*).

A 2 FRANCS.

Choix de petits drames (*de Berquin*).
Contes choisis des frères *Grimm*.
Contes des Fées (*Perrault, etc.*)
Contes de l'Adolescence (*miss Edgeworth*).
Contes de l'Enfance (*miss Edgeworth*).
Contes moraux (*Mme de Genlis*).
Don Quichotte (*Cervantes*).
La Caravane (*Hauff*).
La Petite Jeanne (*Mme Carraud*).
Nouveaux contes (*Mme de Baur*).

7. OUVRAGES DIVERS.
(Couleur saumon.)

A 1 FRANC.

Anecdotes du règne de Louis XVI.
Anecdotes du temps de la Terreur.
Anecdotes du temps de Napoléon 1er.
Anecdotes historiques et littéraires.
Aventures de Cagliostro (*de M. Félix*).
La Sorcellerie (*Garinet*).
Mesmer, ou le Magnétisme (*Bersot*).

A 2 FRANCS.

Études biographiques (*Le Fèvre Deumier*).
Les Chasses princières (*E. Chapus*).
Le Sport à Paris (*E. Chapus*).
Œdenselager (*Le Fèvre Deumier*).
Souvenirs de Chasse (*Toussenel*).

A 3 FRANCS.

La Chasse à tir en France (*La Vallée*).
Les Cartes à jouer (*P. Boiteau*).
Le Turf (*E. Chapus*).

8. ÉDITIONS ÉCONOMIQUES.
(Couleur chamois.)

A 1 FRANC.

Aventures d'une colonie d'émigrants (traduites par *X. Marmier*).
Jane Eyre (*Currer-Bell*).
La Jeunesse de Pendennis (*Thackeray*).
Le tueur de lions (*J. Gérard*).
Stella et Vanessa (*de Wailly*).
Opulence et Misère (*Miss Ann. Stephens*).
Tancrède de Rohan (*Henri Martin*).

A 2 FRANCS.

La Case de l'oncle Tom (*Beecher Stowe*).
L'Allumeur de réverbères (*Miss Cumming*).

Imprimerie de Ch. Lahure (ancienne maison Crapelet)
rue de Vaugirard, près de l'Odéon.

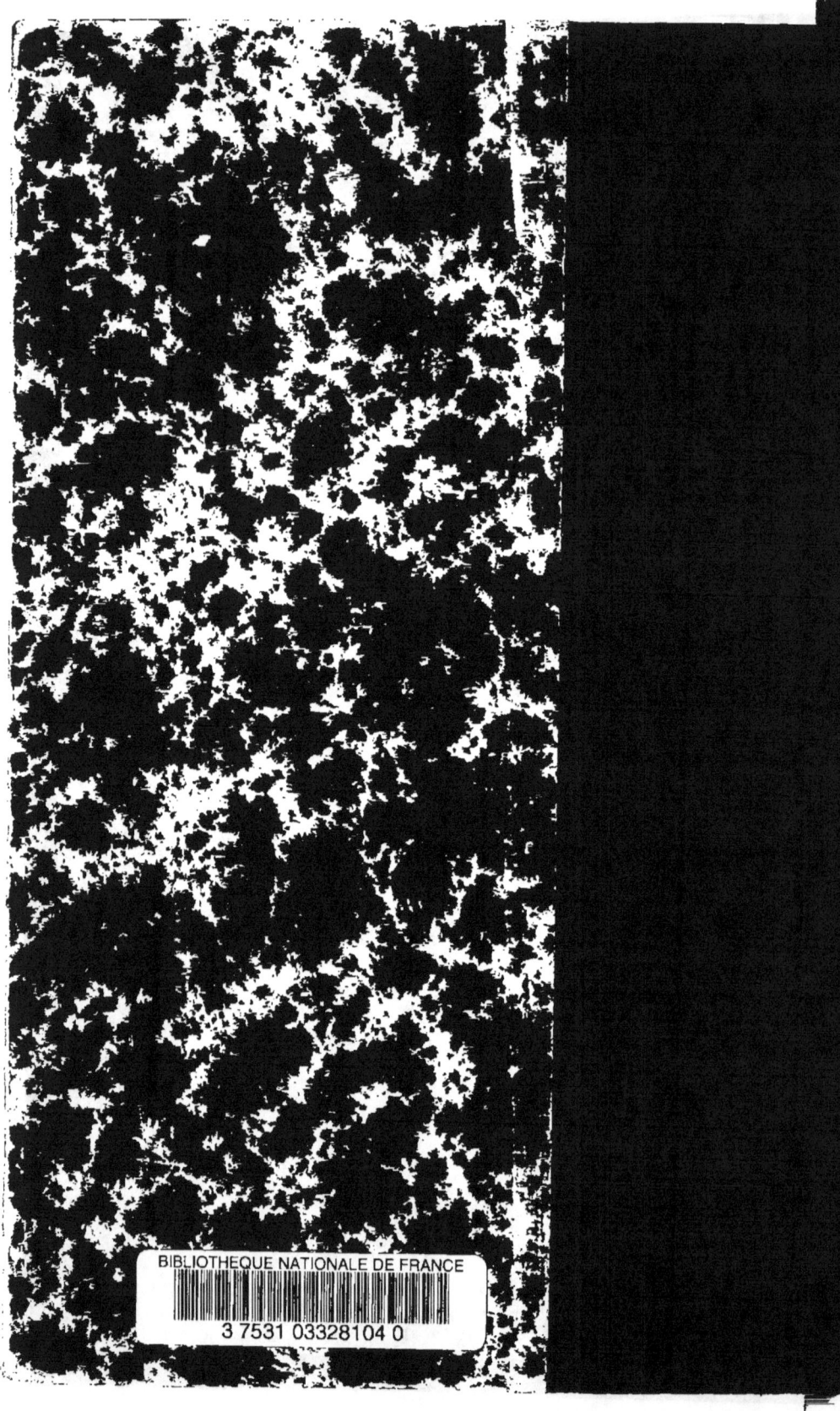

www.ingramcontent.com/pod-product-compliance
Lightning Source LLC
Chambersburg PA
CBHW050433170426
43201CB00008B/660